Maria Madalena

Michael Haag

Maria Madalena

Da Bíblia ao Código Da Vinci: companheira de Jesus, deusa, prostituta, ícone feminista

Tradução:
Marlene Suano
Professora do Departamento de História – FFLCH/USP
Especialista em história e arqueologia do Mediterrâneo Antigo

2ª reimpressão

Para Dasha, por trás dessas palavras

Copyright © 2016 by Michael Haag

Tradução autorizada da primeira edição inglesa, publicada
em 2016 por Profile Books, de Londres, Reino Unido

Todos os esforços foram feitos para identificar possíveis detentores de direitos. Caso tenha
havido alguma violação involuntária, eventuais omissões serão incluídas em futuras edições.

Título original
The Quest for Mary Magdalene: History and Legend

Capa
Estúdio Insólito

Imagem da capa
© Pietro Perugino (c.1469-1523), *S. Maria Madalena* (c.1495-1500)/
Palazzo Pitti, Florença, Itália/Bridgeman Images

Preparação
Juva Batella

Revisão
Nina Lua
Eduardo Monteiro

cip-Brasil. Catalogação na publicação
Sindicato Nacional dos Editores de Livros, rj

H11m	Haag, Michael
	Maria Madalena: da Bíblia ao Código Da Vinci: companheira de Jesus, deusa, prostituta, ícone feminista / Michael Haag; tradução Marlene Suano. – 1ª ed. – Rio de Janeiro: Zahar, 2018.
	il.
	Tradução de: The Quest for Mary Magdalene: History and Legend. Inclui índice
	isbn 978-85-378-1739-1
	1. Cristianismo. i. Suano, Marlene. ii. Título.

	CDD: 248.4
17-46000	CDU: 248.4

[2021]
Todos os direitos desta edição reservados à
EDITORA SCHWARCZ S.A.
Praça Floriano, 19, sala 3001 — Cinelândia
20031-050 — Rio de Janeiro — rj
Telefone: (21) 3993-7510
www.companhiadasletras.com.br
www.blogdacompanhia.com.br
facebook.com/editorazahar
instagram.com/editorazahar
twitter.com/editorazahar

Sumário

Introdução 7

Prólogo: Jesus e Maria Madalena 11

1. A mulher chamada Madalena 17

2. O reino de Deus 29

3. Na estrada com Jesus 53

4. A abominação da desolação 71

5. Dias estranhos em Betânia 92

6. O julgamento e a morte de Jesus 115

7. A tumba vazia 136

8. O desaparecimento de Maria Madalena 170

9. A Madalena gnóstica 195

10. Mudança de papéis: a virgem e a prostituta 229

11. A noiva de Cristo: Madalena dos cátaros 251

12. A fuga da caverna: Madalena renascentista 276

13. Maria Madalena moderna 296

Leituras complementares 317
Créditos das imagens 323
Índice 327

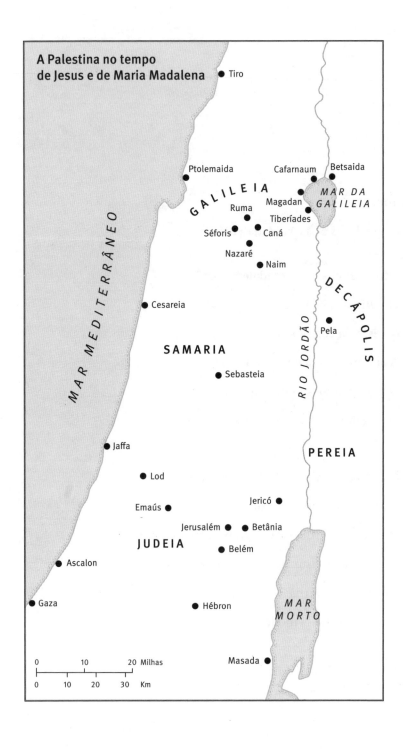

Introdução

EM 1969, durante o papado de Paulo VI, o Vaticano fez algumas alterações discretas na missa em latim. Até então, a leitura para o dia da festa de Maria Madalena, no dia 22 de julho, vinha do capítulo 7 do Evangelho de Lucas, em que uma mulher sem nome entra em uma casa onde Jesus é um convidado para o jantar e ajoelha-se perto dele.

> E eis que uma mulher da cidade, que era uma pecadora, quando soube que ele estava à mesa em casa do fariseu, trouxe um vaso de alabastro com bálsamo e colocou-se a seus pés por trás dele, chorando, e começou a lavar seus pés com lágrimas, e os enxugava com os cabelos de sua cabeça, e beijou seus pés, e os ungiu com o unguento. ... E ele disse a ela: "Os teus pecados estão perdoados."

Esta história foi substituída em 1969 por uma leitura muito diferente, desta vez a partir do capítulo 20 do Evangelho de João, em que uma mulher identificada como Maria Madalena exige atenção não por causa de seus supostos pecados, mas porque Jesus se revela a ela em primeiro lugar na ressurreição.

> Disse-lhe Jesus: "Mulher, por que choras? A quem procuras?" Ela, julgando que ele fosse o jardineiro, disse-lhe: "Senhor, se tu o levaste, dize-me onde o puseste, e eu o levarei embora." Disse-lhe Jesus: "Maria." Ela virou-se e disse-lhe: "Raboni", o que quer dizer "Mestre".

Sem fazer um inequívoco pedido público de desculpas, o Vaticano estava na verdade dizendo que tinha se confundido sobre Maria Madalena por 1,4 mil anos, desde 591, quando o papa Gregório Magno declarou em sua homilia que Maria Madalena era uma prostituta.

Não que alguém estivesse ouvindo a retratação do Vaticano em 1969, ou talvez simplesmente preferissem a prostituta à mulher que testemunhou a ressurreição – o acontecimento que está no centro da religião que moldou a história e a cultura da maior parte do mundo durante os últimos 2 mil anos. Seja qual for a razão, em 1970, apenas um ano depois que a Igreja católica mudou de ideia sobre Maria Madalena, ela alcançou sucesso mundial no álbum *Jesus Cristo Superstar* (seguido pelo musical em 1971 e o filme em 1973), quando, na pessoa de Yvonne Elliman, cantou uma canção sentimental, "Eu não sei como amá-lo", sobre sua paixão por Jesus:

> Eu não entendo por que ele me emociona.
> Ele é um homem.
> Ele é apenas um homem.
> E eu tive tantos homens antes,
> De muitas tantas maneiras,
> Ele é apenas mais um.

Desde então, a reputação de Maria Madalena como prostituta cresceu, pois filme após filme ela é apresentada dessa forma. Em *A última tentação de Cristo*, obra de Martin Scorsese de 1988, Maria Madalena é a mulher apanhada em adultério em João 8 e defendida do apedrejamento por Jesus; seu arrependimento é tomado como um tema condutor no filme. Mesmo *A Paixão de Cristo* – longa-metragem de Mel Gibson de 2004 –, embora centrado inteiramente na semana que antecedeu à crucificação, sente-se compelido a incluir um *flashback* aludindo falsamente a Maria Madalena como a mulher apanhada em adultério.

O apetite do público por Maria Madalena como prostituta é igualado apenas por aquele de Maria Madalena como a esposa de Jesus e até mesmo como a mãe de seu filho. Testemunha disso é a enorme atenção da mídia ao anúncio da professora Karen King, da Universidade Harvard,

Introdução   9

em 2012, acerca da descoberta de um fragmento de papiro antigo com a menção "Jesus disse-lhes: 'Minha esposa'", sem falar da grande popularidade de *O Código Da Vinci*, de Dan Brown, no qual Maria Madalena foge da Terra Santa com seu filho, tido com Jesus, e funda a dinastia merovíngia de reis franceses.

Na Idade Média os cátaros, na França, viam Maria Madalena como esposa de Jesus no mundo divino e como sua concubina no mundo da ilusão, o mundo em que eles acreditavam que vivemos em nossas vidas diárias. Enquanto que nos primeiros séculos da era cristã os evangelhos gnósticos retratam Maria Madalena como a "companheira", "consorte" e até mesmo "esposa" de Jesus; como a mulher que ele amava mais do que a todos os outros discípulos, sua relação sendo muitas vezes descrita em termos eróticos. Para essa questão há incidentes, mesmo nos evangelhos canônicos do Novo Testamento, que sugerem a estudiosos que Maria Madalena era de fato a esposa de Jesus. Para alguns, o ponto central não é se isso era verdade ou não, mas a razão pela qual a verdade foi deixada de lado.

Isso toca no problema mais amplo da visão de Maria Madalena, a visão que ela compartilhava com Jesus – e como muito daquilo foi suprimido ou perdido nas controvérsias que moldaram a nova religião que alguns têm descrito não como cristianismo, mas como *igrejismo*, uma instituição totalmente estranha à visão de Jesus e Maria Madalena.

Maria Madalena é uma figura maior do que qualquer texto, maior que a Bíblia ou a Igreja; ela assumiu uma vida própria. Nos tempos medievais foi chamada de "a portadora da luz", recordando o seu epíteto gnóstico de "herdeira de luz" em sua busca pela verdade. Ela é a mediadora do mistério divino e permaneceu uma figura poderosa e misteriosa desde então. Na forma de uma busca, este livro segue Maria Madalena através dos séculos, explora a forma como ela foi reinterpretada em cada época e examina o que ela própria revela sobre a mulher, o homem e o divino.

Prólogo:
Jesus e Maria Madalena

MARIA MADALENA ESTAVA com Jesus na Galileia, onde ele anunciava o reino de Deus para milhares de pessoas e curava os enfermos e aleijados. Ela também acompanhou Jesus quando ele viajou para Jerusalém e entrou na cidade santa de acordo com a profecia – "humilde e montado em um jumento" (Zacarias 9:9) –, o que era um desafio de todo modo, e multidões o saudavam, acenando com ramos de palma, lançando as vestes em seu caminho, para que ele passasse sobre elas, e clamando hosanas. "Hosana ao filho de Davi! Bendito o que vem em nome do Senhor: Hosana nas alturas!" Quando ele entrou em Jerusalém, e "toda a cidade se comoveu", Maria Madalena estava lá (Mateus 21:10).

Quando os romanos pregaram Jesus na cruz, abandonado por seus discípulos, e ele gritou "Meu Deus, meu Deus, por que tu me abandonaste?", Maria Madalena estava lá. E quando tudo terminou, Maria Madalena o seguiu enquanto carregavam seu corpo para a tumba e ela viu como a pedra foi rolada para fechá-la.

No terceiro dia, Maria Madalena foi à tumba e descobriu que estava vazia. "Maria", disse uma voz, e ela virou-se e viu que era Jesus. "Raboni", disse ela, usando a palavra familiar aramaica para "mestre", e estendeu a mão para tocá-lo. "Não me toques", Jesus disse a Maria Madalena, ela que o tocara muitas vezes antes. "Não me toques, porque eu ainda não subi para meu Pai; mas vai até meus irmãos e dize-lhes que eu subo para meu Pai e vosso Pai, e para meu Deus e vosso Deus" (João 12:17).

Com paixão e espiritualmente, Maria Madalena compreendeu e, seguindo a ordem de Jesus, fielmente levou sua mensagem aos discípulos, seu apóstolo aos apóstolos; Maria Madalena, testemunha da ressurreição.

No entanto, Maria Madalena é mencionada pelo nome apenas catorze vezes na Bíblia – e só nos quatro evangelhos, nunca em Atos ou em qualquer outro lugar no Novo Testamento. Mas, embora pareçam tão poucas, tais menções são mais favoráveis que as feitas a Maria, mãe de Jesus. Além das narrativas da natividade e algumas histórias da infância de Jesus, Maria, mãe de Jesus, dificilmente aparece – apenas sete vezes, e isso inclui ocasiões em que ela não recebe um nome. "O leitor dos evangelhos", diz a *Enciclopédia católica*, referindo-se à mãe de Jesus, "no início se surpreende ao descobrir tão pouco sobre Maria."

À medida que Jesus cresce, o papel de sua mãe diminui drasticamente. Ela é mencionada de passagem quando ele viaja pela Galileia, onde ele não lhe demonstra consideração (Mateus 12:47-9 e João 2:1-4), e novamente na crucificação (embora apenas no Evangelho de João), e mais uma vez em Atos na história do Pentecostes. E isso é tudo em relação a Maria, mãe de Jesus. Sua fama e o culto que a rodeia, sua perpétua virgindade, os relatórios da sua assunção, seu título de Mãe de Deus, estes e muitos mais surgiram séculos depois e não são encontrados na Bíblia.

Maria Madalena, por outro lado, embora seja mencionada apenas catorze vezes – e como os evangelhos se repetem, contando e recontando suas histórias, ela aparece de fato em apenas quatro ocasiões distintas –, cada ocasião em que ela aparece é crucial.

Maria Madalena está na crucificação, está no enterro e está na ressurreição, e antes disso está com Jesus durante o seu ministério na Galileia. Como mulher e companheira de Jesus, ela é a única pessoa perto dele nos momentos críticos que definem seu propósito, que descrevem seu destino e que darão origem a uma nova religião; ela ajuda a apoiar Jesus em suas obras, é totalmente destemida e é uma mulher de visão. Sua personagem detém o segredo de seu nome. No início há Jesus e Maria, chamada Madalena.

"Não me toques", Jesus diz a Maria Madalena no jardim da ressurreição, a ela que o havia tocado tantas vezes antes. *Noli me tangere*, de Fra Angelico, convento de São Marcos, Florença, 1442.

Maria Madalena e Maria, a mãe de Jesus

Maria, mãe de Jesus, aparece principalmente nos capítulos 1 e 2 dos evangelhos de Mateus e Lucas, que contam a história da natividade e da infância de Jesus – o nascimento virgem em uma manjedoura de Belém, os pastores no campo, a estrela no leste, os magos adorando –, uma história totalmente ignorada pelos evangelhos de Marcos e João, que começam com o batismo de Jesus, o homem, por João Batista.

Vários estudiosos, entre eles Geza Vermes, uma das principais autoridades acerca de Jesus, consideram as narrativas do nascimento lendárias e dizem que elas foram acrescentadas a Lucas e Mateus posteriormente. Essas histórias da natividade, que de qualquer forma se contradizem (por exemplo, Mateus tem a Sagrada Família, temendo pela vida de Jesus, fugindo de Belém para o Egito, enquanto Lucas a tem retornando a Nazaré depois de passar quarenta dias pacificamente em Belém e Jerusalém), não são confirmadas pelos outros dois evangelhos. Marcos e João dizem que Jesus veio "da Galileia"; Marcos não faz qualquer menção a Belém, enquanto João não contradiz a afirmação dos fariseus de que Jesus nasceu na Galileia, não em Belém (João 7:41-2). Para além desses capítulos do nascimento e da infância em Mateus e Lucas, Maria aparece nos evangelhos apenas sete vezes – em cinco dessas descrita como a mãe de Jesus, mas sem receber um nome – e uma vez em Atos.

Três das referências à mãe sem nome de Jesus dizem respeito a um acontecimento descrito em Marcos 3:31-5, Mateus 12:46-50 e Lucas 8:19-21. Jesus estava curando, pregando e expulsando demônios, e atraía multidões de pessoas por toda a Galileia, porém seus amigos e sua família temiam que ele estivesse perturbado e possuído por Belzebu, e vão buscá-lo. Mas ele, com desdém, manda embora sua mãe e seus irmãos, dizendo que sua verdadeira mãe e seus verdadeiros irmãos são aqueles que fazem a vontade de Deus.

A quarta vez, quando a mãe de Jesus é mencionada, mas não nomeada, dá-se no casamento de Caná, onde de novo é apresentada como um estorvo, e Jesus volta-se para ela dizendo-lhe: "Mulher, que queres de mim?" (João 2:4). Por outras razões, o casamento em Caná (casamento de quem?) é um evento importante e será mencionado mais tarde.

Quando ela aparece na crucificação, em João 19:25, também não é nomeada, sendo identificada apenas como a mãe de Jesus. João é o único evangelho que coloca Maria na crucificação de Jesus; ela não está no enterro nem na ressurreição.

Prólogo

Maria Madalena dirigindo-se aos discípulos – o apóstolo aos apóstolos. Do Saltério Albani, cerca de 1100.

Maria, mãe de Jesus, é no entanto nomeada nos evangelhos de Marcos e Mateus, quando os moradores da Galileia estão enfurecidos por Jesus estar pregando em sua sinagoga. Eles acreditam que ele seja um carpinteiro, ou o filho de um carpinteiro de Nazaré, e não percebem que ele é um rabino: "Não é este o carpinteiro, filho de Maria, irmão de Tiago, de José, de Judas e de Simão? E suas irmãs não estão aqui entre nós?" (Marcos 6:3). Mateus 13:55 também menciona Maria e seus filhos pelo nome, mas não faz qualquer menção às suas filhas.

E, finalmente, Maria, mãe de Jesus, é mencionada pelo nome em Atos 1:14 no dia de Pentecostes, quando, após a ressurreição, o Espírito Santo desce sobre aqueles que estão no Cenáculo.

Maria distingue-se por ser a mãe de Jesus, mas não há nada em seu relacionamento que sugira ter ela alguma compreensão do que ele planejava e fazia. No final houve uma espécie de reconciliação quando, de acordo com o Evangelho de João, embora em nenhum dos outros, Maria foi ver Jesus pendurado na cruz e ele a reconheceu com seu último suspiro, dizendo: "Mulher, eis aí o teu filho!" (João 19:26).

Em contraste, Maria Madalena foi companheira constante de Jesus em todo o seu ministério na Galileia e o ajudou a organizar e financiar as dezenas de pessoas envolvidas na sua missão de curar e trazer a salvação para os doentes e os pobres (Lucas 8:1-3). Ela veio com Jesus a Jerusalém, testemunhou sua crucificação (Mateus 27:56; Marcos 15:40; João 20:1), supervisionou para ver onde seu corpo foi colocado (Mateus 27:61; Marcos 15:47), voltou para ungi-lo no terceiro dia e testemunhou sua ressurreição dos mortos (Mateus 28:1; Marcos 16:1, 16:9; Lucas 24:1; João 20:1, 20:11, 20:16, 20:18) – catorze menções de Maria Madalena pelo nome, bem como outras menções, como quando ela está incluída entre "as mulheres da Galileia".

Os leitores estarão familiarizados com as noções de Maria, mãe de Jesus, como uma virgem perpétua, a mãe perfeita e a *Theotokos*, "a Mãe de Deus"; de ter sido concebida imaculadamente, de subir ao céu, de ser um intercessor entre Deus e os homens, aquela que conhece o mais profundo sofrimento humano, a mulher sempre gentil e obediente à vontade de Deus. Mas nada desse modelo da mulher "perfeita" é encontrado na Bíblia, onde ela é uma mulher um tanto irritante, que não tem compreensão do que seu filho está prestes a fazer; em vez disso, ela é uma invenção que pertence inteiramente aos séculos posteriores, uma figura bíblica relativamente menor que foi transformada em um grande culto – enquanto Maria Madalena, a mulher que conhecia Jesus, foi transformada em uma prostituta.

1. A mulher chamada Madalena

MARIA MADALENA APARECE pela primeira vez na cronologia da vida de Jesus na Galileia, onde ela está viajando com Jesus enquanto ele proclama o reino de Deus. "E os Doze estavam com ele", escreve Lucas em seu evangelho, "e algumas mulheres que haviam sido curadas de espíritos malignos e de enfermidades." Entre essas mulheres, três são mencionadas pelo nome, e o primeiro nome é Maria Madalena, "fora de quem saíram sete demônios".

E mais nos é dito, pois Jesus e os Doze discípulos devem ser alimentados e cuidados à medida que viajam pela Galileia, e é Maria Madalena quem fornece os meios, juntamente com Joana, mulher de Cuza, procurador de Herodes Antipas, governante da Galileia e da Pereia, e uma mulher chamada Susana, e muitas outras mulheres que não têm seus nomes mencionados.

É assim que o Evangelho de Lucas 8:1-3 descreve Maria Madalena enquanto ela viaja com Jesus pela Galileia:

> E sucedeu que, depois disto, andava Jesus por cidades e aldeias, pregando e anunciando a boa nova do reino de Deus; e os Doze o acompanhavam, assim como certas mulheres que haviam sido curadas de espíritos malignos e de enfermidades: Maria, chamada Madalena, da qual tinham saído sete demônios, e Joana, mulher de Cuza, procurador de Herodes, e Susana, e muitas outras, que o serviam com os seus bens.

Esta narrativa de Lucas é tudo o que temos de Maria Madalena em todos os evangelhos, até voltarmos a encontrá-la na crucificação em Jerusalém. Mas, embora Lucas seja muito breve, o que ele nos diz de Maria

Madalena com Jesus na Galileia está cheio de pistas e revelações sobre sua vida – seu caráter, sua riqueza, suas conexões sociais e políticas, seu estado mental, emocional e espiritual, suas origens e a natureza de seu relacionamento com Jesus e seu círculo – e está também cheio de mistérios.

Um lugar chamado Magdala

Na busca por Maria Madalena deveríamos começar com o seu nome. No grego original dos evangelhos ela nunca é "Maria Madalena". Quando ela viaja com Jesus pela Galileia, Lucas descreve-a como "Maria, chamada Madalena". Mais tarde, na ressurreição, o original grego de Lucas descreve-a como "Maria, a Madalena". Em Mateus, Marcos e João, o grego é "Maria, a Madalena". Ela usa o nome de Madalena como se tivesse sido a ela conferido um título.

Embora o Novo Testamento não descreva Maria Madalena como *sendo de* ou *vindo de* algum lugar, a suposição comum é a de que Maria Madalena significa Maria de Magdala.

Magdala, "o local de nascimento de Maria Madalena", era uma "aldeia miserável", de acordo com a edição de 1912 do *Guia para a Palestina e a Síria*, de Baedeker. A Galileia sofrera séculos de abandono e desolação sob o Império Otomano, e antes disso sob os mamelucos. Mejdal, como Magdala era chamada em árabe, foi frequentemente descrita por viajantes como empobrecida e pouco habitada; ela poderia ter sido totalmente abandonada se não tivesse recebido reassentamento de camponeses egípcios no século XIX. E mesmo assim, como Mark Twain escreveu em *A viagem dos inocentes*, seu livro sobre suas viagens na Terra Santa, publicado em 1867, Magdala era "completamente feia e apertada, esquálida, desconfortável e suja", e as margens do mar da Galileia, cujo nome antigo, Genesaré, significava um jardim de riquezas, haviam se tornado "um deserto silencioso". Nada mudou muito em Mejdal ao longo do século XX, a não ser pelo cenário se ter tornado mais desolado e deprimente; tudo o que havia para ver em Magdala eram galinhas ciscando o que restara de mosaicos antigos.

Vista do mar da Galileia, olhando-se para o sul de Safed, século XIX.

No entanto, entre aqueles mosaicos os arqueólogos hoje estão descobrindo uma vasta cidade que floresceu na época de Jesus nesta margem noroeste do mar da Galileia, um grande lago de água doce alimentado pelo rio Jordão. Escavações mostram que Magdala foi uma cidade helenística fundada no século II a.C. pelos hasmoneus, uma dinastia judaica independente que devia suas origens à revolta dos macabeus contra o domínio grego dos selêucidas nos anos 160 a.C., embora fosse uma dinastia, de qualquer forma, profundamente imbuída de cultura grega. Comparável em plano e tamanho a algumas das cidades mais importantes da Grécia e da Ásia Menor, Magdala serviu para trazer o mundo mediterrâneo ao coração da Galileia. Grandes porções de seu principal arruamento, o decúmano máximo, correndo de leste a oeste, e o cardo máximo, de norte a sul, foram descobertas – e abaixo delas canais de água que alimentavam os poços da cidade, fontes e um grande complexo de banhos públicos. Ainda mais impressionantes eram as instalações portuárias, incluindo um cais e pedras de atracação, uma bacia interior em forma de "L" protegida por um quebra-mar e as fundações maciças de uma torre.

Construção nessa escala só poderia ter sido realizada com o apoio dos governantes hasmoneus e com a intenção de tornar Magdala o maior porto na costa ocidental do mar da Galileia e um importante centro para a indústria de pesca e conservação dos peixes para ampla distribuição e exportação.

A cidade foi ainda mais embelezada e ampliada após os hasmoneus terem sido derrubados em 37 a.C. pelos romanos, que estabeleceram um Estado cliente sob o governo de Herodes, o Grande, e seus sucessores. Escavações revelaram uma sinagoga decorada com um piso de mosaico e paredes pintadas; uma moeda encontrada dentro da sinagoga a situa no ano 29 d.C., aproximadamente o ano em que Jesus estava anunciando o reino iminente de Deus em todas as cidades e aldeias da Galileia.

Perto das ruínas da antiga sinagoga foi construído um moderno centro de peregrinação, revivendo uma antiga tradição, acolhendo aqueles que chegam na esperança de encontrar Maria Madalena. Talvez nesta

Por muitos séculos Mejdal foi um assentamento pobre e quase desabitado, onde as galinhas ciscavam sobre os mosaicos antigos.

A mulher chamada Madalena   21

Magdala vista do norte, mostrando as recentes escavações da sinagoga. Uma moeda encontrada dentro da sinagoga sugere sua datação como 29 d.C., por volta do ano em que Jesus estava anunciando o iminente reino de Deus em todas as cidades e aldeias da Galileia.

sinagoga Maria Madalena tenha ido orar e Jesus, pregar. Certamente, em 26 de maio de 2014, durante sua visita a Jerusalém, o papa Francisco deu a sua bênção ao tabernáculo que ficará na nova igreja que está sendo construída em Magdala.

Alterando o evangelho para colocar Maria Madalena no mapa

Apesar das escavações modernas em Magdala e das alegações de que ela está associada a Maria Madalena – e apesar da bênção do papa Francisco em 2014 –, não há lugar chamado Magdala na Bíblia, exceto em uma frase corrompida no Evangelho de Mateus 15:39, onde, depois de alimentar a multidão com pães e peixes, Jesus "entrou no barco e foi para as costas de Magdala", que é o texto da versão do rei Jaime. A fonte grega que foi seguida neste caso, no entanto, data apenas do século V, mas fontes gregas mais antigas e mais confiáveis, tais como os manuscritos do início do século IV, conhecidos como o Códice Sinaítico e o Códice Vaticano, não mencionam "Magdala" de forma alguma. O Códice Vaticano, por exemplo, diz que Jesus "entrou no barco e foi para as costas de Magadan" – exatamente o que aparece em edições escolares modernas, como *A Bíblia Inglesa Revista*, bem como em bíblias católicas e ortodoxas. Isto é apoiado pela evidência dos Pais da Igreja, Eusébio e Jerônimo, o primeiro escrevendo no início do século IV, o segundo no final do século IV, que não fazem nenhuma menção a qualquer lugar chamado Migdal ou Magdala; eles falam apenas de Magadan.

No que foi, aparentemente, um ato de edição criativa, um copista bizantino transformou Magadan em Magdala. Embora semelhantes, os nomes Magadan e Magdala significam duas coisas diferentes. Magadan deriva da palavra aramaica *magad*, que significa mercadoria preciosa, enquanto Magdala deriva do aramaico *magdal* e do hebraico *migdal*, significando torre.

Mas a identificação de Magdala com Magadan começou a produzir seu efeito. Antes da alteração bizantina do texto no Evangelho de Mateus, os peregrinos que viajavam pela Terra Santa nada diziam sobre qualquer lugar chamado Magdala. No início do século VI, no entanto, um peregrino chamado Teodósio deparou-se com Magadan, na margem ocidental do mar da Galileia, e, influenciado pelo texto inventado, declarou que ele tinha vindo para Magdala; *"Magdale, ubi domna Maria nata est"*, ele escreveu em latim: "Magdala, onde a senhora Maria nasceu."

Peregrinos viajando para a Terra Santa vicejaram em associações com os evangelhos, e aqueles que seguiam na esteira de Teodósio tinham o prazer de concordar que Magadan era o local de nascimento de Maria Madalena. Por volta do século IX peregrinos mencionavam uma igreja em "Magdala", que supostamente compreendia a própria casa de Maria Madalena, de onde os sete demônios tinham sido expulsos e na qual podiam entrar. A igreja, eles foram informados, tinha sido construída pela temível imperatriz Helena, mãe de Constantino, o Grande, que em 326-328, com idade aproximada de oitenta anos, visitou a Terra Santa e fez construir igrejas no local do nascimento de Jesus em Belém e de sua ascensão no topo do monte das Oliveiras. Seu filho, o imperador Constantino, construiu a igreja do Santo Sepulcro, no ponto em Jerusalém onde Helena disse ter descoberto a tumba de Jesus. Mas, embora as visitas de Helena a Belém e Jerusalém tenham sido registradas quando ela as fez, não há nenhum registro contemporâneo de uma visita sua à Galileia; e caso ela tivesse construído uma igreja que declarava compreender a casa de Maria Madalena, certamente teria sido uma característica famosa na rota de peregrinação já no século IV – em vez disso, nem um único peregrino é conhecido por ter mencionado o nome de Magdala. A igreja vista pelos peregrinos do século IX pode ter sido velha – o cristianismo vinha angariando convertidos na Palestina desde o século I –, mas sua associação com a casa de Maria Madalena foi uma invenção religiosa em consonância com a substituição de Magadan por Magdala.

A alteração do Evangelho de Mateus por um copista bizantino do século V estava tornando o nome de Maria Madalena um lugar em um mapa. Ela era agora Maria de Magdala. Qualquer ideia de que seu nome poderia ter algum outro e profundo significado foi perdida.

A torre de vigia

Magdala deriva de *magdal*, que significa torre em aramaico, a língua falada por Jesus e seus discípulos e outros na Palestina e na Síria naquela época. A palavra hebraica para torre no Velho Testamento é *migdal*. Mas, como um nome, Migdal nunca aparece por si só em qualquer lugar na Palestina; ocorre sempre como Migdal-Algo, de maneira que, por exemplo, há Migdal Eder (Gênesis 35:21, Miqueias 4:8), Migdal Gad (Josué 15:37) e Migdal El (Josué 19:38).

Migdal significa "torre", inclusive torres construídas pelos agricultores para proteger seus campos. Esta torre, fotografada em 1890, vigiava ovelhas perto de Belém.

Tivesse sido nomeada Maria Madalena por causa de um lugar, ela teria tido um sobrenome duplo. Em vez disso, o nome de Maria Madalena diz o que ele significa: Maria, a Torre, ou Maria, que é como uma torre.

Mas em que sentido ela era uma torre? Migdal Gad e Migdal El constituíam lugares fortificados, mas Migdal Eder era algo completamente diferente. Eder (ou edar) é o termo hebraico para rebanho; em grandes pastagens pastores erguiam uma alta torre de madeira, a fim de supervisionar o seu rebanho.

De acordo com Gênesis 35:19-21, Migdal Eder, ou a Torre do Rebanho, era perto de Belém, oito quilômetros a sudeste de Jerusalém.

O profético livro de Miqueias do Antigo Testamento é parte de uma tradição judaica que esperava que o messias viesse de Belém, da linhagem de Davi, que foi pastor antes de ser rei. Miqueias 5:2 diz: "Mas de ti, Belém em Efrata, pequena que és entre os clãs de Judá, de ti sairá um rei para mim sobre Israel, um cujas origens estão longe de volta no passado, no tempo antigo."

Um pouco antes Miqueias 4:6-8 fala dos Últimos Dias que são marcados pelo aparecimento do Senhor, que, como um pastor, reúne os perdidos, os dispersos e os aflitos do seu rebanho:

> Naquele dia, diz o Senhor, vou congregar a que coxeava, e recolherei a que tinha sido expulsa, e a que eu tinha maltratado. E farei da que coxeava uma sobrevivente, e da que tinha sido lançada para longe, uma nação poderosa; e o Senhor reinará sobre eles no monte Sião, desde agora e para sempre.

A comparação de Miqueias do Senhor e o pastor conclui com este versículo sobre a torre do rebanho.

> E tu, ó torre do rebanho, a fortaleza da filha de Sião, sobre ti virá até mesmo o primeiro domínio; o reino virá para a filha de Jerusalém.

Como o pastor que cuida de seu rebanho, assim Davi estabeleceu Jerusalém como a capital do seu reino, e vigiava seu povo de sua cidadela no monte Ofel, um afloramento rochoso em frente ao monte do Templo de Jerusalém – e da mesma forma esta torre, esta *migdal*, esta magdala, tornar-se-á uma torre de vigia para cuidar do rebanho do Senhor, aquelas pessoas que o messias veio para salvar. Assim, o nome de Maria Madalena faz alusão a esta profecia bíblica de vigiar o rebanho e carrega um sentido de salvação por vir.

Mas esta imagem da torre de vigia e o rebanho aplicava-se também ao mar da Galileia, onde a pesca era o esteio de cidades e aldeias ao redor de suas margens. Por exemplo, Magadan, o lugar posteriormente conhecido como Magdala graças ao escriba bizantino, foi um grande porto para pesca, processamento e exportação de peixe, e escavações hoje revelam ali as fundações de uma torre enorme que uma vez se ergueu acima do porto. O objetivo da torre era provavelmente abrigar um farol, um guia para os pescadores no lago, e como nos é dito por João 21:3 eles pescavam à noite. Outros portos também teriam tido faróis. E assim, a torre era muito parecida com a Torre do Rebanho, perto de Belém, um meio para cuidar do rebanho, que, nesse caso, eram pescadores. Vários dos próprios discípulos de Jesus eram pescadores antes de se tornarem, em suas palavras, pescadores de homens.

Jesus gostava de dar apelidos a seus discípulos, como nos é dito em Marcos 3:16-7: "E a Simão ele denominou Pedro; em Tiago, filho de Zebedeu, e João, irmão de Tiago; e ele os nomeou Boanerges, o que significa 'os filhos do trovão'." Pedro vem do grego *Petros*, que por sua vez vem do uso de Jesus do aramaico original que era *Cefas*, sendo que tanto *Cefas* quanto *Petros* significam rocha. Maria Madalena teria recebido seu nome da mesma forma, Maria, a Migdal, a torre de vigia, o farol; um nome poderoso, a mulher que ajudou o Bom Pastor a proteger seu rebanho; e também um farol à noite, um iluminador, um visionário – em contraste com a rocha de Pedro; rocha *versus* luz.

Devassidão, peixe salgado e estudiosos da Bíblia

Escritos rabínicos datando do quarto para o quinto século d.C. mencionam um lugar chamado Migdal Tsebaya, o que significa "Torre dos Tintureiros", e outro chamado Migdal Nunya, significando "Torre dos Peixes". Por quanto tempo elas existiram não é sabido; certamente não aparecem em nenhum lugar do Velho e do Novo Testamentos. Da mesma forma o local de ambas é incerto; mas se pensa que a última estaria a menos de um quilômetro ao norte de Tiberíades, não suficientemente ao norte para estar em qualquer lugar perto do lugar hoje chamado de Magdala. O local pode corresponder a Tel Rakat (ou Tel Raqqat). Um *tel* é um monte antigo de detritos que cresce sobre aldeias abandonadas ou outras estruturas, e

Uma torre de campo antiga, construída por um agricultor para vigiar suas colheitas e seus rebanhos e avisar do perigo iminente. Essas torres de vigia eram muito comuns durante o século I.

apesar de Tel Rakat ficar afastada do lago, isso pode não ter sido sempre assim; talvez houvesse um farol ali, ou talvez este fosse um lugar para o processamento de peixe. Sem escavar o local não poderemos saber mais.

Como Migdal Tsebaya significa Torre dos Tintureiros e como o tingimento é feito geralmente perto da água, possivelmente essa torre ficava às margens do mar da Galileia, mas a literatura rabínica não o diz. Em vez disso, faz um comentário, o de que Migdal Tsebaya foi destruída por sua prostituição, mas não explica quando ou como ou por quem – nenhum contexto é fornecido.

Isso não impediu que Migdal Tsebaya fosse identificada com Tariqueia (Taricheia é uma ortografia variante), o seu nome, que é grego, significando lugar de peixe salgado. A identificação foi feita em 1920 pelo arqueólogo bíblico norte-americano William F. Albright, praticamente porque ele pensava assim. Albright também identificou Tariqueia com o lugar agora chamado Magdala, apesar das evidências em contrário.

As evidências apontam que Tariqueia ficava a seis quilômetros ao sul de Tiberíades, na margem oeste do rio Jordão, onde emerge a partir da extremidade sul do mar da Galileia, e não seis quilômetros ao norte, o local da atual Magdala. O historiador romano do século I, Plínio, por exemplo, descreveu o mar da Galileia em sua *História natural* como "rodeado pelas cidades agradáveis de Julias e Hipopótamos no leste, Tariqueia no sul ... e Tiberíades a oeste" – o que coloca Tariqueia ao sul de Tiberíades, enquanto Magadan, conhecida desde os tempos bizantinos como Magdala, está ao norte de Tiberíades.

Além disso, Tariqueia foi o local de uma batalha famosa em 67 d.C., durante a Revolta Judaica; o historiador Flávio Josefo, um comandante das forças judaicas durante o início da revolta na Galileia, descreveu o cerco romano, a ocupação da cidade e a batalha naval feroz que se seguiu, que deixou 6,7 mil combatentes judeus mortos e tornou vermelha a água do lago. No entanto, escavações na atual Magdala não revelaram sinais de qualquer conflito ou de danos datados do período da revolta, enquanto a narrativa de Josefo sobre os deslocamentos romanos deixa claro que Tariqueia ficava ao sul de Tiberíades. Muito simplesmente, Magdala e Tariqueia eram dois lugares diferentes.

No entanto, a conexão feita por Albright entre Migdal Tsebaya, Tariqueia e Magdala criou uma impressão duradoura, de modo que se encontram os nomes desses lugares usados alternadamente ou em combinação, com Migdal Nunya apresentado como precaução; e muitas vezes ler-se-á sobre a destruição romana da suposta cidade natal de Maria Madalena por causa de sua reputação de devassidão, que se encaixa perfeitamente na imagem mais tarde criada pela Igreja para Maria Madalena.

A religião causou estragos ao identificar o local e o significado de Magdala e sua associação, se houve alguma, com Maria Madalena. O problema começou nos primeiros séculos cristãos e tem sido perpetuado e confundido ainda mais por arqueólogos bíblicos e estudiosos do Novo Testamento em dias modernos. Amarrar Maria Madalena a um ponto é como encontrar algum osso, algumas costelas ou crânio e dizer que são dela; lugares se tornam relíquias para as pessoas que precisam desse tipo de coisa.

2. O reino de Deus

EMBORA LUCAS NÃO nos diga nada sobre a natureza das aflições das mulheres nem sobre os sete demônios de Maria Madalena, ele é muito específico sobre a companheira de viagem de Maria Madalena ser Joana, mulher de Cuza, que era administrador das propriedades de Herodes. Para saber algo sobre os demônios de Maria Madalena e os maus espíritos das mulheres e de enfermidades, temos de olhar para o mundo de Herodes, aquele mundo do qual Joana, Maria Madalena e Jesus estavam lutando para escapar – aquele mundo que tinha acabado de cortar a cabeça de João Batista.

Herodes e o helenismo

Herodes Antipas era filho de Herodes, o Grande, famoso na Bíblia pelo massacre dos inocentes após o nascimento de Jesus. De acordo com o Evangelho de Mateus 2:1-16, os magos dizem a Herodes do nascimento de uma criança que se tornaria rei dos judeus, e, temendo por seu trono, Herodes ordena a morte de todos os recém-nascidos em Belém.

> Então, quando Jesus nasceu em Belém da Judeia, no tempo do rei Herodes, eis que uns homens sábios vieram do Oriente a Jerusalém, dizendo: "Onde está aquele que nasceu rei dos judeus? Porque vimos a sua estrela no Oriente e viemos adorá-lo." ...
>
> Então Herodes ... matou todas as crianças em Belém, e em todas as suas cercanias, que fossem menores de dois anos de idade.

A história permite que Mateus tenha a Sagrada Família fugindo para o Egito, de onde acabará retornando depois da morte de Herodes, cumprindo assim a profecia de Oseias 11:1: "Do Egito chamei o meu filho." Mas a Fuga para o Egito, de Mateus, é diretamente contrariada por Lucas 2:22 e 2:39, que tem a Sagrada Família, quarenta dias depois da purificação de Maria após o nascimento de Jesus, pacificamente retornando para casa de Belém a Nazaré, via Jerusalém. Por essa razão, e porque não há nenhuma evidência de que tal massacre tenha alguma vez ocorrido, a maioria dos estudiosos duvida da realidade histórica do evento.

Mas a história contém uma verdade, que Herodes, um judeu que devia seu trono aos romanos e promovia a cultura greco-romana em detrimento da estrita tradição judaica, suspeitava de ameaças dos judeus a seu governo.

Herodes, o Grande, era produto de uma nova civilização cosmopolita que surgiu na esteira das conquistas de Alexandre, o Grande, no anos 330 a.C. A cultura helenística – aquele composto de cultura grega com elementos locais – foi uma civilização brilhante e libertadora que permeou o oeste da Ásia e o Mediterrâneo oriental, oferecendo novas descobertas e oportunidades em filosofia, educação, teatro, religião, tecnologia, comércio, governo e lei; e, acima de tudo, ofereceu uma linguagem comum, o grego *koiné*, uma versão simplificada do grego que se tornou a língua franca na região.

O aramaico, a língua antiga comum do Oriente Médio, continuou a ser falada no cotidiano, e para os judeus o hebraico era a língua do ritual e da oração. Mas na Palestina, como em outros lugares, o grego se tornou a língua escrita para toda pessoa educada e qualquer pessoa de posição, enquanto que a helenização foi reforçada pelos romanos, que sucederam os gregos como senhores no Oriente no século I a.C.; a classe governante romana falava grego e apoiou práticas e tendências na religião, na filosofia, no teatro e na arquitetura, que deviam suas origens aos gregos. Os próprios evangelhos e todo o Novo Testamento foram escritos pela primeira vez em grego.

Herodes, o Grande, que governara a Judeia de 37 a 4 a.C. como rei cliente romano, foi um grandioso promotor da helenização. Construiu

O Templo de Jerusalém, ampliado e embelezado por Herodes, o Grande, no século I a.C., conforme reconstruído pelo pintor James Tissot em 1894. Um grandioso promotor do helenismo, Herodes empregou arquitetos gregos, romanos e egípcios para construir seu templo, que se tornou o maior complexo religioso do mundo antigo.

o novo porto da cidade de Cesareia, no Mediterrâneo, e, em Jerusalém, construiu o monte do Templo, uma vasta plataforma sobre uma colina natural para dar suporte ao seu templo gigantesco construído entre os anos 25 e 10 a.C. O novo Templo de Herodes era algo mais do que apenas uma ampliação do Segundo Templo, construído séculos antes no local do templo original de Salomão; planejado por romanos, gregos e arquitetos egípcios, todo em mármore branco e em estilo clássico, o Templo de Herodes superou o Pártenon e tornou-se o maior complexo religioso do mundo antigo.

Com a morte de Herodes, em 4 a.C., seu reino foi dividido entre seus quatro filhos, mas a Judeia, a área central que se estende de Jerusalém, nas montanhas da Judeia, até a Cesareia, no Mediterrâneo, logo ficou sob o domínio direto de um prefeito romano. Herodes Antipas, o mais novo dos filhos, foi feito tetrarca, ou seja, governante de um quarto, e lhe foi dada a Galileia, ao norte, e Pereia, na margem leste do rio Jordão.

Herodes Antipas, como seu pai, era um grande construtor; em 19 d.C. ele construiu Tiberíades, sua capital completamente nova, na margem ocidental do mar da Galileia, com plano e arquitetura na tradição grega e romana, a que deu o nome de seu senhor, o imperador romano Tibério.

Mas Herodes Antipas não era o único a ser completamente helenizado e romanizado; membros significativos da sociedade judaica também eram helenizados, especialmente a classe alta judaica. Os saduceus, as famílias judias aristocráticas, dominavam os negócios; deles vinham os sacerdotes do templo, incluindo o sumo sacerdote.

O poder referente a assuntos religiosos judaicos concentrava-se no Sinédrio, um conselho de figuras de sabedoria e liderança, incluindo saduceus e seus rivais, os fariseus, que eram seitas ou partidos sociopolíticos e religiosos. Os saduceus baseavam sua autoridade no templo e na Torá escrita, com sua descrição do sacerdócio, enquanto os fariseus não preenchiam posições no templo e reconheciam autoridade tanto para a Torá escrita quanto para aquela de desenvolvimento oral. Enquanto os saduceus eram da velha aristocracia latifundiária e se sentiam confortáveis com a helenização, os fariseus eram estudiosos e professores que dirigiam as escolas e viam o helenismo, com sua atração de assimilação, como uma ameaça ao tecido social, moral e religioso da nação.

Mas o grande número de judeus não era nem de saduceus nem de fariseus. O historiador judaico-romano Flávio Josefo, ele mesmo um fariseu, diz que não havia mais do que cerca de 6 mil fariseus na Palestina nos anos 60 d.C.; havia ainda menos saduceus. Josefo diz, no entanto, que os fariseus eram populares entre os judeus comuns. Os essênios, uma outra seita, eram ascetas que se retiraram da vida cotidiana e viviam junto ao mar Morto, onde foram descobertos "os manuscritos do mar Morto" – embora os pergaminhos fossem parte de sua biblioteca, não se sabe se os essênios eram seus autores. João Batista é por vezes descrito como tendo sido um membro dos essênios ou influenciado por eles, mas não há nenhuma evidência disso.

Uma moeda do reinado de Herodes Antipas, governador da Galileia, no tempo de Jesus. Ao contrário de seu pai, Herodes, o Grande, e outros membros da dinastia herodiana, Antipas observava publicamente a proibição judaica de imagens de si mesmo em esculturas e em moedas. Não temos, portanto, conhecimento de sua aparência. Esta moeda é típica na utilização de motivos vegetais simples. Em um lado se lê, em letras gregas, "Tiberias", o nome da nova capital de Antipas na costa do mar da Galileia, enquanto do outro se lê "Herodou Tetrarchou", Herodes, o Tetrarca.

Jesus é frequentemente retratado nos evangelhos como discutindo com os fariseus, que às vezes são apresentados como seus inimigos, conspirando com os herodianos contra ele; na verdade, Jesus e os fariseus apresentavam pontos semelhantes, sendo ambos populares entre as pessoas comuns, ambos (ao contrário dos saduceus) acreditando na vida após a morte e ambos considerando a Torá acima do templo. Mas Jesus, para quem o amor de Deus era superior a tudo, achava os fariseus excessivos e rígidos em seus pontos de vista sobre a lei, os chamou de hipócritas e ostentava sua comunhão com coletores de impostos e mulheres às margens da sociedade. Isso, no entanto, era apenas o tipo de luta interna que ocorre entre facções que, de outra forma, compartilham valores muito semelhantes.

Mas, enquanto o helenismo estava tendo um efeito generalizado sobre a cultura local, a marca do domínio romano era apenas levemente sentida; embora a Judeia estivesse sob o domínio direto de um prefeito romano baseado em Cesareia, instituições judaicas tradicionais, legais, educacionais e religiosas foram deixadas em mãos locais, e a presença militar de Roma era leve. Geralmente os romanos deixavam de lado seu modo de ser para respeitar sensibilidades judaicas; a cunhagem local, por exemplo, não tinha imagens, e os soldados romanos foram aconselhados a não levar com eles as suas insígnias com imagens quando entrassem em Jerusalém.

Na Galileia, governada por Herodes Antipas, que tinha seu próprio exército de judeus e gentios mercenários, não havia uma única fortaleza romana, nem mesmo um soldado romano. (A cena famosa em Mateus 8:5-13 e Lucas 7:1-10 da conversa de Jesus com um centurião em Cafarnaum não diz nada sobre o oficial ser um romano, apenas um gentio; a palavra grega usada nos evangelhos era comumente aplicada tanto para oficiais romanos quanto não romanos, e este "centurião" era mais provavelmente um oficial do serviço de Herodes Antipas, cujo pai era conhecido por ter tido gauleses, germanos e trácios em sua guarda pessoal.)

Além de um levante em 6 d.C., em reação à imposição romana de um censo para fins fiscais, a Galileia, Jerusalém e o resto das terras judaicas estiveram calmas durante toda a vida de Jesus.

A revolta veio como um aviso, no entanto, pois ela rapidamente assumiu um caráter religioso fundamentalista – seus líderes diziam que um censo era uma ofensa a Deus e pediam por uma teocracia, uma república baseada na lei judaica e reconhecendo somente Deus como rei. E, embora os romanos tenham esmagado a revolta, as tensões entre tradições helenísticas e judaicas continuaram a ferver sob a superfície.

Na Galileia, Herodes Antipas estava preocupado com a possibilidade de que a opinião religiosa pudesse se voltar contra seu governo, enquanto que na Judeia o partido sacerdotal dos saduceus, que controlava o Templo de Jerusalém, compartilhava as ansiedades de Herodes – como o faziam quase todos que eram helenizados e tinham se acomodado aos romanos.

No entanto, por mais que a helenização tivesse aberto a Palestina para as oportunidades e os benefícios do mundo mediterrâneo maior, ela também era vista por alguns – e não só pelos fariseus, mas talvez até mesmo por aqueles judeus que eram helenizados – como corroendo sua própria identidade. Para alguns judeus não havia nenhuma dúvida sobre isso, nenhum compromisso era possível; o helenismo era uma calamidade, uma contaminação que obstruía o caminho para se restabelecer o judaísmo purificado no mundo e torná-lo mais próximo de Deus.

O reino de Deus

Em pouco mais de uma geração após aqueles dias em que Maria Madalena aderiu a Jesus enquanto ele pregava o reino de Deus pelas colinas e aldeias da Galileia, os judeus se rebelaram contra o domínio romano. A selvagem Guerra Judaico-Romana começou em 66 d.C. e durou sete anos; no momento em que terminou, dezenas de milhares tinham morrido e o Templo de Jerusalém fora destruído.

Renascido no rio Jordão

João Batista é uma figura absolutamente histórica. Ele é mencionado em todos os quatro evangelhos, Mateus, Marcos, Lucas e João, que se acredita terem sido escritos entre 65 e 110 d.C. Também é mencionado na obra *Antiguidades dos judeus*, escrita por volta de 94 d.C. pelo historiador Flávio Josefo, que descreve a prática de batismo de João como a culminação do viver virtuoso. "João, que foi chamado o Batista, ... era um bom homem, e ordenou que os judeus exercessem virtude, assim como a justiça para com o outro, e piedade para com Deus, e assim chegar ao batismo."

Jesus, que foi batizado por João, e que de acordo com Lucas 1:36 era primo de João, tornou a mensagem de João fundamental em seus próprios ensinamentos. "Amarás o Senhor teu Deus de todo o teu coração, de toda a tua alma e com toda a tua mente", Jesus diz em Mateus 22:37-40, ecoando Batista. "Este é o primeiro e maior mandamento. E o segundo é semelhante a este: 'Amarás o teu próximo como a ti mesmo.' Destes dois mandamentos dependem toda a lei e os profetas."

João não estava fundando uma nova religião, mas seu rito do batismo, a imersão em água, era algo totalmente novo para o judaísmo. João estava dizendo que a descendência de Abraão, a figura fundadora do povo judeu, não era suficiente para garantir a salvação. Em vez disso, tal como Deus tinha chamado os judeus para fora do Egito levando-os através do rio Jordão para a Terra Prometida, assim os judeus agora tinham de se tornar um novo povo por imersão nas águas do batismo naquele mesmo rio.

O batismo de Cristo, de Giotto, 1305, na Capela Scrovegni, Pádua.

Ao descartar os rituais do Templo de Jerusalém e também seus sacerdotes, amplamente vistos como substituindo uma relação autêntica com Deus por sua própria religiosidade, o batismo significou um novo começo, um renascimento. O batismo era simples e tornou a salvação acessível a *todos* – com os evangelhos salientando esta palavra, como quando Marcos 1:5 relata a grande quantidade de pessoas que viajavam muito, para longe no deserto, em busca de João, "E saíam para encontrá-lo, de toda a terra da Judeia, e aqueles de Jerusalém, e eram por ele batizados no rio Jordão, confessando os seus pecados". Aqueles que foram batizados por

João emergiam das águas como recém-nascidos, ou como pessoas que tinham sido mortas e enterradas, mas tinham se levantado; pessoas que fizeram a viagem da morte para a vida.

Em particular, este simples ato de imersão tornou a salvação acessível a mulheres, que, no judaísmo de orientação masculina, ficavam de fora da aliança tradicional entre o homem e Deus – porque as mulheres não eram circuncisadas. A circuncisão está presente desde o primeiro livro do Antigo Testamento, Gênesis 17:10, onde Deus fala a Abraão, a figura fundadora do povo judeu: "Esta é a minha aliança, que guardareis entre mim e ti e tua descendência depois de ti; todo menino dentre vós será circuncisado." Se as mulheres poderiam, portanto, ser parte da aliança entre o homem e Deus era uma pergunta, feita naquele tempo e ainda agora; na melhor das hipóteses elas desfrutam de uma aliança com Deus somente através dos homens. Mas o rito de batismo de João forneceu uma resposta radical e abriu o caminho para a salvação direta para todos, de modo que ele atraiu a *todos*, como dizem os evangelhos.

A cabeça de João Batista

Muitos naqueles dias acreditavam que o momento do julgamento estava próximo, e a mensagem de salvação de João provocava excitação e expectativa em toda a região. Josefo registra que "vieram a ele em multidões, pois eles ficavam grandemente comovidos ao ouvirem suas palavras". A fome de pureza, mas inocente do fanatismo e de insurreição política, era expressa por aqueles que buscavam a salvação nas mãos de João Batista no rio Jordão. No entanto, Josefo também conta como o apelo da mensagem de João o levou diretamente para a morte. "Herodes, que temia que a grande influência que João tinha sobre as pessoas pudesse lhe dar poder e inclinação para o levantamento de uma rebelião, pois as pessoas pareciam prontas a fazer qualquer coisa que ele aconselhasse, achou melhor condená-lo à morte, para evitar qualquer mal que ele pudesse causar."

Os evangelhos dizem mais sobre a morte de João Batista. Herodes Antipas tinha se casado com Herodias, mulher de seu irmão Filipe, contrariando o Levítico 20:21, que diz: "Se um homem tomar a mulher de seu irmão, é uma coisa impura." Como Marcos 6:18-24 relata a história, João repetiu isso a Herodes, dizendo: "Não te é lícito ter a mulher de teu irmão", ao que Herodias, mulher dos dois irmãos, ficou furiosa e teria matado o Batista, mas Herodes, temendo o apoio popular de que gozava João, parou antes de tomar sua vida e em vez disso prendeu-o. Mas, em seguida, "Herodes no seu natalício ofereceu um banquete aos seus senhores, altos comandantes, às pessoas mais importantes da Galileia; e quando a filha da mesma Herodias entrou e dançou, e agradou a Herodes e aos que estavam com ele, o rei disse à jovem: 'Pede-me o que quiseres, e eu vos darei.' E jurou-lhe: 'Tudo o que pedires a mim eu vos darei, até a metade do meu reino.' E ela saiu e perguntou à sua mãe: 'Que pedirei?' E ela respondeu: 'A cabeça de João Batista'".

A garota cuja dança custou a vida de João Batista ficou notoriamente conhecida como Salomé na lenda e na música e pinturas por quase 2 mil anos. Os evangelhos contam a história da dança, mas não nomeiam a moça; por outro lado Josefo, que não diz nada da dança, relata que Herodias tinha uma filha chamada Salomé, que se casou e teve três filhos. Com ou sem razão, a imaginação popular combinou as duas coisas e erotizou sua dança como a Dança dos Sete Véus, de maneira que Salomé vive para sempre como a mulher fatal definitiva.

Dançarina à parte, tanto Josefo quanto Marcos estão dizendo essencialmente a mesma história (e o Evangelho de Mateus, que aqui é paralelo ao de Marcos); ao condenar o casamento de Herodes com a mulher de seu irmão, João estava acusando-o de não ser um bom judeu, o que teria prejudicado a autoridade de Herodes como um governante judeu sobre os judeus em nome de seus senhores romanos. Dessa maneira João poderia ter insuflado a indignação popular contra Herodes Antipas, ameaçando seu trono. De uma forma ou de outra, Herodes poderia pensar que faria sentido eliminar João Batista.

O reino de Deus

A dança de Salomé na festa de aniversário de Herodes Antipas, como imaginada pelo pintor francês Gustave Moreau, 1876. Uma aparição da cabeça de João Batista paira diante dela.

O Evangelho de Marcos fornece um detalhe revelador em sua narrativa do jantar em que a filha de Herodias dançou para Herodes e exigiu a cabeça de João Batista, pois Marcos nos diz que os convidados incluíam os "senhores, altos comandantes e principais pessoas da Galileia". Isso significa que Cuza foi provavelmente testemunha da cena, Cuza, o administrador das propriedades de Herodes, mencionado em Lucas como o marido de Joana, a Joana que era a companheira de Maria Madalena. Esteve a própria Joana nesse macabro jantar?

Não que a cabeça de João Batista tenha sido trazida para o jantar em si. De acordo com Josefo, Batista foi preso e executado na fortaleza da colina rochosa remota de Maqueronte, na Pereia, naquela parte da tetrarquia de Herodes Antipas que estava no deserto a leste do mar Morto. Mas, como os convidados do jantar eram notáveis da Galileia, a famosa dança não teria tido lugar em uma fortaleza de difícil acesso, do outro lado do mar Morto, e sim no luxuoso palácio de Herodes em Tiberíades, às margens do mar da Galileia. Onde quer que isso tenha acontecido, no entanto, a decapitação de João Batista foi um evento traumático, infame o suficiente para Josefo escrever sobre ele, perturbador até mesmo para Herodes, que nunca teve certeza se queria Batista morto, e espantoso para Joana e outros, que simpatizavam com a visão de João de renovação para o povo judeu.

A notícia da morte de João Batista chegou imediatamente a Jesus. Os evangelhos de Marcos e Mateus registram que, quando os discípulos de João ouviram falar de sua morte, eles vieram e colocaram seu corpo em uma tumba, com Mateus 14:12 acrescentando que "seus discípulos vieram e levaram o corpo e o sepultaram; e foram e disseram a Jesus". Na realidade, a prisão de João, seguida por sua morte, podem ter sido os eventos que mudaram toda a natureza do chamado de Jesus, pois, como João 3:23-4 explica, Jesus tinha apenas recentemente partilhado com João a obra de batizar no rio Jordão: "Depois disto foi Jesus com seus discípulos para a terra da Judeia; e permanecia ali com eles e batizava. E João também estava batizando em Enom, perto de Salim, porque havia ali muitas águas; e eles vinham ali, e eram batizados. Pois João ainda não tinha sido lançado à prisão." Esta passagem apresenta Jesus batizando longe do seu terreno familiar; ele está no sul, na Judeia, perto de João, que está na Pereia, na margem oriental do Jordão. É como se os dois primos estivessem compartilhando uma única missão e uma visão única.

O reino de Deus

Tito Flávio Josefo, o historiador judeu-romano do século I d.C., que menciona, entre outros, Herodes Antipas, Pôncio Pilatos, João Batista e Jesus em sua obra *As antiguidades dos judeus*.

Se até agora Jesus estava contente em batizar, a prisão e a morte de João Batista criaram uma urgência, e Jesus lançou-se a uma campanha que atraiu uma grande multidão de pessoas das vilas e cidades ao redor do mar da Galileia, como as multidões vinham antes para ouvir João. Tantos vieram, e de tão grande distância, que Jesus ordenou aos seus discípulos que os alimentassem com tudo o que tinham, cinco pães e dois peixes, que ele abençoou e multiplicou para que alimentassem 5 mil homens e numerosas mulheres e crianças.

O Evangelho de João 1:35-42 diz como André e outro que não é nomeado tinham sido seguidores de João, mas, depois de sua prisão, decidiram seguir Jesus e convenceram o irmão de André, Simão Pedro, a se juntar a eles.

Aquelas mulheres que Lucas diz que estavam viajando com Jesus à medida que ele "ia a cada cidade e aldeia, pregando e anunciando o evangelho do reino de Deus", entre elas Joana, mulher de Cuza, e Maria Madalena – no início elas também podem ter sido seguidoras de João Batista, atraídas a ele por seu rito de batismo, que contornou a aliança tradicional com Deus, expressa pela circuncisão masculina, e que, em vez disso, oferecia salvação a todos, tanto aos homens quanto às mulheres. Mas agora, depois da brutal resposta de Herodes à mensagem de renascimento do Batista, Maria Madalena e suas companheiras entenderam o perigo que todos enfrentavam, pois Marcos 3:6 escreve sobre conspirações contra Jesus. "Retiraram-se os fariseus e iniciaram, em acordo com os herodianos, uma conspiração contra Jesus, e tramavam um meio de condená-lo à morte." Se este era um momento perigoso, no entanto era também o fim dos tempos; não havia mais espera agora, pois, como Jesus proclamava, o reino de Deus estava próximo.

Galileia

Em contraste com a desolação descrita por viajantes do século XIX e início do século XX, durante a vida de Maria Madalena as terras ao redor do mar da Galileia eram fartas e bonitas. Plantas tão diversas como nozes e palmeiras, figos e azeitonas, tudo florescia ali. "Pode-se chamá-lo a ambição da natureza", disse Josefo, falando da forma como o solo rico e o clima variado "força[m] aquelas plantas que são naturalmente inimigas umas das outras a se darem bem em conjunto; é uma disputa feliz das estações do ano, como se cada uma delas reivindicasse este país".

O reino de Deus

Josefo, que foi governador militar da Galileia uma geração após a morte de Jesus, conhecia bem o país. "Toda a área é excelente para o plantio e gado e rica em florestas de todos os tipos, de modo que por sua adaptabilidade convida mesmo aqueles menos inclinados a trabalhar na terra. Consequentemente cada centímetro é cultivado pelos habitantes e nem um canto é desperdiçado. Ela é repleta de cidades e graças à abundância natural as inúmeras aldeias são tão densamente povoadas que a menor tem mais de 15 mil habitantes." Josefo estava certo sobre a abundância da Galileia, mas ele grosseiramente exagerou sua população; as aldeias eram bem menores, na ordem das centenas, e não milhares de habitantes.

Josefo também informou que as águas do lago nutriam uma próspera indústria de pesca, incluindo uma frota de 230 barcos. Quatro dos discípulos de Jesus eram pescadores e partilhavam a prosperidade da Galileia, uma prosperidade sublinhada pela evidência arqueológica de casas confortáveis e sólidas em Cafarnaum, a base do ministério de Jesus e lar de Pedro.

A Galileia estava na principal rota de comércio entre o Egito e a Síria; estradas corriam por toda parte; ela tinha ligações comerciais com a Decápolis, na costa da Palestina e da Síria, com a Ásia Menor e Chipre. Gregos, hasmoneus, romanos e herodianos, todos eles construíram cidades aqui – os hasmoneus implantaram o lugar hoje chamado Migdal ou Magdala, na margem ocidental do lago, tornando-o o mais importante porto no mar da Galileia, e Herodes Antipas fundou Tiberíades, imediatamente ao sul, e fez dela a sua capital. A população da Galileia, de cerca de 200 mil pessoas no século I d.C., era bastante mista e incluía gregos, cananeus, egípcios e nabateus, embora a maioria fosse de judeus. Por todas estas razões a Galileia era um lugar mais voltado para o exterior do que Jerusalém.

Grande parte do ministério de Jesus se deu às margens do mar da Galileia. Ele fez o Sermão da Montanha logo ao norte de Cafarnaum; e fez milagres no lago, caminhando sobre suas águas, acalmando a tempestade, enchendo os barcos de seus discípulos com uma grande captura de peixes e alimentando 5 mil pessoas.

Casamento e milagre em Caná da Galileia

Jesus realizou seu primeiro milagre em Caná, na Galileia. Era a festa de casamento a que Jesus e sua mãe e os discípulos são convidados, mas o vinho se esgota e, depois de ser importunado por sua mãe Jesus transforma a água em vinho. O evento é descrito em João 2:1-5.

> E no terceiro dia houve um casamento em Caná da Galileia; e a mãe de Jesus estava lá; e tanto Jesus como seus discípulos foram convidados para o casamento. E, faltando vinho, a mãe de Jesus disse-lhe: "Eles não têm vinho." Disse-lhe Jesus: "Mulher, que queres de mim? Minha hora ainda não chegou." Sua mãe diz aos servos: "Tudo o que ele vos disser, fazei-o."

Jesus, então, fez os servos encherem seis jarros com água; quando ela foi provada pelo administrador da festa, que não sabia nada do que Jesus tinha feito, ele cumprimentou o noivo dizendo: "Todo homem no começo coloca bom vinho; e quando os homens já beberam bem, então serve-se o que é pior; mas tu, porém, guardaste o melhor vinho até agora" (João 2:10).

O simbolismo repousa em Jesus transformando a água utilizada nos antigos rituais judaicos de purificação para o vinho de uma nova fé. Mas a cena é estranha, como se recordasse um evento significativo antigo, agora esquecido ou anulado. Afinal, como diz Jesus, não é de sua conta remediar uma falta do vinho; ele e sua mãe e os discípulos são apenas os hóspedes. São-no de fato?

Maria se dirige a Jesus em um tom de expectativa, e ela diz aos servos para seguir qualquer ordem que ele lhes desse. Este não é o comportamento de convidados, mas de pessoas que estão oferecendo uma festa de casamento. Alguns comentaristas bíblicos têm sugerido que o casamento poderia ter sido o de um parente próximo de Maria, porém além disso eles não se aventuram; não citam nenhum nome.

Mas, de acordo com o historiador e teólogo do final do século IV, são Jerônimo, que passou as últimas décadas de sua vida em Belém – ou pelo menos de acordo com Domenico Cavalca, um franciscano do século XIV

O reino de Deus

Casamento em Caná, Jesus transformando água em vinho. Alemão, início do século XVIII. Mas de quem foi esse casamento?

que escreveu uma *Vida* de Maria Madalena e atribui sua informação a Jerônimo –, o casamento foi entre Maria Madalena e João Evangelista, o autor do quarto evangelho, que imediatamente abandonou sua noiva e se juntou a Jesus para anunciar o reino de Deus.

Essa história foi imaginativamente recriada por Marguerite Yourcenar, autora de *Memórias de Adriano*, em sua coleção de histórias sobre mulheres apaixonadas, com o título de *Fogos*. Maria Madalena é abandonada por João na noite de núpcias, quando ele pula pela janela para se juntar a Jesus na pregação do reino iminente. A deserção de João e a vergonha de Maria a tornam uma prostituta. Mais tarde, ela se encontra e se apaixona por Jesus, mas ele é, então, crucificado; quando ela vai à sua tumba para ungi-lo, descobre que ele se levantou dos mortos: "Pela segunda vez na minha vida, eu estava em pé na frente de uma cama deserta."

Mas há indícios no Evangelho de João que sugerem que o noivo era o próprio Jesus e que estamos testemunhando seu casamento com Maria Madalena. O casamento em Caná acontece no "terceiro dia", diz o Evangelho de João. A expressão "terceiro dia" aparece catorze vezes nos evangelhos, treze delas referindo-se à ressurreição, quando Maria Madalena vai à tumba e descobre que Jesus ressuscitou. A expressão ocorre apenas uma outra vez: "E ao terceiro dia houve um casamento em Caná da Galileia."

O casamento de Maria Madalena com João Evangelista, uma ilustração de um manuscrito de *Der Saelden Hort*, romance suíço em verso do final do século XIII. O poema se baseia na tradição segundo a qual a festa em Caná foi uma celebração do casamento de João, autor do quarto evangelho, e Maria Madalena.

Vários dos discípulos de Jesus eram casados, incluindo Pedro (Mateus 8:14-7; Marcos 1:29-31; Lucas 4:38), e não há nada no Novo Testamento que diga que Jesus não era casado. Na verdade, teria sido incomum para um homem da idade de Jesus não ter sido casado. Jesus era descontraído em relação a abluções rituais e dieta; ele dizia ironicamente que era "um comilão e beberrão" (Mateus 11:19; Lucas 7:34); gostava de comida, bebida e boa conversa; era espirituoso e afiado; sentia-se à vontade com as mulheres; e se autodepreciava, mas tinha uma intensidade e uma aura que o faziam muito atraente. Fossem Jesus e Maria Madalena casados, isso explicaria a intimidade entre eles, sua companhia constante, sua presença na crucificação e, sobretudo, a sua visita à tumba no terceiro dia levando especiarias para ungir seu corpo nu, uma tarefa assumida por uma esposa.

Isso também ajudaria a explicar o seu nome. Maria Madalena, a Torre de Vigia do Messias, a Noiva de Cristo.

O reino de Deus

Quando Jesus soube que João Batista tinha sido aprisionado, ele começou a reunir discípulos e a pregar. Viajou toda a Galileia, ensinando nas sinagogas, curando os enfermos e possessos e pregando o reino de Deus. "E trouxeram-lhe todos os doentes que eram acometidos de várias doenças e tormentos, e aqueles que estavam endemoniados, e aqueles que eram lunáticos, e aqueles que eram paralíticos; e ele os curou" (Mateus 4:24). Multidões vieram a ele da Galileia, de Jerusalém, da Judeia, de além do rio Jordão e também da Decápolis, dez cidades fundadas pelos gregos e totalmente helenizadas, incluindo Damasco ao norte, todas com populações principalmente de gentios e grande número de judeus helenizados.

Mas gentios não interessavam a Jesus. Suas três atividades públicas eram curar os doentes, libertar as pessoas de possessão demoníaca e pregar, e todas essas eram direcionadas para seus companheiros judeus.

Nada do que Jesus disse ou fez sugere qualquer ponto de vista político; embora o pagamento de impostos a Roma fosse considerado a derradeira traição por radicais judeus, Jesus disse: "Dai a César o que é de César e a Deus o que é de Deus" (Marcos 12:17). Ele ocasionalmente curava gentios, mas declarou que sua mensagem era estritamente para "as ovelhas perdidas da casa de Israel" (Mateus 15:24), e falava asperamente com e sobre os gentios, comparando-os a cães e porcos (Marcos 7:27; Mateus 7:6, 15:26). Jesus explicitamente guiava seus discípulos para tratar apenas os judeus, e ele os proibiu de se aproximarem dos gentios. "A única inferência lógica que pode ser tirada a partir dessas premissas é que Jesus estava preocupado apenas com os judeus, porque na sua opinião a cidadania do reino de Deus fora reservada só para eles", escreve Geza Vermes, um dos principais estudiosos sobre Jesus em *O autêntico Evangelho de Jesus*, acrescentando que "Jesus não era exatamente a figura gentil, açucarada, mansa e leve da imaginação religiosa cristã".

Jesus certamente não via a si mesmo como um salvador, muito menos um salvador universal. Nunca falou de si mesmo como o messias ou o Filho de Deus; nunca reivindicou governar; pelo contrário, disse que tinha vindo para servir. Buscava a ovelha perdida; amava os pecadores arrependidos e coletores de impostos, um dos quais era seu discípulo Mateus (também conhecido como Levi); e amava crianças. Jesus era claro sobre o que estava fazendo; quando os escribas e fariseus perguntaram por que comia e bebia com os publicanos e pecadores, ele lhes disse: "Os sãos não precisam de médico, mas sim os enfermos; eu não vim chamar os justos, mas sim os pecadores ao arrependimento" (Marcos 2:16-7).

Este era o caminho de Deus, e para ilustrar o que ele queria dizer Jesus contou a parábola do filho pródigo (Lucas 15:11-32) – sobre o filho mais novo, que reivindica a herança do pai, vai para um país distante e desperdiça tudo em uma vida muito desregrada. Quando não tem nada e está a ponto de morrer de fome, retorna ao pai e diz: "Eu pequei contra o céu e diante de ti, e não sou digno de ser chamado teu filho." Mas seu pai, longe de repreender o filho mais novo, tem compaixão e abraça-o

Maria Madalena com João Batista (que não deve ser confundido com João Evangelista), por Angelo Puccinelli, meados do século XIV. Maria Madalena pode ter sido primeiro uma seguidora de Batista, atraída pela sua mensagem de salvação, destinada tanto às mulheres quanto aos homens.

e beija-o e chama os seus servos: "Trazei depressa a melhor túnica para vesti-lo; e colocai-lhe um anel no dedo e sandálias nos pés; e trazei um novilho gordo e matai-o; e deixai-nos comer e sermos felizes."

O irmão mais velho, ao ouvir isso, fica irritado e diz ao pai: "Eis que há tantos anos te sirvo, sem transgredir em qualquer momento o teu comando, e mesmo assim nunca me deste um cabrito para eu poder celebrar com meus amigos. Mas, assim que esse teu filho chegou, ele que devorou teus bens com meretrizes, tu lhe mataste um bezerro cevado." O pai respondeu-lhe dizendo: "Filho, tu estás sempre comigo, e tudo o que é meu é teu." Mas ele explicou que era certo "que sejamos felizes e estejamos contentes: porque este teu irmão estava morto e reviveu; foi perdido e foi encontrado".

Deus anseia, e seu desejo não é tanto para os justos como é para os pecadores. E isso é um lembrete, pregou Jesus, de que não importa quanto um homem possa seguir a lei, não é homem, mas Deus quem decide.

Jesus exorciza dois homens possuídos por demônios. Jesus encaminha os demônios para um rebanho de suínos que se lançam ao mar da Galileia e se afogam. Francês, início do século XVII.

Jesus rejeitou a acusação de que estava violando a Torá, que é a lei judaica. "Não penseis que vim destruir a lei ou os profetas: não vim destruir, mas completar." (Mateus 5:17). Contudo, Jesus também pregou que para entrar no reino de Deus era necessário não só cumprir a lei, mas ir além dela. Observar rituais e um sistema moral não era suficiente; a pessoa devia se submeter absolutamente a Deus, um deus que poderia ser incompreensível nas formas aparentemente contraditórias e indiscriminadas que escolhe para amar.

Jesus falou sobre isso em seu Sermão da Montanha (Mateus 5:44, 45, 48).

> Amai a vossos inimigos, bendizei os que vos maldizem, fazei bem aos que vos odeiam, e orai pelos que vos usam rancorosamente, vos perseguem e maltratam;

O reino de Deus 51

Para que sejais filhos do vosso Pai que está nos céus; porque ele faz nascer o seu sol sobre maus e bons, e faz chover sobre os justos e sobre os injustos. ...

Sede pois perfeitos, como vosso Pai que está nos céus é perfeito.

No original grego a palavra para "perfeito" é *teleios*, que também pode ser traduzida como inteiro ou completo. O Deus dos ensinamentos de Jesus derrama seu amor para todos. E assim como Deus, o Pai, é inteiro e completo através do seu abraço a todos em seu amor, o homem deve imitar Deus amando absolutamente.

O ensinamento de Jesus atraía os pobres, os oprimidos, os aflitos e os marginalizados; e isso, combinado com seus poderes de curador e exorcista, o tornou imensamente popular entre as multidões da Galileia.

O reino de Deus está chegando, disse Jesus, durante seu Sermão da Montanha, à medida que ensinava seus discípulos a orar a Deus, o Pai. "Pai nosso que estás nos céus, santificado seja o teu nome. Venha o teu reino. Será feita tua vontade na terra como no céu" (Mateus 6:9). Na verdade o reino de Deus é todo sobre nós, esperando que entremos nele, se soubermos como. "O tempo cumpriu-se e o reino de Deus está próximo" (Marcos 1:15).

O fantasma de João Batista

Maria Madalena e as outras mulheres, e os Doze discípulos, estavam assumindo um sério risco quando se juntaram a Jesus, pois fora a prisão de João Batista por Herodes Antipas que estimulara Jesus a agir. A maioria do ministério de João Batista tinha ocorrido na margem leste do rio Jordão, no território da Pereia, de Herodes; após a prisão de João, Jesus começou seu ministério no território da Galileia de Herodes. Herodes Antipas tomou isso como um desafio.

O governo de Herodes, segundo ele próprio, oferecia um mundo estável, pacífico e unido, partilhando uma cultura comum, um paraíso na terra. E não apenas os gregos e romanos, mas muitos judeus tinham adotado maneiras helenísticas.

Mas Herodes temia que o reino de Jesus fosse visto pelas pessoas como em conflito com seu próprio reino e com os romanos. Quando Herodes ouviu falar de Jesus pregando por toda a Galileia, ele disse que "João Batista ressuscitou dentre os mortos e, portanto, poderosas ações vão surgir dele. É João, a quem eu mandei degolar: ele ressuscitou dentre os mortos" (Marcos 6:14, 16).

3. Na estrada com Jesus

JESUS É POR VEZES descrito como um radical por sua atitude em relação às mulheres. Ele incluía mulheres em sua comitiva, e, misturando-se com mulheres durante suas pregações e suas curas, não observava os tabus. Não se sentiu contaminado, por exemplo, na história contada por Mateus e Lucas da mulher que tinha sofrido doze anos de um fluxo de sangue; ela havia gasto todo o seu dinheiro com médicos sem sucesso, mas eis que entre uma multidão de pessoas estendeu a mão e tocou na orla do manto de Jesus. "E Jesus disse: 'Quem me tocou?' ... Ela veio tremendo e, prostrando-se diante dele, declarou-lhe perante todo o povo a causa por que o havia tocado, e como fora imediatamente curada." Onde costume e crença teriam feito outros homens judeus se afastarem dela e se sentirem contaminados, Jesus lhe disse: "Filha, esteja tranquila; a tua fé te salvou; vai em paz" (Lucas 8:44-8).

Mulheres com Jesus

Jesus tinha uma visão inclusiva dos Doze discípulos e das mulheres que viajavam com ele pela Galileia. Quando Lucas 8:1-2 escreve que "os Doze iam com ele, e algumas mulheres", as mulheres não são separadas; homens e mulheres estão todos "com ele". Além disso, as mulheres, como os homens, estão lá durante todo o seu ministério. "As mulheres que o haviam seguido desde a Galileia" estão na crucificação, escreve Lucas 23:49; e no terceiro dia, quando as mulheres descobrem a tumba vazia, dois homens em roupas brilhantes aparecem entre elas, dizendo: "Ele não está aqui, mas ressuscitou; lembrem-se como ele vos falou, quando ele ainda estava na Galileia. Dizendo: 'O Filho do Homem deve ser entregue nas mãos de homens pecadores, e ser crucificado, e ao terceiro dia ressuscitar.' E elas se lembraram de suas palavras" (Lucas 24:6-8). Lucas está sendo enfático; desde aqueles primeiros dias na Galileia até os últimos dias em Jerusalém, e em todos os dias entre eles, Jesus é acompanhado por seu círculo íntimo de mulheres e pelos seus Doze discípulos homens. Todos, mulheres e homens, compartilharam seus ensinamentos e receberam suas revelações íntimas.

Mas o verdadeiro radical não era Jesus. Radicais eram as mulheres. Jesus pode ter sido incomum e inclusivo em sua visão, porém não havia condições para existirem mulheres em seu movimento, a não ser – contra quase todas as leis e costumes da sociedade judaica na Palestina – que essas mulheres pudessem viver de forma independente dos laços familiares. As mulheres na comitiva de Jesus não estavam desempenhando os papéis femininos convencionais, de cozinhar refeições e lavar a roupa – ou, se estivessem, Lucas não diz isso. O que ele diz é que nem Jesus nem qualquer um dos seus seguidores, mulheres ou homens, estavam envolvidos em trabalho economicamente produtivo. Assim como os homens desistiram de seu emprego para seguir Jesus, Maria Madalena e as outras mulheres haviam exercido a sua independência e usado seus meios financeiros para tornar a missão possível.

No entanto, as restrições sobre as mulheres judias na Palestina eram bastante severas na época de Maria Madalena, o momento em que o judaísmo esteve mais ferozmente empenhado na luta para preservar sua identidade contra as influências da cultura helenística. Enquanto as mulheres pertencentes ao mundo helenístico, da Itália até a Grécia e o Egito, gozavam de crescente independência e oportunidades financeiras, as mulheres judaicas da Judeia e da Galileia estavam sujeitas a interpretações cada vez mais rigorosas da Torá e a regras ainda mais elaboradas.

No ambiente cultural tradicional judaico da Palestina, uma mulher independente poderia ser uma exceção, mas o Evangelho de Lucas nos

"A tua fé te salvou", Jesus diz à mulher com um fluxo de sangue que toca a orla do seu manto. Esta pintura mural foi descoberta nas Catacumbas de Marcelino e Pedro, do século III, em Roma.

diz que Jesus foi acompanhado por Maria Madalena "e muitas outras, que o serviam com os seus bens" (ou "forneciam a ele a partir de seus próprios recursos", como a frase é traduzida na *Nova Bíblia Inglesa*). Como Maria Madalena e suas companheiras femininas tinham seu próprio dinheiro? Como elas tinham preservado a sua independência em relação aos homens em suas famílias? Os evangelhos não o dizem.

Sigam-me

De acordo com o Evangelho de Lucas, João Batista começou sua missão no 15º ano do reinado do imperador Tibério, ou seja, 29 d.C. Mas a missão de João não durou muito tempo; ele logo foi preso e depois decapitado, provavelmente no mesmo ano, que foi também o ano em que ele batizou Jesus. Como o Evangelho de Mateus 4:12-7 explica, Jesus tinha ficado quarenta dias no deserto, resistindo às tentações do diabo, mas "agora, quando Jesus soube que João fora lançado à prisão, voltou para a Galileia; e deixando Nazaré foi habitar em Cafarnaum ... Daí em diante, Jesus começou a pregar e a dizer: 'Arrependei-vos, o reino dos céus está próximo'".

Os primeiros dos Doze discípulos escolhidos por Jesus foram Pedro e André, irmãos e pescadores de Betsaida, perto do rio Jordão, onde ele corre para as águas frescas do mar da Galileia. Ele lhes disse: "Sigam-me, e eu os farei pescadores de homens." E como diz o Evangelho de Mateus 4:18-24: "Eles deixaram imediatamente as suas redes e seguiram-no." Continuando ao longo da costa em Betsaida, Jesus viu outros dois irmãos, Tiago e João, que estavam em um barco com o pai, Zebedeu, consertando as redes, e chamou-os. "E eles, deixando imediatamente o barco e seu pai, seguiram-no."

Betsaida era uma vila de pescadores próxima à cidade de Cafarnaum, na costa norte do grande lago de água doce. Então, quando Jesus entrou em Cafarnaum e viu Mateus, um coletor de impostos da região, sentado trabalhando, ele disse: "Siga-me. E ele se levantou e o seguiu" (Mateus 9:9).

E assim foi com todos os Doze discípulos: Simão (a quem Jesus chamou Pedro) e seu irmão André; os irmãos Tiago e João, os filhos de Zebedeu; Mateus (também chamado Levi); Filipe; Bartolomeu (Natanael); Tomé; Tiago, filho de Alfeu; Tadeu (também chamado Judas, ou Juda); Simão; e Judas Iscariotes. Jesus chamou: "Sigam-me", e eles deixaram seu trabalho e o seguiram.

Jesus ensinou nas sinagogas e curou todos os tipos de enfermidade entre o povo, os que sofriam com tormentos e doenças, os loucos e aque-

Sigam-me. Jesus chama para si os pescadores de Betsaida e Cafarnaum, dizendo-lhes que eles vão se tornar pescadores de homens. Alemão, início do século XVI.

les possuídos por demônios ou tremendo de paralisia; e durante todo o tempo ele pregava o reino de Deus. Sua missão levou-o por toda a Galileia e atraiu judeus da Síria e do outro lado do Jordão e de Jerusalém; ele liderou um exército de cura e salvação, com seguidores acampados e multidões de pessoas ansiosas para ouvir, ser curadas e salvas – uma grande campanha em movimento através das aldeias e cidades da Galileia – e que alguém tinha que sustentar.

Mas havia ainda mais do que Jesus e os Doze para manter, pois os discípulos, às vezes, viajavam com mulheres, que a carta de Paulo 1 Coríntios 9:5 descreve como "suas irmãs e esposas", e provavelmente eles viajavam também com seus filhos. Ou, se eles os deixassem para trás, essas mulheres e crianças ainda tinham que ser mantidas, e o resto das famílias do discípulo também; Pedro, por exemplo, era casado e tinha também uma sogra; como é que a esposa de Pedro e sua sogra sobreviveriam?

Alimentos, abrigo e roupas para treze pessoas durante um ano, possivelmente três anos, de acordo com algumas estimativas sobre a duração da missão de Jesus, e para seus dependentes também. Além disso, em pelo menos uma ocasião, Jesus enviou setenta pessoas para preparar o caminho para sua missão pelas cidades da Galileia: "Depois destas coisas, o Senhor designou outros setenta, e os enviou dois a dois antes dele próprio em todas as cidades e lugares aonde ele haveria de ir" (Lucas 10:1).

Pagando por Jesus

O próprio Jesus, em Marcos 10:28-30, comentou sobre a escala de sua empresa e os sacrifícios e custos envolvidos.

> Então Pedro começou a dizer-lhe: "Eis que nós deixamos tudo e te seguimos." E Jesus, respondendo, disse: "Em verdade vos digo, ninguém há que tenha deixado casa, ou mulher, ou filhos, ou campos, por amor a mim e ao evangelho que não receba cem vezes tanto, já nesse tempo, em casas e irmãos e irmãs e mães e filhos e campos, e com eles perseguições; e no mundo vindouro, a vida eterna."

Mas, ainda que Jesus fale da recompensa espiritual, havia também um custo financeiro. Quem tinha o dinheiro para financiar essas grandes ações?

O Evangelho de Lucas 8:1-3 dá a resposta: Maria Madalena, Joana e Susana e "muitas outras" (todas mulheres, pois o grego original de "muitas outras" é plural feminino) providenciavam para Jesus e os Doze discípulos a partir de seus próprios recursos. Em outras palavras, Maria Madalena e as outras mulheres eram social e financeiramente independentes e dispunham de meios suficientes para ajudar a manter Jesus e os seus Doze discípulos na estrada, e para ajudar a manter um número desconhecido de esposas, filhos, pais idosos e outros familiares dependentes deixados para trás quando os discípulos "o seguiram".

Cafarnaum era a sede de Jesus na Galileia. Esta vista aérea mostra os resultados das escavações e obras de restauração. À direita está uma sinagoga do século IV, que fica no local de uma sinagoga anterior, onde Jesus teria ensinado. A estrutura do lado esquerdo é uma igreja franciscana. A forma octogonal deve-se às fundações de uma antiga igreja bizantina construída sobre uma casa mais antiga; a suposição é a de que os primeiros cristãos acreditavam ser esta a casa de Pedro, cujas paredes podem ser vistas hoje pelos visitantes que entram e se dirigem ao centro da igreja.

Mas como pode ser isso? A declaração de Lucas de que Maria Madalena e as outras mulheres estavam mantendo Jesus e os discípulos com seus recursos é notável e estranha, considerando que havia poucas atividades econômicas abertas às mulheres judias na Palestina e pouca oportunidade para que as mulheres levassem vidas independentes. Na verdade, a sociedade judaica na Palestina do século I era uma das sociedades mais conservadoras e dominadas pelos homens no mundo antigo, e a vida das mulheres era fortemente restrita e controlada.

O Antigo Testamento menciona alguns casos excepcionais, por exemplo Débora, que no passado, por volta do século XII a.C., serviu como juíza e comandante militar em batalha contra os cananeus, e outras mulheres que em tempos posteriores foram profetas, sábias e feiticeiras, mas a partir do final do exílio babilônico, em 538 a.C., mulheres judias na Palestina estavam confinadas a tarefas e deveres domésticos.

Uma mulher que precisasse ganhar uma renda poderia estender suas atividades domésticas para o mercado local, onde ela venderia vestuário, produtos agrícolas e pão (embora padeiros fossem homens), ou poderia ser uma estalajadeira, alugando quartos em sua casa. Cabeleireira, parteira e carpideira profissional eram ocupações tradicionais para as mulheres. Mas os ganhos de uma mulher eram para o benefício de sua família; ela não era livre para dispor ela própria de seu dinheiro.

No judaísmo, as mulheres eram legalmente propriedade dos homens. Antes do casamento as meninas eram propriedade de seus pais; depois do casamento uma mulher tornava-se propriedade de seu marido. Viúvas eram colocadas sob a autoridade de seus pais, filhos, tios ou cunhados. Uma mulher conseguia certa posição social ao se tornar mãe de um filho, mas se ela não tivesse filhos por dez anos o marido era obrigado a divorciar-se dela. Os homens poderiam iniciar o divórcio à vontade; as mulheres eram obrigadas a permanecer casadas e fiéis.

As mulheres não estavam autorizadas a receber educação. Tal instrução religiosa, recebida em casa, era dada por homens. As mulheres não tinham liberdade para se tornar seguidoras de um professor ou rabino, e certamente não poderiam viajar com um. Elas não contavam entre o quórum de judeus necessários para a adoração – somente os homens importavam. O testemunho de uma mulher não era aceito como prova em um tribunal de direito.

Em geral as mulheres judias eram quase totalmente dependentes dos homens em termos econômicos. Não possuíam propriedade, exceto no caso raro de herdarem a terra de um pai que não teve filhos homens, e

Na estrada com Jesus 61

mesmo assim eram obrigadas a se casar novamente dentro da tribo, de modo a não reduzir as propriedades de terra da tribo.

O historiador judaico-romano do século I, Josefo, escrevendo sobre a Torá, resumiu o assunto: "A mulher, diz a Lei, é em todas as coisas inferior ao homem. Deixem-na portanto ser submissa, não para sua humilhação, mas para que ela possa ser dirigida; porque a autoridade foi dada por Deus para o homem."

Mulheres independentes

Mas os evangelhos nos dizem ao contrário, sobre mulheres que não são submissas, que não estão sob a autoridade dos homens; sobre mulheres que são social e financeiramente independentes. Como explicar isso? Ao falar de Joana, Lucas nos dá algumas pistas. Ele diz que Joana era a mulher de Cuza, que como administrador de Herodes era seu ministro das finanças, ou pelo menos o administrador de uma das propriedades de Herodes, e em qualquer caso um homem importante. Ao mencionar Cuza, Lucas enfatiza a associação de Joana com os ricos e poderosos; ele mostra a gama de apelo de Jesus junto aos pobres e aos marginais, mas também junto àqueles que estão no topo da sociedade; e nos diz que Joana era um dos principais contribuintes financeiros ao movimento de Jesus.

Joana era provavelmente de uma família aristocrática da Galileia, proprietária de terras e uma daquelas mulheres herodianas conhecidas por terem apoiado e financiado os fariseus, que por sua vez se opunham à cultura greco-romana promovida pela dinastia de Herodes. Não é uma contradição, como parece. Herodes Antipas fizera aliados entre os fariseus, a fim de limitar o poder dos saduceus, a velha aristocracia judaica que controlava o sacerdócio e o Templo de Jerusalém; sua ambição era tornar-se rei, como seu pai, Herodes, o Grande, tinha sido, e o primeiro passo, com o apoio dos fariseus, era colocar-se no centro da vida religiosa judaica, ganhando autoridade sobre o sacerdócio do templo. Mas que Joana financiasse fariseus era uma coisa, seguir

Jesus era outra questão; ela pode ter sido atraída pela mensagem de João Batista, e após sua execução por Herodes ter se dirigido a Jesus. Lucas não diz que Joana ainda estava casada; na verdade, é difícil ver o marido na corte de Herodes permitindo que ela se movimentasse com Jesus e seus seguidores. Em vez disso, Cuza poderia estar morto, ou ele poderia ter se divorciado de Joana.

Divórcio e viuvez eram as formas mais prováveis de uma mulher se tornar independente do controle dos homens e também financeiramente, e isso era assim sobretudo se ela pertencesse a uma família de classe alta.

O pai de uma noiva pagava um dote ao marido, que ele poderia usar durante o curso de seu casamento, mas se ele se divorciasse de sua esposa ou a precedesse na morte o dote seria devolvido a ela. No caso de famílias ricas, esta poderia ser uma soma considerável. Além disso, poderia ser a *ketubba*, originalmente um dote pago por um marido ao pai de sua noiva como compensação pela perda de seus trabalhos domésticos, mas por volta do século I isto havia se tornado uma promessa contra o valor da propriedade do marido para manter sua esposa divorciada ou viúva. Como o dote, o valor da *ketubba* acordado entre as famílias ricas poderia ser muito grande.

A lei judaica trabalhava contra a possibilidade de mulheres herdarem. A Torá prescrevia que uma mulher poderia herdar de seu marido toda propriedade somente se o casamento e os casamentos anteriores dele não tivessem gerado filhos. E uma filha só poderia herdar de seu pai se ele não tivesse filhos ou netos homens.

Mas o sistema patriarcal judaico nem sempre foi tão rígido como parecia. Uma prática surgiu em famílias de classe alta, em que um pai, marido, mãe, irmão ou outro parente fazia um presente de bens ou outras formas de riqueza a uma filha, esposa ou irmã. Ao falar de presente em vez de herança, a desobediência à Torá era evitada. Isso permitiu que as mulheres adquirissem, detivessem e alienassem bens, independentemente dos homens.

Maria Madalena, de Sebastiano del Piombo, igreja de São João Crisóstomo, Veneza, 1510. Sebastiano capturou uma Maria Madalena mais verdadeira em relação aos evangelhos do que a normalmente sedutora, arrependida, reclusa, passiva e autodepreciativa Madalena da mitologia da Igreja; aqui, ao contrário, ela é retratada como uma mulher corajosa e superior, misteriosa e poderosa. "Esta face e figura", disse o romancista Henry James, "são quase sem igual entre as belezas de Veneza." Ela é "uma mulher estranha, perigosa", disse ele, "ela anda como uma deusa. ... Esta criatura magnífica é tão forte e segura que ela é delicada. ... Mas, apesar disso tudo, há sinais de possível transtorno em seus olhos claros".

Judeus helenizados

A posição das mulheres helenizadas, incluindo mulheres judias helenizadas, era muito diferente daquela de mulheres limitadas por estrita tradição judaica. Na diáspora judaica, na Síria, na Ásia Menor, no Egito, onde os valores gregos e o direito romano eram a norma, as mulheres judias gozavam de mais direitos e autonomia; podiam tomar juramentos, ser testemunhas no tribunal, iniciar o divórcio, possuir propriedade e se envolver em negócios. Na Palestina, os obstáculos para a independência das mulheres judias permaneciam enormes, mas as mulheres de classe alta de famílias poderosas foram capazes de dobrar as regras, enquanto as famílias helenizadas e suas mulheres poderiam ignorá-las completamente.

A helenização tinha se espalhado em vários graus em todos os níveis da sociedade palestina judaica, e também entre a classe sacerdotal. Significativamente, a inscrição no Templo de Jerusalém, avisando estranhos para não avançar além de um certo ponto, era em grego, e os cofres do templo nos quais os fiéis colocavam suas contribuições também estavam marcados em grego. O hebraico era praticamente uma língua morta, exceto para uso litúrgico, e quase todos os judeus falavam aramaico ou grego; os sinais do templo em grego admitiam a realidade de judeus helenizados e judeus da diáspora, aqueles da Síria, da Ásia Menor e do Egito, cuja língua comum era a grega.

Os judeus estavam entre os maiores beneficiários da helenização. Fazia muito tempo que um grande número de judeus havia deixado sua terra natal e vivia tão distante quanto na Mesopotâmia e no Egito, na Síria, na Ásia Menor e na Grécia; havia muito mais judeus na diáspora do que na Palestina, e em maior ou menor grau eles haviam se helenizado.

Em Alexandria, no Egito, por exemplo, fundada por Alexandre e a maior das cidades helenísticas, onde os judeus eram cerca de dois quintos da população, eles tinham perdido tão completamente seu conhecimento da língua hebraica que a Torá e o resto da Bíblia judaica tiveram que ser traduzidas para o grego, a chamada Septuaginta. Quando o Novo Testamento, escrito em grego, citava o Velho Testamento, não o fazia a partir do original hebraico, mas diretamente do grego alexandrino da Septuaginta.

A Septuaginta foi produzida por ordem de Ptolomeu II Filadelfo. Os ptolomeus, sucessores dinásticos de Alexandre, o Grande, que governaram o Egito por trezentos anos, concluindo com o reinado da famosa Cleópatra, favoreciam fortemente os judeus. Ptolomeu I Soter, o fundador da dinastia, introduziu 30 mil colonos judeus no Egito no início do século III a.C. Uma grande onda de judeus deixou a Palestina no século II a.C., impulsionados pela revolta dos macabeus contra os selêucidas nos anos 160 a.C., que, como os ptolomeus, eram sucessores dinásticos de Alexandre e governaram sobre grande parte do Oriente Médio. Este novo influxo de judeus juntou-se aos seus compatriotas já helenizados no Delta e no Fayyum e em Alexandria, e muitos alcançaram altas posições; durante o reinado de Ptolomeu IV, em meados do século II a.C., o controle das forças armadas do Egito foi confiada a Onias IV, filho emigrante do sumo sacerdote no Templo de Jerusalém.

Tão prevalente era o uso do grego entre os judeus da diáspora, a maioria dos quais não conhecia nem hebraico nem aramaico, que as autoridades do Templo de Jerusalém tiveram de colocar essa advertência em grego: "Nenhum estrangeiro pode entrar na balaustrada ao redor do santuário e do recinto. Quem for pego será culpado pela própria morte que se seguirá." Por estrangeiro a inscrição se referia a qualquer não judeu.

Nomes helenizados tornaram-se muito comuns entre os judeus, e sua adoção da língua grega era praticamente universal – os escritores do evangelho chamavam o rabino Joshua, ou Yeshua, pelo seu nome helenizado, Jesus. O uso do grego incentivou os judeus a se adaptarem externamente ao padrão de vida em torno deles em um grau considerável, preservando suas distintas crenças e práticas. Há numerosos exemplos de judeus no Egito escolhendo usar o direito grego e os tribunais gregos, apesar da disponibilidade de suas próprias instituições legais judaicas independentes e protegidas. Os judeus também prestavam juramentos a divindades pagãs. Dedicatórias em sinagogas judaicas são escritas como dedicatórias pagãs para se acomodarem ao domínio ptolomaico e romano, mas, ao contrário de templos pagãos, estátuas não eram permitidas em sinagogas. De maneira geral os judeus se acomodaram ao mundo pagão, mantendo o carácter exclusivo da sua fé.

Perdendo apenas para o Egito, a influência helenística foi mais forte ao longo da costa oriental do Mediterrâneo, isto é, ao longo da costa da Palestina e da Síria. O helenismo também teve uma base firme na Palestina oriental; as cidades da Decápolis a leste e ao norte do mar da Galileia foram centros de influência grega. Em maior ou menor grau o helenismo fez-se sentir em toda a Palestina, entre todas as classes e em todas as áreas da vida.

Judeus de língua grega de certa maneira adaptaram crença e prática aos modos gregos. Isso teria sido especialmente verdadeiro em Tiberíades, mas houve outros grandes centros do helenismo na Galileia também – como por exemplo Magadan, a cidade que séculos depois um escriba bizantino decidiu chamar Magdala. Magadan foi fundada pela dinastia judaica dos hasmoneus, que eram helenizados e que – como as escavações recentes mostram – construíram sua cidade ao longo de linhas helenísticas. Por outro lado, apesar da proibição judaica de representar criaturas vivas, um mosaico de estilo helenístico do século I, reproduzindo um barco e peixes, foi descoberto em Magadan. Talvez Maria Madalena realmente viesse da cidade que hoje conhecemos como Magdala, mas quer tenha vindo de Magadan ou Tiberíades, ou de algum outro lugar

O grande farol de Alexandria e a versão grega da Bíblia judaica nasceram ao mesmo tempo, na mesma cidade, na mesma ilha de Faros. Os judeus do Egito tinham perdido tão completamente o seu conhecimento do hebraico que Ptolomeu II Filadelfo, que foi rei de 283 a 246 a.C., encomendou uma versão grega da Bíblia judaica, chamada de Septuaginta. Esta foi a Bíblia comumente conhecida não só pelos judeus helenizados em toda a diáspora, mas também por judeus cultos na Palestina. Quando os escritores do Novo Testamento citam o Antigo Testamento, eles estão citando o grego alexandrino da Septuaginta. Septuaginta significa "setenta" em grego e refere-se à lenda de que Ptolomeu II empregou setenta estudiosos judeus para traduzir do hebraico para o grego. Cada homem foi alojado separadamente na ilha de Faros, onde Ptolomeu também havia construído o imponente farol de Alexandria, uma das Sete Maravilhas do Mundo Antigo, que deve seu nome, Faros, à ilha. Quando o trabalho de tradução terminou as setenta versões foram comparadas e consideradas idênticas.

As populações da Palestina e da diáspora

na Galileia, ou mesmo de Jerusalém ou outro lugar na Palestina, ou de algum lugar da diáspora judaica, sua independência sugere que ela estava acostumada a se mover em um mundo helenizado.

As populações da Palestina e da diáspora

Estimativas sobre o tamanho das populações no mundo antigo com base nas evidências de autores antigos em si são quase sempre exageros e muitas vezes demograficamente impossíveis. Josefo, por exemplo, afirma que 1,1 milhão de pessoas morreram durante o cerco de Jerusalém pelos romanos em 70 d.C., mas basta conhecer a área da cidade cercada por suas muralhas para perceber que este número não pode basear-se na realidade.

Estudiosos, portanto, têm buscado formas mais confiáveis para determinar o tamanho da população. No caso da Palestina, o método mais normalmente aceito é o de usar a capacidade de produção de grãos na região, que se manteve constante até tempos relativamente recentes. Há boas informações disponíveis sobre o consumo de grãos no mundo antigo, em cidades, vilas e aldeias à volta do Mediterrâneo oriental, da Grécia ao Egito, e este se assemelha de perto ao consumo nas mesmas áreas até o início do século XX, incluindo a Palestina. Além disso, há bons dados do mundo antigo falando das necessidades anuais de grãos de um trabalhador, uma família, um soldado, e assim por diante. O consumo médio anual pode, portanto, ser determinado com razoável precisão, e quando esta informação é correlacionada à capacidade de colheita chegamos ao tamanho sustentável da população.

Nesta base, a população da Palestina no século I era de cerca de 1 milhão. Mas nem todos eram judeus. Havia gregos, cananeus e outras pessoas que viviam à época na Palestina. Por exemplo, a dinastia judaica dos hasmoneus começou por controlar uma população judaica bastante homogênea imediatamente ao redor de Jerusalém, totalizando cerca de 100 mil pessoas, mas no início do século I a.C. o sumo sacerdote hasmoneu, que também era o rei, tinha estendido suas fronteiras a toda a Palestina e à Decápolis, e governou sobre uma população étnica e culturalmente diversa de quase 1 milhão, fazendo isso por meio de uma administração etnicamente diversa escolhida entre as poderosas famílias dos distritos dominados.

No final do século I a.C. os hasmoneus foram derrubados pelos romanos e substituídos pela dinastia de Herodes, o Grande. A população era tão misturada como sempre, e não se pensa que o elemento judaico possa ter sido muito maior do que a metade dela. Na época de Jesus, portanto, no século I, a população total da Palestina era de cerca de 1 milhão e sua população judaica de pouco mais de 500 mil.

Mas os judeus da Palestina eram apenas uma pequena proporção dos judeus em todo o mundo antigo, uma dispersão que vinha acontecendo desde pelo menos o século VI a.C., quando os persas conquistaram a Palestina. Desde então os gregos já estavam se estabelecendo, comerciando e servindo como mercenários em todo o Oriente. Contudo, com a derrota dos persas por Alexandre, o Grande, no final do século IV a.C., todas as terras ao redor do Mediterrâneo oriental foram influenciadas pelo helenismo. As grandes cidades helenísticas eram Alexandria, no Egito, e Antioquia, na Síria – precisamente as cidades e os países onde havia o maior número de judeus.

Um autor antigo que – acredita-se – dá números confiáveis é o filósofo judeu Filo, do século I, um cidadão de Alexandria que disse haver 1 milhão de judeus no Egito, de uma população total de cerca de 8 milhões. Os egípcios mantinham precisos números de sua população para efeitos fiscais, de modo que é improvável que o número de Filo seja fantasioso. Os judeus estavam particularmente concentrados em Alexandria. Juntando evidências escritas, pensa-se que a população da cidade era pelo menos de meio milhão, dos quais dois terços eram considerados judeus; assim, algo mais de 200 mil judeus viviam em Alexandria no século I.

Na Síria também havia muitos judeus, com uma especial concentração em Antioquia. Eram numerosos também na Ásia Menor, na Grécia e em Roma.

Seja qual for sua precisão, os números demonstram que, de longe, o maior número de judeus no mundo antigo vivia fora da Palestina. Eles pagavam seu tributo anual ao Templo de Jerusalém e iam até lá rezar e sacrificar quando podiam, mas culturalmente eram judeus helenizados da diáspora.

Mesmo dentro da própria Palestina os judeus eram integrantes de uma população heterogênea que também se apresentava em grande parte helenizada, e muitos deles teriam sido judeus helenizados.

4. A abominação da desolação

NÓS SABEMOS O que Joana estava fazendo em Tiberíades. Ela era a mulher de Cuza, procurador de Herodes Antipas, e Herodes tinha sua corte em Tiberíades. Herodes havia apenas recentemente, em 19, construído sua nova capital brilhando no mar da Galileia; ele a nomeou em homenagem a seu benfeitor, o imperador romano Tibério, e deu-lhe a aparência de uma cidade greco-romana. Uma mulher rica, independente e livre para seguir suas próprias inclinações teria se sentido em casa em Tiberíades, agradável pela brisa do lago, por suas lojas, pelo entretenimento, pelos spas de luxo e por maneiras mais descontraídas – uma mulher como Joana, e talvez uma mulher como Maria Madalena.

A nova capital de Herodes

Tiberíades foi construída como uma cidade aberta – muralhas poderosas foram adicionadas apenas no final do século – e usando-se um plano helenístico, o cardo máximo ladeado de colunas formando uma espinha dorsal norte-sul, com ruas partindo de ambos os lados no padrão de uma rede. O cardo era repleto de lojas e estátuas, a sua superfície pavimentada com pedras de basalto, e abaixo dela corriam encanamentos que distribuíam água para casas e fontes em toda a cidade, trazida por um aqueduto alimentado por fontes a leste.

Havia templos para Diana, Marte e Apolo; estátuas nuas de Vênus comemoravam a deusa nos banhos da cidade; e uma luxuosa terma era alimentada a partir de fontes quentes das proximidades. Um grande estádio

Tiberíades vista do ar em algum momento entre 1910 e 1920. Como a antiga cidade construída por Herodes Antipas, esta recente Tiberíades é uma longa faixa estreita ao longo da costa do mar da Galileia, margeada atrás por montanhas. Embora agradável pelas brisas do lago, quando estas não sopram a atmosfera da cidade pode ser pesada e angustiante.

oval gratificava a paixão grega por esportes e jogos e o gosto romano por gladiadores e animais selvagens em combate mortal, enquanto um teatro semicircular entretinha audiências de 7 mil pessoas com palestras e peças de teatro. Herodes também construiu um magnífico palácio em Tiberíades, suas paredes ricamente decoradas com cenas de animais pintados ou esculpidos. A fertilidade da terra circundante era proverbial e a posição da cidade à beira do lago abundante fornecia um ganho considerável para os pescadores.

Mas, embora Herodes tivesse fundado Tiberíades no curso de vida de Jesus, ela é mencionada apenas uma vez no Novo Testamento, e mesmo assim apenas para dizer que alguns barcos da cidade tinham levado as pessoas através do lago para ouvir Jesus fazer um sermão na outra margem (João 6:23). Talvez, em alguma outra ocasião, Maria Madalena tenha

A abominação da desolação

Herodes Antipas construiu uma cidade inteira, em estilo romano, às margens do mar da Galileia, incluindo um anfiteatro com capacidade de 7 mil lugares para peças de teatro e outros entretenimentos.

feito essa travessia com Joana no intuito de se juntar às multidões reunidas para ouvir Jesus. Mas dessa vez, quando os barcos navegaram através do lago de Tiberíades, Maria Madalena já estava na margem oposta, de pé com Jesus e seus discípulos, quando ele fez seu último grande sermão.

Pães e peixes

Os acontecimentos em torno daquele sermão, incluindo o milagre dos pães e dos peixes, marcariam o clímax do ministério de Jesus na Galileia e o levariam diretamente à crucificação.

Herodes, que tinha recentemente executado João Batista, começou a receber relatos das pregações de Jesus. Lucas 9:7-9 descreve seu efeito irritante. "E o tetrarca Herodes ouviu falar de tudo o que foi feito por [Jesus]: e estava em dúvida, porque foi dito por alguns que João ressuscitara dentre os mortos. ... E disse Herodes: 'A João eu mandei degolar; quem é este, de quem ouço tais coisas?' E ele desejava vê-lo."

Jesus, em vez disso, retirou-se para um lugar remoto perto de Betsaida, onde foi seguido por uma grande multidão querendo que ele lhes falasse do reino de Deus e curasse aqueles que necessitavam de cura. "E quando o dia começava a declinar", relata Lucas 9:12-4, "vieram os Doze e lhe disseram: 'Despeça a multidão, para que todos possam ir para as cidades e aldeias em redor, e se alojem, e achem o que comer; porque aqui estamos em um lugar deserto.'" Havia 5 mil homens para se alimentar e um grande número de mulheres e crianças também, mas "não temos senão cinco pães e dois peixes". O milagre que se seguiu, quando Jesus disse "Dai-lhes de comer", e havia comida suficiente para todos, é um dos dois únicos milagres que é registrado nos quatro evangelhos – o outro é a ressurreição.

Depois Jesus rezou com seus discípulos, entre eles Maria Madalena, e perguntou-lhes: "'Quem as multidões dizem que eu sou?' Responderam eles: 'João Batista'; mas alguns disseram: 'Elias'; e ainda outros dizem que um dos antigos profetas se levantou dos mortos. Ele lhes disse: 'Mas vós, quem dizeis que eu sou?' Pedro respondeu dizendo: 'O Cristo de Deus.'" Este foi o momento, de acordo com Lucas, em que Jesus foi reconhecido como o messias. Mas "ele os repreendeu muito, e ordenou-lhes que a ninguém dissessem tal coisa; e disse: 'O Filho do Homem deve padecer muitas coisas, ser rejeitado pelos anciãos, chefes dos sacerdotes e escribas, ser morto e ressuscitar ao terceiro dia'" (Lucas 9:18-22).

A missão de Jesus na Galileia estava no fim e agora ele havia se virado para Jerusalém, para aquela decisiva semana de Paixão, concluída com sua crucificação, seu sepultamento e sua ressurreição. "E aconteceu que, quando se aproximava o dia para ele ser elevado aos céus, ele tomou resolutamente o caminho de Jerusalém" (Lucas 9:51).

Maria Madalena foi mais tarde lembrada daqueles momentos que tiveram lugar na distante costa do mar da Galileia, quando depois da crucificação e depois que ela descobriu a tumba vazia dois homens em roupas brilhantes apareceram-lhe dizendo: "Por que buscais o vivente

A abominação da desolação

Do outro lado do mar da Galileia, perto de Cafarnaum e Betsaida, Jesus cura os doentes e alimenta a multidão. De Jean LeClerc, francês, início do século XVII.

entre os mortos? Ele não está aqui, mas ressuscitou: lembre-se de como ele vos falou, quando ele ainda estava na Galileia. Dizendo: 'O Filho do Homem deve ser entregue nas mãos de homens pecadores, e ser crucificado, e ao terceiro dia ressuscitará'" (Lucas 24:6-8).

Poluição espiritual

O contraste entre as duas margens do mar da Galileia, a região ao norte ao redor de Betsaida e Cafarnaum, das quais Jesus fez o centro de sua missão, e a capital de Herodes a sudoeste, em Tiberíades, não poderia ter sido maior. No norte, o povo aos milhares seguia Jesus e ouvia suas palavras sobre o reino de Deus. Do outro lado da água, Tiberíades de

Herodes era uma cidade espiritualmente poluída, a abominação da desolação. Jesus parece ter evitado ir a Tiberíades; os evangelhos não fazem nenhuma menção a ele ter ido alguma vez até lá. Mas Maria Madalena, companheira de Joana, mulher de Cuza, pode ter conhecido Tiberíades muito bem.

Tiberíades era um monumento aos valores gregos e romanos, e assim também uma monumental profanação das crenças judaicas, um testemunho permanente da atitude desconsiderada de Herodes e de sua corte em relação às prescrições da Torá. Não só tinha Herodes se casado com a esposa de seu irmão, pelo que João Batista o acusara de violar a lei sagrada, mas também tinha decorado ricamente seu novo palácio com representações de animais – mais uma violação à Torá. O pior de tudo, porém: Herodes construiu sua nova cidade sobre um cemitério judeu, sabendo que a impureza dos cadáveres era o pior tipo de poluição espiritual. Nenhum judeu devoto queria viver lá.

Josefo descreve como Herodes teve de recorrer a doações de terras e habitação gratuita para induzir as pessoas a se estabelecerem em Tiberíades, como admitiu os pobres e deu liberdade a escravos se eles fossem viver na cidade, e até mesmo forçou galileus de posses a se estabelecerem ali. Confiando na atração da corte e na promessa de prosperidade, Herodes também chamou gentios e estrangeiros para Tiberíades.

> Estranhos vieram e passaram a habitar nesta cidade; um grande número de habitantes também era de galileus; e muitos foram obrigados por Herodes a sair das terras que lhes pertenciam e foram compelidos à força a ser seus habitantes; alguns deles eram pessoas de condição. Ele também admitiu as pessoas pobres, como as que foram recolhidas de todas as partes, para habitar nela. Ou melhor, alguns deles não eram inteiramente homens livres, e a estes ele foi benfeitor, e os tornou livres em grande número; mas os obrigou a não deixar a cidade, construindo-lhes muito boas casas à própria custa e dando-lhes terra também; pois ele percebia que para tornar este lugar habitado precisava transgredir as leis judaicas antigas, porque muitas sepulturas tiveram que ser removidas a fim de abrir espaço para a cidade.

A abominação da desolação

Feiticeiras e demônios

Quando Jesus percorria a Galileia pregando o reino de Deus, diz Lucas 8:1-3, ele estava acompanhado por "certas mulheres que haviam sido curadas de espíritos malignos e de enfermidades", entre elas "Maria, chamada Madalena, da qual tinham saído sete demônios, e Joana, mulher de Cuza, procurador de Herodes, Susana, e muitas outras, que o serviam com os seus bens". Maria Madalena é mencionada pela primeira vez e ela também é a mais afetada: tinha sido atormentada por sete demônios.

Há um equívoco popular, promovido pela primeira vez pela Igreja no início do período medieval, segundo o qual a condição de Maria Madalena tinha algo a ver com o pecado. Mas isso é claramente inverídico. Onde quer que Jesus esteja expulsando demônios os evangelhos são claros sobre ele estar curando pessoas de suas doenças, mentais e físicas. "E trouxeram-lhe todos os doentes", diz Mateus 4:24, "que estavam acometidos de várias doenças e tormentos, e aqueles que estavam endemoniados, e aqueles que eram lunáticos, e aqueles que tiveram paralisia; e ele os curou." Jesus cura cegueira, surdez, paralisia, epilepsia e loucura, expulsando demônios. "Em seguida, foi-lhe apresentado um endemoniado, cego e mudo; e ele o curou" (Mateus 12:22). "E aconteceu que, quando o diabo saiu, o mudo falou" (Lucas 11:14). Jesus ensinou seus discípulos a fazer o mesmo: "Então ele reuniu seus Doze discípulos e deu-lhes poder e autoridade sobre todos os demônios e para curarem doenças" (Lucas 9:1); e os seus discípulos "expulsaram muitos demônios, e ungiram com óleo muitos doentes e os curaram" (Marcos 6:13). Em nenhum lugar nos evangelhos a campanha de cura de Jesus significava expulsar demônios para livrar as pessoas do pecado e, menos ainda, limpar pessoas da luxúria.

Assim, Maria Madalena é atormentada por sete demônios. Mas não é a palavra demônios que faz dela a mais afetada. A palavra para demônios no original grego de Lucas é *daimonia*, que diferentes edições da Bíblia traduzem como diabos ou demônios, mas o significado é o mesmo. As outras mulheres sofrem de maus espíritos, *pneumaton poneton* no original grego, que é simplesmente outra maneira de dizer demônio ou diabo.

Todas as mulheres, Maria Madalena, Joana, Susana e o resto, sofrem de espíritos que são malignos.

O que distingue a aflição de Maria Madalena é o número sete. Nas numerologias do antigo Egito, da Babilônia e da Pérsia e em hebraico antigo, o número sete simbolizava totalidade ou completude, de modo que em Gênesis Deus fez o céu e a terra e descansou no sétimo dia, quando a criação estava completa; enquanto que no Apocalipse, o último livro do Novo Testamento, há sete igrejas, sete estrelas, sete anjos, sete espíritos de Deus, sete selos, sete trombetas, sete trovões, sete cabeças, sete pragas, sete taças, sete montanhas e sete reis – também expressando integridade ou totalidade. As outras mulheres com Jesus haviam sido perturbadas e possuídas, mas a posse de Maria Madalena tinha sido completa; ela fora totalmente possuída por demônios.

Todas essas mulheres, Maria Madalena, Joana e Susana, e os muitos outros são afetados como se todos fossem atormentados por uma condição espiritual compartilhada. Joana veio da capital espiritualmente poluída de Herodes, Tiberíades, e talvez todas as outras mulheres também viessem dali; como a própria cidade, as mulheres teriam sido contaminadas pelos espíritos malignos.

Mas, apesar de Tiberíades ser um centro do desrespeito helenístico de Herodes a uma estrita adesão a crenças e tradições judaicas, o problema era extenso e profundo. Ao longo das cidades e aldeias da Galileia Jesus estava exorcizando demônios de pessoas que vieram de muito longe, até mesmo da própria Jerusalém, o local do templo, santuário mais sagrado do judaísmo. "E uma grande multidão da Galileia o seguiu", diz Marcos 3:7-11, "e da Judeia, e de Jerusalém, e da Idumeia, e de além do Jordão; e de Tiro e Sídon, uma grande multidão que, quando ouviu que grandes coisas ele fazia, veio ter a ele. … E os espíritos impuros, quando o viam, prostravam-se diante dele e clamavam, dizendo: 'Tu és o Filho de Deus.'" Num momento em que as crenças tradicionais estavam sendo minadas, o sentimento generalizado de poluição e medo de demônios tornou-se a doença da época.

Os fariseus apresentavam a sua versão da cura: observância cada vez mais séria da Torá. Mas para as mulheres, que viviam à margem da ativi-

Maria Madalena é exorcizada por Jesus, que expulsa sete demônios nesta pintura mural cristã primitiva.

dade ritual judaica da qual eram em grande parte excluídas, não havia outra resposta: muitas voltavam-se à feitiçaria. Esta foi uma tentativa feminina de recorrer a forças sagradas e sabedoria para combater aflições, ou também para ganhar o controle sobre suas vidas e promover para si e para outros a saúde, o conhecimento, o poder ou o sucesso. Mas isso as trouxe perigosamente para perto das aflições e dos demônios que procuravam curar ou controlar; além disso, como a feitiçaria feminina desafiou a estrutura patriarcal do judaísmo, muitas vezes essas mulheres foram condenadas como agentes de demônios. Feitiçaria ou bruxaria eram fortemente condenadas em todo o Antigo Testamento, como em Êxodo 22:18: "Não deixarás viver uma bruxa", uma máxima que justificou o enforcamento e a queima de bruxas até os tempos modernos na Europa e nos Estados Unidos. Mas as proibições legais à feitiçaria e os fortes ataques contra ela no Antigo Testamento mostram que era uma atividade persistente, parte da religião popular de Israel.

Que tantas mulheres companheiras de Jesus tenham sido tocadas por espíritos malignos sugere que todas haviam compartilhado a mesma experiência, todas sentido agudamente os males espirituais da época.

Todas podem ter passado por renovação nas mãos de João Batista, e todas podem ter buscado alguma forma de cura, mas após sua prisão e morte elas procuraram uma nova fonte de limpeza, e a encontraram em Jesus. A mais sensível espiritualmente dessas mulheres, a mais consciente e aberta ao reino de Deus, a que mais completamente entrara na luta contra demônios – tanto que estava possuída por sete – foi Maria Madalena.

Na corte de Herodes

Maria Madalena e Joana, mulher de Cuza, viajaram juntas pela Galileia com Jesus e seus outros seguidores. Joana, como sabemos, fazia parte da corte de Herodes, em Tiberíades. Podemos aprender muito mais sobre Joana e sobre as circunstâncias do ministério de Jesus – e sobre Maria Madalena também – se olharmos com atenção para a corte incomum de Herodes.

A capital de Herodes era completamente helenizada e mista, e sua corte foi mista também. Joana era judia, provavelmente de uma família aristocrática proprietária de terras na Galileia, mas seu marido, Cuza, era árabe. Cuza é um nome nabateu; a Nabateia era um reino árabe com capital em Petra, na atual Jordânia. A primeira esposa de Herodes Antipas, Fasaeles, também era nabateia – sua mulher antes de ele se casar com Herodias, a esposa de seu irmão, razão pela qual foi denunciado por João Batista. Cuza, provavelmente bem-nascido, pode muito bem ter chegado à corte durante o primeiro casamento de Herodes; ao se casar com Joana, a pressão da tradição judaica provavelmente teria exigido que ele se convertesse ao judaísmo, mas em relação à prova externa ele poderia ter passado por um judeu, porque, como um árabe, talvez já fosse circuncisado, e é bem possível que, em particular, tenha permanecido um pagão politeísta. Mesmo se tivesse realmente se convertido, pode muito bem ter praticado seu judaísmo de maneira leve.

Foi sugerido em um capítulo anterior que seria difícil imaginar Cuza, um alto funcionário da corte de Herodes, permitindo sua esposa, Joana,

A abominação da desolação

vaguear com Jesus e seus seguidores, e que talvez ele estivesse divorciado dela ou já morto. Mas num ponto o próprio Herodes se sentia atraído para o que João Batista e Jesus tinham a dizer; como Marcos 6:20 nos diz, Herodes estava muito impressionado por João Batista e "o ouvia com prazer", e também estava ansioso para ouvir sobre as curas notáveis de Jesus: "Herodes disse: '... quem é este homem sobre quem eu ouço essas coisas?' E ele continuou tentando vê-lo" (Lucas 9:9). Inicialmente, ao que parece, houve certa tolerância e curiosidade para com João Batista e Jesus. Mas isso foi antes de Herodes dar lugar ao ódio e às maquinações de sua nova esposa, Herodias, que exigiu a cabeça de João Batista em uma bandeja, diante do que Jesus foi para um lugar remoto.

Quanto mais de perto olhamos para a corte de Herodes mais descobrimos suas contradições – por um lado como o próprio Herodes e muitos outros próximos a ele foram atraídos para as pregações de João Batista e de Jesus sobre o reino de Deus; por outro, o medo de que o reino de Deus pudesse prejudicar o reino de Herodes, e por isso só poderia ser tratado da forma mais cruel. Cuza e Joana teriam experimentado essa atmosfera volátil em primeira mão, talvez até mesmo assistiram à dança infame de Salomé – e Manaém também teria.

Ninguém estava mais perto do centro da corte do que Manaém, companheiro de infância de Herodes, seu irmão adotivo e seu assessor mais próximo – e ainda assim ele se tornaria um dos fundadores da Igreja cristã em Antioquia, na Síria, o mesmo lugar onde os seguidores de Jesus foram pela primeira vez chamados cristãos, e lá ele iria orientar Paulo e enviá-lo com Barnabé em sua primeira grande viagem missionária. "Havia então na igreja que estava em Antioquia alguns profetas e doutores, a saber: Barnabé, Simeão, chamado Níger, Lúcio de Cirene, Manaém, que fora criado com Herodes, o tetrarca, e Saulo" (Atos 13:1).

Aqui, "ser criado com" é a tradução do *syntrophos*, a palavra original grega usada por Lucas ao escrever Atos. *Syntrophos* significa "criado com", "criados juntos", "irmão de criação", "alimentados no mesmo peito". Nos reinos helenísticos do leste, *syntrophos* era um título que designava um cortesão como o amigo íntimo do rei. Da infância à idade adulta

Manaém foi um membro de confiança do círculo mais íntimo de Herodes Antipas.

Manaém passou do círculo íntimo de Herodes a ser um pai fundador da Igreja cristã. Herodes foi educado em Roma e podemos supor que Manaém também; foi provavelmente o primeiro dos seguidores de Jesus a ter vivido na cidade imperial e pode ter sido por sua orientação que Paulo se dirigiu a Roma. Ele era um homem que conhecia Paulo; muitos estudiosos acham que também deve ter sido conhecido por Lucas, que se acredita ser de Antioquia, e que isso explicaria as numerosas referências a Herodes Antipas no Evangelho de Lucas, muito mais do que em qualquer outro evangelho.

Pensa-se que Joana possa ter sido também uma das fontes de Lucas, justificando ainda mais o conhecimento de Lucas da corte de Herodes e seu grande número de referências às mulheres em seu evangelho. Joana e Manaém teriam igualmente oferecido seu próprio testemunho ocular para as narrativas de Marcos e Mateus das circunstâncias da morte de João Batista.

Como Manaém, Joana teve uma sobrevida, ou seja, após a crucificação de Jesus, pois de acordo com alguns estudiosos ela é a Junia que aparece na epístola de Paulo aos Romanos 16:7, onde ele fala de estar na cadeia em Roma com outros cristãos. "Saudai a Andrônico e a Junia, meus parentes e meus companheiros de prisão, os quais se distinguiram entre os apóstolos, e que também estavam em Cristo antes de mim." Judeus helenizados tinham dois nomes, um deles seu nome judeu. Aos meninos os pais também davam um nome grego e as meninas recebiam um nome romano. Pensa-se que Junia seria o nome romano de Joana. E Andrônico pode, eventualmente, ser Cuza; se ele se tornou um seguidor de Jesus e foi para Roma, pode muito bem ter tomado este nome grego. Ou Cuza poderia ter morrido e Junia se casado novamente.

Fosse como fosse, é surpreendente que Paulo chame Junia e Andrônico de "apóstolos, que também estavam em Cristo antes de mim". Para Mateus, Marcos e Lucas, um apóstolo é um dos Doze discípulos; apóstolo tem que ser um companheiro de Jesus e testemunha da ressurreição. Para

A abominação da desolação

Herodes Antipas primeiro governou de Séforis, que ele reconstruiu como "o ornamento da Galileia", nas palavras de Josefo. Jesus cresceu em Nazaré, apenas 6,5 quilômetros a noroeste, e dificilmente poderia ter escapado da atmosfera de helenismo que permeava a Galileia. Mesmo depois que Antipas transferiu sua capital para Tiberíades, Séforis continuou a florescer, como testemunhado por este belo piso de mosaico que data do final do século II. Popularmente conhecida como "a Mona Lisa da Galileia", ela sofre não de demônios, mas de amor, se é que sofre. Mas esse era o mundo rejeitado por Jesus e pelos judeus reformistas de sua época.

Paulo, que não conheceu Jesus em vida, um apóstolo era um dos que foram chamados por uma aparição de Jesus ressuscitado, que de acordo com sua epístola 1 Coríntios 15:5-9 incluía centenas de pessoas, mesmo ele próprio, porque tinha visto Jesus numa visão; e Paulo contava também como apóstolo qualquer homem ou mulher que fosse delegado por uma igreja, como a de Antioquia, para promover a palavra, o que novamente incluía ele próprio.

De uma forma ou de outra Junia e Andrônico eram apóstolos e se tornaram tal antes da conversão de Paulo (eles "estavam em Cristo antes de mim"), o que faz com que pareça que Junia conhecia Jesus em vida. Portanto, ela poderia muito bem ser Joana e, como tal, testemunha de tudo, desde o momento do batismo de Jesus por João.

Círculo de familiaridade

Muitos dos personagens da história do evangelho – Herodes, Joana, Manaém, João Batista e Jesus – viveram dentro de um círculo de familiaridade. O clima de renovação espiritual envolvera todos eles, e suas origens eram menos desiguais do que poderíamos imaginar.

A família de João Batista também pode ter sido parte da elite helenística; o pai de João, Zacarias, fora um sacerdote do Templo de Jerusalém, uma posição que devia ao pai de Herodes Antipas, Herodes, o Grande, agindo em nome dos romanos, que tinham a última palavra na nomeação dos sacerdotes.

E se Lucas 1:36 está correto ao dizer que Jesus era o primo de João Batista, isso pelo menos colocaria Jesus na orla da elite helenizada. Nenhum evangelho diz que Jesus é um carpinteiro; em vez disso em um evangelho é levantada a questão sobre se Jesus é o filho de José, o carpinteiro, enquanto em outro a questão é se o próprio Jesus é um carpinteiro. A palavra grega original, *tekton*, usada nos evangelhos, pode significar construtor, mas também um criador, ou um mestre em algum campo – por exemplo, um mestre na medicina ou na composição literária –, e por sua vez pode ter sido uma tradução do aramaico *naggar*, que pode significar estudioso.

Mateus 13:55 diz apenas que José era carpinteiro, e não Jesus: "Não é este o filho do carpinteiro? Não se chama sua mãe Maria e seus irmãos Tiago, José, Simão e Judas?"

Marcos 6:3 descreve o mesmo incidente, e neste caso Jesus é dado como sendo um carpinteiro: "Não é este o carpinteiro, filho de Maria, irmão de Tiago, de José, de Judas e de Simão? E suas irmãs não estão aqui entre nós? E eles estavam ofendidos com ele." Mas esta é uma pergunta, não uma declaração de fato; as pessoas locais estão ofendidas porque Jesus deu uma lição na sinagoga no sábado, significando que ele fez o sermão; estão ofendidas porque não percebem que ele é um rabino. Mas as autoridades da sinagoga sabem que Jesus é um rabino, caso contrário ele não teria sido autorizado a fazer o sermão. Elas não olham para ele como um carpinteiro. As pessoas que estão ofendidas estão também enganadas. Jesus é um rabino.

Por isso José pode não ter sido um carpinteiro também. *Tekton* é a palavra usada para descrever tanto Jesus quanto José, e significa "mestre", da maneira que rabino significa "mestre". Jesus é chamado rabino ou Raboni nove vezes no Novo Testamento, e João 1:38 deixa claro que rabino também significa "mestre": "Voltando-se Jesus e vendo que o seguiam, perguntou-lhes: 'Que buscais?' Eles disseram-lhe: 'Rabi (que quer dizer, traduzido, 'Mestre'), onde moras?'" Rabino é uma palavra hebraica e aramaica; assim, para o benefício de seus leitores helenizados, João está aqui traduzindo a palavra desconhecida para o grego como *didaskale*, o que significa "professor" ou "mestre" – assim como *tekton* significa "mestre".

Em nenhum lugar nos evangelhos Jesus chama a si mesmo de carpinteiro. Em vez disso as pessoas se aproximam de Jesus pedindo-lhe para curar os doentes, expelir demônios e discutir seus ensinamentos. Sabem que ele é um rabino; ele chama a si mesmo um professor e rabino; ensino, cura e exorcismo são o tipo de coisas que os rabinos fazem.

A única cena que nos é dada de Jesus em sua infância em todos os evangelhos (Lucas 2:41-5) mostra-o não no trabalho, em uma carpintaria, mas como um prodígio de doze anos de idade em discussão com os anciãos no Templo de Jerusalém – claramente instruído e altamente qualificado; um estudioso.

O que não significa que Jesus não poderia ter sido também um carpinteiro; poderia muito bem ter combinado estudo com artesanato. Seja como for, as indicações são de que Jesus e sua família se moviam em círculos sociais prósperos, e uma confirmação disso é o casamento em Caná, onde o agregado familiar tem servos (João 2:1-5). Jesus também tinha amigos poderosos e influentes, como José de Arimateia, mencionado em todos os quatro evangelhos (Mateus 27:57-60; Marcos 15:42-6; Lucas 23:50-3; João 19:38), que é um membro do Sinédrio e um discípulo rico, mas em segredo, com acesso direto a Pôncio Pilatos, que lhe concede permissão para baixar o corpo de Jesus da cruz, envolvê-lo em linho fino e enterrá-lo na própria tumba recém-aberta, tudo antes do pôr do sol no mesmo dia. E havia também Nicodemos, fariseu e outro membro do Sinédrio, também um dos homens mais ricos de Jerusalém, que vinha ter com Jesus à noite para ouvir seus ensinamentos (João 3:1-3).

Nem era Nazaré, onde Jesus cresceu, um remanso isolado do mundo greco-romano. Herodes Antipas primeiro governou de Séforis, que reconstruiu, nas palavras de Josefo, como "o ornamento da Galileia"; Nazaré estava a apenas 6,5 quilômetros a noroeste. Com a construção da sua nova cidade, Tiberíades, Herodes imprimia mais um pouco de helenismo à Galileia, o que de há muito começara, quando a dinastia dos hasmoneus ajudou a construir a cidade que chamamos de Magdala, na costa. Além disso, de inúmeras maneiras, todos os dias, os judeus da Palestina, e não apenas aqueles nas grandes cidades, estavam expostos a todos os tipos de práticas e hábitos greco-romanos; por exemplo, judeus adotaram prontamente práticas balneares gregas, e as casas de banho proliferaram por toda a Galileia, e eles decoravam suas casas com símbolos pagãos; estas foram as importações culturais que derivaram do comércio de exportação altamente desenvolvido em produtos como peixe seco, muito apreciado em locais tão distantes como Roma e que trouxe prosperidade para os pescadores de Betsaida e Cafarnaum. Em maior ou menor grau, todos foram afetados pelo helenismo, por seu contato com o mundo greco-romano mais amplo.

Mas, em alguns, iniciou-se uma reação. Se João Batista teve qualquer ideia de seguir os passos de seu pai, ele logo se distanciou e, dedicando-se à Torá, escolheu a vida de um asceta, vivendo no deserto, vestido com peles de cabra e se alimentando de gafanhotos e mel silvestre, e logo seu primo estava também batizando com ele, e ensinando, curando e exorcizando na expectativa do reino de Deus.

A luta por Jerusalém

Herodes Antipas era popular entre os judeus. Em Jerusalém, de acordo com Josefo e outros escritores de origem judaica, o povo e os judeus

Os primeiros cristãos viam Jesus nos mais simples termos e sem adornos, como o Bom Pastor que cuida de seu rebanho, como no afresco do século II no teto das Catacumbas de São Calisto, em Roma. E, no tempo de vida de Jesus, Maria Madalena foi a Torre do Rebanho. Somente a partir do século IV, refletindo as pretensões imperiais da Igreja, é que Jesus passou a ser representado com cabelos longos e barba, como um imperador romano.

proeminentes teriam preferido Herodes Antipas como seu rei, em vez de Pôncio Pilatos em nome de Roma. De quando em quando Pilatos causava ofensas por meio de alguma maneira inepta de demonstrar o poder romano, como quando montou escudos votivos nas paredes de sua residência em Jerusalém com dedicatórias ao culto divino do imperador. Era uma blasfêmia aos olhos do povo judeu, que enviou uma delegação a Roma incluindo membros do Sinédrio e também Herodes Antipas. Os escudos votivos foram retirados.

Ao contrário de seu pai e seu irmão mais velho, Herodes, o Grande, e o breve sucessor de Herodes, Arquelau, que se envolveram ambos em confrontos violentos com as pessoas comuns e as principais figuras em Jerusalém, e também ao contrário de Pôncio Pilatos, Herodes Antipas era visto como suave e modesto em suas relações com os judeus. Apenas dois eventos perturbaram seu governo como tetrarca da Galileia e da Pereia: um foi a fundação de Tiberíades sobre sepulturas judaicas e o outro, a execução do popular e justo João Batista, mas nenhum dos dois causou algum tumulto violento.

O objetivo de Herodes Antipas era usar o seu apoio em Jerusalém para persuadir os romanos de que ele deveria tornar-se rei da Judeia. Isto implicava ganhar o apoio total do Sinédrio, o corpo governante de judeus anciãos, que incluía membros de duas facções, os saduceus e os fariseus. Os saduceus eram a velha aristocracia, que – através de longos anos de cooperação com os hasmoneus e os romanos – estava confortavelmente helenizada. Os fariseus, que em muitos casos foram também expostos ao helenismo, promoveram, no entanto, o ensino estrito da Torá e um retorno aos valores tradicionais judaicos.

Herodes era um governante totalmente helenizado na Galileia e na Pereia, e se ele se tornasse rei da Judeia, seu partido natural, poder-se-ia pensar, teriam sido os saduceus. Mas o interesse dos saduceus era manter o controle do templo e seu sacerdócio, algo de que já usufruíam sob o domínio romano. Os fariseus, por outro lado, embora não de todo simpáticos à helenização de Herodes, estavam ansiosos para continuar sua

A abominação da desolação 89

influência na região, reduzindo ou eliminando o controle dos saduceus sobre a vida judaica.

E assim, em seu projeto para se tornar rei, Herodes descobriu que ele e os fariseus, que de outra forma pareciam se opor, tinham um interesse comum. Ambos queriam poder.

Jesus entendeu isso muito bem, como se vê em Marcos 8:15, onde ele adverte seus discípulos contra o fermento ou a levedura dos fariseus e o fermento de Herodes, pelo que ele se referia à promessa do reino na Terra. E mais uma vez em Lucas 12:1 Jesus diz aos seus discípulos: "Acautelai-vos do fermento dos fariseus, que é a hipocrisia." Herodes e os fariseus buscavam ambos o poder político.

Nessa situação complexa João Batista tinha inserido a si mesmo e agora Jesus. Nenhum dos dois buscava promover um programa político; ambos queriam um judaísmo renovado. Mas Jesus se opunha à corrupção e à infidelidade do templo, e portanto tornou-se desagradável aos saduceus. E dos fariseus ele disse que seguir a lei não era suficiente; era preciso ir além da lei, e isso irritou muitos fariseus contra ele. Herodes via Jesus como uma ameaça porque suas pregações falavam de um poder superior, um reino iminente que estava despertando as multidões, o que minava suas próprias ambições terrestres.

E assim a perseguição estava em curso. Jesus é informado da execução de João Batista e se retira para o deserto. Em nove outras vezes Jesus se retira, sempre depois de uma ameaça ou algum ato hostil por parte de Herodes. E não apenas Jesus, mas os Doze discípulos e Joana, Susana e todas as outras mulheres – e Maria Madalena.

Herodes era perigoso por causa de sua indecisão, pela facilidade com que era influenciado. Não queria matar João Batista. Ou talvez quisesse, mas sabia que as pessoas amavam João e temia despertá-las contra o seu governo. Para apaziguar sua esposa, Herodes atirou Batista na prisão, mas não fez mais até ser dominado por sua fatídica promessa à filha de Herodias. Herodes era "um caniço agitado pelo vento", disse Jesus, o oposto completo de João Batista, o profeta indomável que atraiu as multidões para o deserto para ouvi-lo falar. "Que fostes ver no deserto?", Jesus disse à multidão. "Um caniço agitado pelo vento? Mas o que fostes ver? Um homem vestido de roupas luxuosas? Eis que aqueles que vestem roupas luxuosas estão nas casas dos reis" (Mateus 11:7-8) – uma referência marcante à corte de Herodes, em Tiberíades.

Herodes era imprevisível, traiçoeiro, sempre perigoso, e em relação a Jesus ele era ambivalente. Herodes queria vê-lo, ouvi-lo, assistir aos seus milagres; Herodes era fascinado por Jesus, talvez interessado no que ele tinha a dizer, mas também tinha medo desta aparição e de seus poderes; Jesus parecia ser João Batista voltando à vida.

Jesus chamava Herodes Antipas de "aquela raposa". Esta era a sua resposta aos fariseus que vieram avisar Jesus de que ele deveria deixar a Galileia porque Herodes queria matá-lo. "E ele lhes disse: 'Ide e dizei a essa raposa: eis que eu expulso os demônios, e faço curas hoje e amanhã, e no terceiro dia estarei completo'" (Lucas 13:32). Jesus sabia que, mesmo quando os fariseus o estavam alertando contra Herodes, eles próprios estavam esperando pelo governante, "buscando pegar algo dito por ele de que pudessem acusá-lo" (Lucas 11:54).

Mas Jesus tinha amigos entre os fariseus em Jerusalém, e pode ser que através deles esperasse conquistar a cidade. Havia José de Arimateia e Nicodemos, ambos membros do Sinédrio. Os dois honraram Jesus após sua morte, José colocando seu corpo em sua própria tumba recém-aberta na rocha, Nicodemos trazendo óleos para ungir o cadáver, uma das várias coisas sobre Nicodemos que o ligam a Maria Madalena. Apesar de toda a importância de Joana em Tiberíades, é sempre o nome de Maria Madalena que é colocado em primeiro lugar, como Jerusalém é mais importante do que Tiberíades; Jerusalém, a cidade santa e a meta dos peregrinos, um empreendimento em que Nicodemos tinha interesses consideráveis.

Agora, como a Páscoa se aproximava, Jesus subiu a Jerusalém com seus discípulos e as mulheres – entre elas Maria Madalena.

A abominação da desolação 91

No entanto, devo caminhar hoje, amanhã e no dia seguinte; porque não convém que um profeta morra fora de Jerusalém. Oh, Jerusalém, Jerusalém, que matas os profetas e apedrejas os que te são enviados! Quantas vezes quis eu ajuntar os teus filhos, como a galinha ajunta a sua ninhada debaixo das asas, e não quiseste! Eis que a vossa casa ficará deserta, e em verdade vos digo: "Vós não me vereis, até que venha o tempo em que direis: 'Bendito aquele que vem em nome do Senhor'" (Lucas 13:33-5).

5. Dias estranhos em Betânia

Os EVANGELHOS FALAM das parábolas de Jesus, seus sermões e suas ações à medida que ele pratica seu ministério pela Galileia, mas isso é apresentado como pouco mais que um preâmbulo para a última semana de sua vida – sua Paixão em Jerusalém, que ocupa um quarto de Mateus e Lucas, um terço de Marcos e João. Jesus entra em Jerusalém em triunfo, aplaudido por multidões. Mas a atmosfera é pesada, com avisos conforme o triunfo se transforma em temor e uma misteriosa conspiração se desenrola. E, de repente, no espaço de uma única noite e um dia, Jesus é preso e julgado; é espancado, insultado e humilhado, as multidões gritam por sua destruição, e ele é pregado numa cruz para morrer.

Até este último momento, quando Jesus está morrendo na cruz, Maria Madalena não aparece nos evangelhos, exceto nos três breves versículos de Lucas 8:1-3. Mas no auge do drama cristão, quando Jesus morre, é enterrado e se levanta de sua tumba, Maria Madalena desempenha um papel central. Finalmente, no coração do mistério cristão, existem apenas duas pessoas; este é o mistério de Jesus e Maria Madalena.

A entrada triunfal em Jerusalém

João Batista fora decapitado por Herodes apenas no ano anterior; agora Maria Madalena estava com Jesus quando ele percorria os 320 quilômetros da Galileia a Jerusalém, juntamente com os discípulos e as outras mulheres. Atravessaram para a margem leste do rio Jordão e revisitaram o local onde João batizou Jesus e tinha proclamado: "Aquele que vem

Dias estranhos em Betânia

depois de mim é mais poderoso do que eu" (Mateus 3:11). Jesus conhecia bem a estrada porque, como Lucas 2:41 nos diz, "seus pais iam a Jerusalém todos os anos na festa da Páscoa"; uma estrada tortuosa e difícil que subia pela estepe estéril da Judeia, uma rota de peregrinação antiga que conduz a Jerusalém e a seu templo. Jesus tinha andado por este caminho desde a infância até a maturidade; agora Maria Madalena estava com Jesus, quando ele o percorria pela última vez.

Os viajantes chegaram à aldeia de Betânia; além dela estava o monte das Oliveiras, contemplando Jerusalém. Ao longo dos próximos dias, coisas estranhas aconteceriam em Betânia e Jerusalém, entre elas eventos de grande importância na formação da identidade e do significado de Maria Madalena.

À medida que se aproximava de Betânia – todos os evangelhos sinóticos contam essa história, Mateus 21:1-7, Marcos 11:1-2 e Lucas 19:29-35 –, Jesus enviava dois dos seus discípulos à sua frente para lhe trazer um potro, o nome bíblico costumeiro para o filho de jumenta ou um jumento. Este foi o jumento em que Jesus faria sua entrada triunfal em Jerusalém.

> E sucedeu que, quando ele ia chegando a Betfagé e Betânia, junto do monte chamado das Oliveiras, enviou dois dos seus discípulos, dizendo: "Ide à aldeia que está diante de vós; na qual ao entrar encontrareis preso um jumentinho, sobre o qual ninguém jamais montou: soltai-o e trazei-o para cá. E se alguém vos perguntar: 'Por que o estais soltando?', assim lhe direis: 'Porque o Senhor precisa dele.'" E os que tinham sido enviados acharam assim como ele lhes dissera. E, quando soltaram o jumentinho, os donos dos mesmos disseram-lhes: "Por que soltam o jumentinho?" E eles disseram: "O Senhor precisa dele." E o trouxeram a Jesus (Lucas 19:29-35).

Jesus sabia sobre o jumento, mas os discípulos não o sabiam; Jesus tinha feito o arranjo para o jumento antecipadamente, com a ajuda de alguém que ele conhecia em Betânia – alguém que estava ajudando Jesus a encenar sua entrada triunfal em Jerusalém, que também anunciaria

Durante a semana da Páscoa, Jesus e seus seguidores ficaram em Betânia, a três quilômetros de caminhada, passando pelo monte das Oliveiras até Jerusalém. Fotografia de Félix Bonfils, 1875.

sua vinda e despertaria as multidões. "E a multidão que ia na frente e a que se seguia clamavam dizendo: 'Hosana ao Filho de Davi! Bendito o que vem em nome do Senhor; Hosana nas alturas.' E quando chegou em Jerusalém toda a cidade se comoveu" (Mateus 21:9-10).

Esta entrada triunfal em Jerusalém tinha sido cuidadosamente disposta de modo a que Jesus fosse visto para cumprir uma profecia. "'Tudo isso foi feito", diz Mateus 21:4-5, "para que se cumprisse o que foi dito pelo profeta: 'Dizei à filha de Sião: eis que o teu rei vem a ti, manso e montado num jumento.'"

Mateus está citando o livro do Antigo Testamento de Zacarias 9:9: "Alegra-te muito, ó filha de Sião; exulta, ó filha de Jerusalém: eis que o teu rei vem a ti: ele é justo e traz a salvação; humilde, montado num jumento." De acordo com a profecia, Jesus não veio como um guerreiro conquistador num cavalo, mas como um homem humilde de paz.

Um homem de paz, mas um rei de qualquer forma, que vem para a filha de Sião. Nós encontramos a filha de Sião antes; ela está lá na profecia de Miqueias 4:8: "E tu, ó torre do rebanho, a fortaleza da filha de Sião, sobre ti virá até mesmo o primeiro domínio; o reino virá para a filha de Jerusalém."

A entrada triunfal em Jerusalém, disposta como um ritual cerimonial, é a encenação de profecias, e Jesus não está agindo sozinho. Estes são os últimos dias; eles são marcados pelo aparecimento do messias, o descendente do rei Davi, que como um pastor reúne os dispersos, os aflitos e os perdidos. Quando Jesus entra em Jerusalém, está entregando

A entrada triunfal de Jesus em Jerusalém, afresco de Giotto, 1305, na Capela Scrovegni, Pádua (Itália).

o reino à filha de Sião; ela é a cidade santa de Jerusalém, ela é o povo de Israel, ela é a torre do rebanho, ela é a migdal, o nome que Jesus deu a Maria Madalena.

Purificando o templo

Jesus entrou em Jerusalém no momento em que centenas de milhares de peregrinos chegavam à cidade de toda a Palestina e da diáspora, pois esta era a festa da Páscoa no início de abril, que comemora o êxodo do Egito, bem como o início da temporada de plantio da primavera, e todos estavam fazendo seu caminho até o templo para sacrifícios e orações.

Embora a Judeia fosse uma província romana, Jerusalém era policiada por tropas judaicas sob a autoridade do sumo sacerdote do templo, com o apoio do Sinédrio, o conselho de anciãos judeus. Não era tarefa do exército romano patrulhar as ruas.

Pôncio Pilatos, governador romano, estava baseado em Cesareia, capital da província, na costa onde mantinha quatro coortes, cada coorte com cerca de 480 homens e alguma cavalaria. Os romanos também mantinham uma coorte em Jerusalém para defender a fortaleza Antonia e seu arsenal no canto noroeste do monte do Templo. No entanto, quando o governador chegava a Jerusalém para as grandes festas, como a Páscoa, ele trazia os soldados de Cesareia e os aquartelava no Praesidium, o palácio do governador, que alguns identificam com o antigo palácio de Herodes, o Grande, a oeste. De modo a não ofender sensibilidades religiosas judaicas, os romanos tinham aprendido a vir a Jerusalém sem os seus estandartes de batalha e seus sacrários para seus deuses pagãos.

O próprio Pilatos tinha aprendido a força do sentimento judaico sobre as imagens quando enviara tropas de Cesareia para se aquartelar no inverno em Jerusalém e lhes permitiu colocarem ali suas insígnias. Fizeram isso durante a noite para que ninguém notasse, mas as pessoas descobriram, e multidões foram a Pilatos em Cesareia e imploraram para que ele as removesse. Na narrativa de Josefo, Pilatos ordenou aos

Dias estranhos em Betânia

manifestantes que se dispersassem, mas eles caíram no chão e expuseram seus pescoços, dizendo estarem dispostos a morrer em vez de aceitar a violação de suas leis sobre as imagens, "a partir do que Pilatos ficou profundamente impressionado com a sua firme resolução para manter suas leis invioláveis, e então determinou que as imagens fossem trazidas de volta de Jerusalém para Cesareia".

O que importava para Jesus não era o domínio romano, mas as práticas no templo e o comportamento de seu sacerdócio. De acordo com os três evangelhos sinóticos, Jesus logo foi para o templo, onde expulsou os cambistas e outros que lá estavam vendendo; eles tinham transformado essa "casa de oração", disse Jesus, em um "covil de ladrões" (Mateus 21:12-3). Jesus providenciou a purificação do templo com alguma violência, derrubando mesas dos cambistas e jogando seu dinheiro no chão. De acordo com João 2:15-6, que coloca o evento no início da carreira de Jesus, ele bateu nos comerciantes com um chicote.

> E usando um chicote de pequenas cordas ele os expulsou a todos para fora do templo, bem como as ovelhas e os bois; e espalhou o dinheiro dos cambistas e derrubou as mesas. E disse aos que vendiam pombas: "Tirai daqui estas coisas; não façais da casa de meu Pai uma casa de comércio."

Cada peregrino gostava de sacrificar um cordeiro, uma cabra, uma pomba ou algum outro animal; dezenas de milhares de animais eram sacrificados todos os dias durante a semana da Páscoa. Animais adequados eram criados em terras de propriedade do templo, tais como os campos perto de Belém, em Migdal Eder, a Torre do Rebanho, onde cordeiros eram especialmente criados para o sacrifício. O templo era um grande matadouro onde o peregrino ou um sacerdote cortava a garganta do animal e sacerdotes recolhiam o sangue, derramando-o em taças de prata ou ouro, e o jogavam contra os cantos do altar. A menos que fosse um pássaro, o animal era esfolado e a pele mantida pelos sacerdotes, enquanto as porções gordas do animal, colocadas no fogo do altar, ficavam queimando até que fossem reduzidas a cinzas.

Jesus ataca os cambistas e vendedores de animais para o sacrifício, expulsando-os do templo com um chicote. De Alexandre Bida, francês, década de 1870.

Cada animal custava dinheiro, mas tinha de ser pago com os próprios shekels sagrados do templo, não com a moeda impura dos romanos, estampada com uma imagem profana, como a cabeça do imperador ou um desenho pagão. Esse era o motivo da presença dos cambistas.

Quando Jesus expulsou os cambistas do templo e os vendedores de pombas e outros animais para o sacrifício, estava atacando todo o processo de sacrifício que mantinha o sacerdócio e seus auxiliares no negócio; estava ameaçando a própria economia de Jerusalém, que dependia quase inteiramente do funcionamento do templo como a capital de culto do judaísmo.

Depois de sua purificação simbólica do templo, Jesus ensinou lá diariamente, mas "os chefes dos sacerdotes e os escribas e as pessoas mais importantes do povo procuravam destruí-lo, e não conseguiam encontrar o que poderiam fazer: pois todas as pessoas estavam muito atentas a ouvi-lo"

Dias estranhos em Betânia

(Lucas 19:47-8). Com qual autoridade ele ensina?, queriam saber os sacerdotes, mas Jesus virou o jogo sobre eles, perguntando: "O batismo de João era do céu ou dos homens?" A questão, eles entenderam, era que "se dissermos do céu, ele dirá: 'Por que, então, não credes nele?' Mas se dissermos dos homens, todas as pessoas nos apedrejarão, pois têm por certo que João era um profeta". Então, responderam a Jesus, dizendo que não saberiam dizer se o batismo de João era do céu ou dos homens: "E Jesus disse-lhes: 'Nem eu vos digo com que autoridade faço estas coisas'" (Lucas 20:4-8).

Sem realmente dizer isso, Jesus estava declarando que a autoridade de João e a sua própria vinham diretamente do céu; estava afirmando comunhão direta com Deus, um culto livre do coração, não mediado pelo sacerdócio e seus rituais. Estava falando daquela visão do divino que compartilhava com Maria Madalena, a mulher que ele havia nomeado a Migdal, a torre, o farol, a luz da salvação na escuridão. E mais uma vez os evangelhos nos dizem que "os chefes dos sacerdotes e os escribas, na mesma hora, procuraram prendê-lo" (Lucas 20:19) e "procuravam um modo de o matar" (Lucas 22:2).

Estranhos dias em Betânia

Todas as noites, depois de ensinar no templo durante a semana da Páscoa, Jesus e seus discípulos percorriam três quilômetros, passando sobre o monte das Oliveiras para os seus alojamentos em Betânia. Lá, enquanto Jesus estava na casa de Simão, o leproso, "aproximou-se dele uma mulher com um vaso de alabastro com unguento de grande valor, e o derramou sobre sua cabeça, quando ele se sentou à mesa" (Mateus 26:7). Simão deve ter sido um leproso curado, caso contrário sua lepra o teria excluído de ocasiões sociais. O Evangelho de Marcos 14:3 descreve o mesmo evento: "E, estando em Betânia, na casa de Simão, o leproso, quando ele se sentou à mesa, veio uma mulher com um vaso de alabastro com bálsamo de nardo puro muito precioso; e, quebrando o vaso, derramou-lhe sobre sua cabeça."

Em ambos os casos, a mulher não recebe um nome; ela vem e se vai. E, ainda quando seus discípulos protestam contra a extravagância do ato, Jesus responde-lhes: "Pois, ao derramar este perfume sobre meu corpo, ela o fez para o meu sepultamento. Em verdade vos digo que, onde quer que este evangelho for pregado em todo o mundo, também isso será referido, que o que essa mulher fez será contado em sua memória" (Mateus 26:12-3; Marcos 14:8-9 diz a mesma coisa).

Mas, ainda que Jesus nos diga que esta mulher será lembrada em todo o mundo pelo que havia feito, Marcos e Mateus não nos permitem lembrar dela; omitem seu nome.

Mais confusão se estabelece em Lucas 7:37-8, que descreve uma unção de Jesus por uma mulher sem nome na casa de Simão, mas este Simão é um fariseu, não um leproso, e o evento acontece em Cafarnaum durante o ministério de Jesus na Galileia.

> E eis que uma mulher da cidade, que era uma pecadora, quando soube que ele estava à mesa em casa do fariseu, trouxe um vaso de alabastro com bálsamo, e colocou-se a seus pés atrás dele, chorando, e começou a lavar seus pés com lágrimas e os enxugava com os cabelos da sua cabeça, e beijou seus pés, e os ungiu com o perfume.

O quarto evangelho, que é o Evangelho de João, devolve-nos à encosta oriental do monte das Oliveiras e também dá um nome à mulher que unge Jesus. Em Betânia, diz João 12:2-3, Jesus sentou-se na ceia não com Simão, o leproso, nem o fariseu, mas com Lázaro e suas duas irmãs, Marta e Maria. "Então Maria, tomando uma libra de bálsamo de nardo puro, muito caro, ungiu os pés de Jesus e os enxugou com os seus cabelos; e a casa se encheu com o cheiro do bálsamo." Nessa ocasião, é Judas Iscariotes que se queixa do custo, enquanto Jesus novamente liga o bálsamo à sua morte: "E disse Jesus: 'Deixa-a; ela guardou isto para o dia de meu sepultamento'" (João 12:7).

João e Marcos atribuem um valor mensurável ao precioso unguento, dando seu custo em mais de trezentos denários no original grego num momento em que um denário era um dia de salário (ver Mateus 20:2),

A unção de Jesus em Betânia. *Maria Madalena* é o título desta gravura em madeira, de Eric Gill, inglês, 1926.

de modo que Jesus foi ungido com o valor do trabalho de um homem durante um ano. A fonte dessa riqueza considerável é deixada sem explicação. Como é que esta mulher da unção, esta mulher sem nome em Marcos e Mateus, ou Maria, irmã de Lázaro, em João, possuía tal bálsamo precioso, e o que permitiu a ela sentir-se livre para usá-lo em Jesus? Os evangelhos não dizem.

Pode-se tentar explicar essa confusão afirmando que essas são unções separadas em Betânia, em dias diferentes. Marcos e Mateus dizem que os jantares da unção foram "dois dias" antes da refeição pascal, enquanto João dá a impressão de que foi no mesmo dia em que Jesus chegou em

Betânia, "seis dias" antes da refeição da Páscoa. Mas, em essência, é sempre o mesmo evento, pois cada evangelho comenta a opulência da unção, o protesto contra a despesa e a observação de Jesus de que aquilo é feito em função de sua própria morte e sepultamento.

Parte dessa confusão poderia ser explicada pela própria natureza de Betânia, um lugar onde os peregrinos se hospedavam enquanto visitavam o Templo de Jerusalém durante as festas. Galileus, que tinham de viajar muito, vindos do norte, haviam estabelecido uma espécie de colônia em Betânia, levando convidados ou hospedando outros e hospedando-se. Ali havia também abrigos e asilos para os doentes e pobres. Isso talvez explique por que Lázaro e suas irmãs estavam em Betânia e também Simão, o leproso; Jesus poderia ter ficado ou jantado com um e depois com o outro, ou eles poderiam ter estado todos juntos na mesma casa. Simão, o leproso, talvez fosse o pai de Lázaro, Marta e Maria.

Betânia era uma base para Jesus e seus seguidores, não só durante essa visita de Páscoa a Jerusalém, mas também durante as visitas anteriores. Jesus tinha amigos vivendo em Betânia e conhecia o lugar suficientemente bem para tomar as providências relativas ao jumento que iria esperá-lo para sua chegada na Páscoa, e as multidões que saudaram sua entrada em Jerusalém teriam sido informadas antecipadamente, por seus seguidores em Betânia, de que ele estava a caminho. Algum tempo antes desta última visita de Páscoa à cidade, suas amigas Marta e Maria, a quem havia conhecido na Galileia (Lucas 10:38-9), chamaram-no desesperadamente para Betânia, onde ele realizou seu milagre mais espetacular quando levantou Lázaro, irmão delas, dos mortos (João 11:1-45).

Em nenhuma dessas histórias Maria Madalena é mencionada. Mas em meio aos acontecimentos estranhos e confusos que ocorrem em Betânia e às coisas ditas, faz muito sentido que Maria Madalena estivesse lá.

A semana da Paixão de Jesus começa com sua unção em Betânia e termina com Maria Madalena vindo para o ungir na tumba. O próprio Jesus faz a ligação entre os dois eventos, quando diz a seus discípulos em Betânia que a mulher sem nome de Marcos e Mateus, ou a mulher que o Evangelho de João nomeia como Maria, irmã de Marta, o ungiu na pre-

Dias estranhos em Betânia

A ressurreição de Lázaro, afresco de Giotto, 1305, na Capela Scrovegni, Pádua (Itália).

paração para sua morte. "Pois quando ela derramou este unguento sobre meu corpo, ela o fez para o meu sepultamento" (Mateus 26:12; Marcos e João são semelhantes).

A ressurreição de Jesus é o evento definidor da fé cristã; Jesus diz que a mulher que o ungiu em Betânia será para sempre lembrada, e Maria Madalena vai ungi-lo na tumba, mas os próprios evangelhos não se lembram de estabelecer corretamente quem ungiu Jesus.

A conspiração contra Jesus

Na visita anterior de Jesus a Betânia – ocorrida alguns meses antes da Páscoa –, uma multidão de vizinhos e curiosos se reuniu à volta da casa de Maria quando ele respondeu a seu pedido e ressuscitou seu irmão Lázaro dentre os mortos. O próprio Jesus não exigia nenhuma prova do amor de Deus; sua fé em seu Pai era absoluta. Mas agora, como ele chamou Lázaro a se levantar, ele ergueu os olhos para Deus e disse: "Eu sei que sempre me ouves; mas por causa da multidão que está aqui eu o disse, para que eles creiam que tu me enviaste" (João 11:42).

Jesus tinha razão; muitos dos que testemunharam o milagre agora acreditavam que Deus estava agindo por meio dele. E alguns foram para o templo e relataram aos sacerdotes e aos fariseus o que tinham visto. "Que faremos?, pois este homem faz muitos milagres." Os sacerdotes e os fariseus disseram em alarme: "Se nós o deixarmos assim, todos crerão nele, e virão os romanos, e nos tirarão tanto o nosso lugar quanto a nossa nação" (João 11:47-8). Os sacerdotes do templo e os fariseus viram a habilidade de Jesus em demonstrar sua relação direta com Deus como uma ameaça para os rituais institucionalizados do templo e para a autoridade do Sinédrio – de que a sua própria existência dependia – e também, em sua opinião, para a sua autoridade como intermediários políticos entre os romanos e os judeus. Jesus estava dizendo que qualquer um que acreditasse poderia ter um relacionamento direto com Deus; os sacerdotes e os fariseus afirmavam que ignorar sua autoridade resultaria em governo direto pelos romanos.

O sumo sacerdote Caifás falou com a hierarquia religiosa reunida e expôs-lhes de forma sucinta: "Isto é conveniente para nós, que um homem morra pelo povo e que não pereça toda a nação." O conjunto concordou que Jesus deveria ser sacrificado, o cordeiro pascal, e "a partir daquele dia, se aconselhavam para o matarem" (João 11:50, 53).

A entrada triunfal de Jesus em Jerusalém montado num jumento foi um desafio, como foi a sua purificação do templo; agora o dia da Páscoa estava se aproximando, e ele, prestes a entrar na cidade novamente.

Crentes e amigos

Da mesma maneira que Jesus havia desafiado Herodes, na Galileia, agora estava envolvido numa competição perigosa contra o sumo sacerdote e os

O reservatório de Siloé, que era alimentado pela fonte de Giom, único recurso de água para Jerusalém. Quando Jesus enviou seus discípulos para encontrar um carregador de água que iria levá-los ao Cenáculo, local da Última Ceia, eles teriam se encontrado com o homem aqui perto. Escavações arqueológicas mostram que, no tempo de Jesus, este foi um bairro de casas grandes e luxuosas; muito provavelmente Nicodemos teria vivido aqui.

anciãos judeus em Jerusalém. Mas Jesus tinha razões para acreditar que poderia conquistar o apoio dos principais membros do Sinédrio. "Entre os principais governantes", registra João 12:42-3, "também muitos acreditavam nele; mas por causa dos fariseus não o confessavam, para não serem expulsos da sinagoga; porque amavam mais a glória dos homens do que a glória de Deus."

No entanto, foi precisamente entre os fariseus que Jesus teve um apoio significativo, e dois deles são mencionados nos evangelhos pelo nome: José de Arimateia e Nicodemos. Ambos os homens sentavam-se no Sinédrio, o conselho governante de 71 membros que se reunia no monte do Templo, onde atuava como legislativo e corte de justiça, controlando todos os aspectos da vida política e religiosa judaica. José de Arimateia era um seguidor secreto de Jesus, enquanto Nicodemos era, pelo menos, simpático a ele; Nicodemos vinha a Jesus à noite falar sobre o renascimento espiritual.

> Havia um homem dos fariseus, chamado Nicodemos, um dos governantes dos judeus. O mesmo foi ter com Jesus de noite, e disse-lhe: "Rabi, sabemos que és Mestre, vindo de Deus; porque ninguém pode fazer estes milagres que tu fazes, a não ser que Deus esteja com ele." Jesus respondeu, e disse-lhe: "Em verdade, em verdade vos digo que, se alguém não nascer de novo, não poderá ver o reino de Deus." Nicodemos disse-lhe: "Como pode um homem nascer sendo velho? Ele pode entrar pela segunda vez no ventre de sua mãe e nascer?" Jesus respondeu: "Em verdade, em verdade vos digo que, se alguém não nascer da água e do Espírito, ele não pode entrar no reino de Deus" (João 3:1-5).

Nascer da água e do espírito, diz Jesus, o que significa a água do batismo, mas Jesus também está fazendo uma alusão ao próprio Nicodemos, que, se ele for o mesmo homem conhecido no Talmude como Nicodemos Ben Gurion, foi um dos três ou quatro homens mais ricos de Jerusalém e controlava o abastecimento de água para as abluções religiosas de dezenas de milhares de peregrinos que vinham à cidade em momentos de

Dias estranhos em Betânia

festas. O Talmude nos diz também que as propriedades da família Gurion estavam em Ruma, na Galileia, a 9,5 quilômetros ao norte de Nazaré.

O portador de água

Da mesma forma que Jesus tinha conhecimento prévio sobre o jumento no qual iria fazer sua entrada triunfal em Jerusalém, também tinha conhecimento prévio da organização do que viria a ser a Última Ceia. Em Lucas 22:8-12 Jesus diz a seus discípulos Pedro e João para entrarem na cidade e "lá um homem vos encontrará, levando um cântaro de água; segui-o até a casa em que ele entrar". Na hora da festa, esperava-se que os residentes de Jerusalém oferecessem quartos de suas casas para os visitantes tomarem a sua refeição da Páscoa, e assim, como Jesus já secretamente arranjara, o dono da casa iria levá-los "a um grande cenáculo mobiliado: lá tudo estava pronto".

A história é recontada em Mateus 26:18, onde Jesus diz aos seus discípulos: "Ide à cidade a esse homem", um homem não identificado no evangelho, mas claramente um homem a quem Jesus conhecia. Em Marcos 14:13-5 a história se repete: "E enviou dois dos seus discípulos, e disse-lhes: 'Ide à cidade, e lá virá encontrar-vos um homem levando um cântaro de água; segui-o.'" Mais uma vez, haverá um homem à espera; os discípulos não devem procurar o homem, o homem se dará a conhecer aos discípulos. E mais uma vez ele é um portador de água.

O homem era um portador de água, ou estava disfarçado como um, porque ele provavelmente vinha como um mensageiro de Nicodemos. Os evangelhos não o dizem, mas a probabilidade se encaixa.

O local tradicional da Última Ceia é marcado pelo Cenáculo, um grande salão retangular, o seu teto abobadado suportado por colunas com capitéis góticos. Este local foi construído no século XII como a galeria sul no nível superior da igreja de Santa Maria de Sião, a qual por sua vez repousava sobre estruturas anteriores que, na época de Jesus, estavam dentro dos muros no canto sudoeste de Jerusalém. A tradição de que este é o local da Última Ceia é muito antiga, pois o lugar é identificado num mapa de meados do século VI e foi visitado pelo Peregrino de Bordeaux já em 333 e pela temível Egéria da Península Ibérica em 384.

Esse bairro ficava perto do reservatório de Siloé, para o qual a água era desviada pelo túnel de Ezequias, da fonte de Giom, a única fonte de água de Jerusalém. O portador de água teria encontrado os discípulos na fonte e os levado ao Cenáculo; escavações arqueológicas mostram que, no tempo de Jesus, essa era uma zona de casas grandes e luxuosas. O local da Última Ceia no Cenáculo pode ter sido na casa de Nicodemos ou perto dela.

A Última Ceia

De acordo com os evangelhos de Mateus, Marcos e Lucas, a casa para onde os discípulos foram conduzidos pelo homem misterioso foi o cenário da última refeição de Jesus antes de sua prisão, julgamento e crucificação. Ocorreu no final da semana. Durante a refeição, Jesus prediz sua traição por um dos presentes e também que, antes que o galo cante, Pedro vai negar conhecê-lo por três vezes. Nesses mesmos evangelhos sinóticos Jesus parte o pão e oferece o vinho, dá graças por aquilo que ele está prestes a comer e diz este é o meu corpo e meu sangue – isto sendo considerado pela Igreja como a primeira Eucaristia, a palavra derivada do grego para ação de graças.

Em cada um dos evangelhos sinóticos Jesus compartilha a Última Ceia com "os Doze"; o Evangelho de João menciona os discípulos, sem dar um número. Em nenhum dos evangelhos há menção ao fato de qualquer outra pessoa estar lá, mas pode ter havido mais pessoas, e teria havido servos trazendo a comida e o vinho. Não há nenhuma razão pela qual as mulheres não devessem ter participado do jantar, juntamente com outros seguidores de Jesus; sua participação seria bastante normal para um seder pascal, em que seria esperado das mulheres que desempenhassem o mesmo papel que os homens e, adicionalmente, acendessem as velas.

A *Comunhão dos apóstolos*, um afresco de Fra Angelico no convento de São Marcos, em Florença, por volta de 1440. A mulher ajoelhada do lado esquerdo é provavelmente uma doadora para o convento, não um conviva da Última Ceia.

Os discípulos estariam reclinados em sofás ou tapetes e almofadas dispostos em volta de uma mesa, como era o hábito à época. A arte cristã, desde então, deu-nos uma impressão diferente da Última Ceia, com os homens sentados a uma mesa, muitas vezes circular ou semicircular, mas isso significava que alguns dos discípulos mostravam apenas as costas.

Durante o Renascimento italiano desenvolveu-se a convenção para os discípulos serem organizados de tal maneira que poderiam ser vistos de frente ou de perfil, como na *Comunhão dos apóstolos*, o afresco de Fra Angelico feito no convento de São Marcos, em Florença, por volta de 1440. Aqui há duas mesas dispostas em ângulos retos, os discípulos sentados olhando para Jesus, que fica no centro da sala, dando a Eucaristia aos quatro discípulos ajoelhados diante dele, à direita. Esta é a ocasião nos evangelhos sinóticos em que Jesus oferece pão para seus discípulos e diz

"Tomai, comei: isto é o meu corpo", e oferece-lhes vinho, dizendo: "Este é o meu sangue" (Marcos 14:22-4; Mateus e Lucas são semelhantes).

Curiosamente, no afresco, uma mulher ajoelha-se à esquerda, mas isso quase certamente não é uma sugestão de Fra Angelico de que uma mulher estivesse realmente presente na Última Ceia; como um dominicano, ele teria ficado estritamente dentro da interpretação aceita das Escrituras. Fra Angelico às vezes introduzia Maria, mãe de Jesus, em seus afrescos, colocando-a de um lado para que ela pudesse testemunhar os acontecimentos na vida de seu filho. Ou a mulher no afresco é uma doadora; ela teria ofertado ao convento e este é o seu reconhecimento. Fra Angelico incluiu Maria Madalena em seus afrescos onde foi exigido pelos evangelhos, o mais famoso sendo seu *Noli me tangere* [Não me toques] – sua descrição da ressurreição (ver p.13), mas seu cabelo é sempre descoberto, pelo menos parcialmente, e é sempre vermelho, o que não é o caso aqui.

As janelas acima da mesa oferecem uma vista através do pátio para a ala oposta do convento, identificando o mundo do claustro, em Florença, com a paisagem urbana de Jerusalém como vista a partir do Cenáculo. E no lado direito do afresco existe um poço. Simbolicamente isso lembra Isaías 12:3: "Portanto com alegria tirareis águas das fontes da salvação." Mas o poço lembra também, literalmente, o portador de água que trouxe os discípulos a esse lugar em alguma parte da cidade.

A representação mais famosa da cena, no entanto, é a *Última Ceia* de Leonardo da Vinci, que a pintou entre 1494 e 1498 na parede do refeitório do convento de Santa Maria das Graças, em Milão. Aqui todos os discípulos sentam-se ao longo de um lado de uma extensa mesa, com os rostos à vista. Como Fra Angelico, Leonardo olha para o texto evangélico, mas seu assunto não é a Eucaristia; é o momento em que Jesus anuncia que um deles será seu traidor. Todos os evangelhos mencionam isso, mas a pintura de Leonardo captura especificamente o momento descrito em João 13:21-6, quando Jesus, de repente, diz: "Um de vós me trairá." Os discípulos estão chocados; vemo-los com medo, perguntando quem poderia

A *Última Ceia*, de Leonardo da Vinci, que ele pintou de 1494 a 1498 na parede do refeitório do convento de Santa Maria das Graças, em Milão. Tem havido muita especulação sobre a identidade da jovem figura andrógina à esquerda de quem olha para Jesus. Curiosamente todas as identificações de alguma forma se relacionam com Maria Madalena; a figura é vista como sendo a própria Maria Madalena, ou João Evangelista, que alguns dizem que era noivo de Maria Madalena no casamento de Caná, ou Lázaro, que pode ter sido irmão de Maria Madalena.

ser, questionando o outro, exigindo uma resposta de Jesus, que lhes diz: "Ele é a quem eu der um bocado quando o tiver mergulhado." E vemos que Jesus estende a mão para o pão que ele vai mergulhar no vinho e dar a Judas Iscariotes.

À esquerda de Jesus há um jovem imberbe e figura bastante andrógina que nos últimos anos se tornou objeto de fascínio popular graças a Dan Brown e a *O Código Da Vinci*, que se refere ao "cabelo vermelho esvoaçante, delicadas mãos dobradas e a sugestão de um seio" e declara que esta é Maria Madalena, sendo sua presença na pintura parte de um código elaborado por Leonardo para esconder, mas mesmo assim trans-

A suposta figura de Madalena em *A Última Ceia* de Leonardo.

mitir a verdade suprimida pela Igreja: de que Maria Madalena e Jesus eram casados e tinham um filho.

O jovem imberbe, no entanto, é bastante familiar e com frequência repetido na arte cristã, onde é reconhecido como João, o mais jovem dos discípulos, geralmente identificado como aquele referido no Evangelho de João como o Discípulo Amado. Os Pais da Igreja consideram-no a mesma pessoa que João Evangelista e João de Patmos, autor do Apocalipse. Ele é convencionalmente descrito como sonhador, sempre colocado imediatamente à esquerda ou à direita de Jesus, e aparece muitas vezes apoiando-se nele ou até mesmo dormindo em seu colo.

Mas há outra identificação, como veremos mais tarde: que o Discípulo Amado pode ser Lázaro e que Lázaro pode ser o irmão de Maria Madalena.

Exclusivamente no Evangelho de João, logo antes de anunciar que vai ser traído, Jesus derrama água numa bacia e começa a lavar os pés dos discípulos. Pedro protesta: "Tu não me lavarás os pés". Mas Jesus diz: "Nem todos vocês estão limpos" – nem Judas, que vai traí-lo, nem mesmo Pedro, que o negará três vezes antes de o galo cantar. Mas Jesus quer dizer mais do que isso. "Não sabeis o que eu fiz para vós?", Jesus pergunta aos discípulos. "Vós me chamais Mestre e Senhor, e dizeis bem, porque eu o sou", mas, como Jesus explica, ele é o servo de Deus, como todos os discípulos são os servos de Deus; "O servo não é maior que o seu senhor" (João 13:5-16).

Ao lavar os pés dos seus discípulos Jesus está demonstrando que todos são servos de Deus.

Após a Última Ceia, como todos os evangelhos relatam, Jesus foi com seus discípulos para o jardim de Getsêmani para orar. Temia que o confronto final com o Sinédrio e o templo tivesse chegado, e colocou-se nas mãos de Deus. "'Pai, se queres, afasta de mim este cálice; todavia não

O poeta, pintor e místico inglês William Blake tinha suas próprias ideias sobre quem estava na Última Ceia, pintada por ele em 1799. Vários discípulos estão à esquerda e à direita; Adão e Eva estão sentados nus diante de Jesus; ao lado deles está Judas contando seu dinheiro; e sentada com Jesus à cabeceira da mesa está uma jovem não identificada.

se faça a minha vontade, mas que a tua seja feita...' E, posto em agonia, orava mais intensamente; e o seu suor era como grandes gotas de sangue que caíam para o chão" (Lucas 22:42-4).

Logo os soldados do templo vieram com o sumo sacerdote, o capitão do templo e vários membros do Sinédrio, e Jesus desafiou-os, perguntando por que vocês vêm com espadas e varas, como se viessem prender um ladrão? "Quando eu estava todos os dias convosco no templo, não estendestes as mãos contra mim, mas esta é a vossa hora e o poder das trevas" (Lucas 22:53). Nesse momento os discípulos de Jesus fugiram. "E todos eles o abandonaram e fugiram." Mas um homem permaneceu, "um certo jovem, com um lençol sobre o corpo nu"; os guardas o prenderam, mas o jovem "largou o lençol e fugiu deles nu" (Marcos 14:50-2).

Sobre o monte das Oliveiras, em Betânia, eles esperaram pela volta de Jesus, lá na casa de Lázaro, onde Maria tinha "ungido os pés de Jesus e os enxugado com os seus cabelos" (João 12:3). A unção dos pés ou da cabeça era simbólica da unção de todo o corpo. Secar os pés de Jesus com seu cabelo é adotar o papel de servo; mestres secavam-se nos cabelos de sua servas. Maria de Betânia (ou quem quer que ela e a outra mulher sem nome em Betânia fossem) estava presciente da unção de Jesus antes de sua morte; havia previsto o que estava por vir e compartilhado com ele a agonia de Getsêmani.

6. O julgamento e a morte de Jesus

OS EVANGELHOS CONTAM como Caifás, o sumo sacerdote, estabeleceu os planos para a prisão e a morte de Jesus durante a semana da Páscoa em Jerusalém.

> Em seguida, reuniram-se os chefes dos sacerdotes e os escribas e os anciãos do povo no palácio do sumo sacerdote, que era chamado Caifás, e deliberaram como prender Jesus à traição e matá-lo. Mas eles disseram: "Não durante a festa, para que não haja tumulto entre o povo" (Mateus 26:3-5).

Mas agora, na escuridão, tinha chegado o momento. Jesus foi levado à noite do jardim de Getsêmani para o palácio do sumo sacerdote Caifás, "onde os escribas e os anciãos estavam reunidos" (Mateus 26:57).

O Sinédrio interroga Jesus

Caifás, um sumo sacerdote rico e principal membro dos saduceus aristocratas, tinha sido nomeado em 18 d.C. pelo antecessor de Pôncio Pilatos, Valério Grato; Anás, seu sogro, fora sumo sacerdote antes dele; a posição de sumo sacerdote se sucedia nas famílias. O sumo sacerdote conduzia as cerimônias no templo, agindo como intermediário entre Deus e o povo de Israel. Ele também era chefe do Sinédrio, aquele grupo de sacerdotes, escribas e anciãos responsáveis pelos assuntos judaicos que havia sido o intermediário entre o povo judaico e Roma. Esses foram os homens diante de quem Jesus foi levado para interrogatório no interior das muralhas da cidade naquela noite.

Os saduceus, o partido da aristocracia e dos chefes dos sacerdotes, o partido que mais tinha se acomodado aos romanos, dominava o Sinédrio, mas um número crescente de fariseus enchia suas fileiras. O Sinédrio era composto por 23 sacerdotes do templo, 23 escribas conhecedores da lei e 23 idosos que eram chefes de tribos e famílias e importantes homens de negócios; com o sumo sacerdote à sua frente, formavam setenta ao todo, embora alguns relatos falem de um vice-chefe, perfazendo 71. Os membros eram homens de idade e experiência, plenamente versados nas escrituras e na lei oral; cada um também era casado e tinha de ser pai; quando julgamentos aconteciam, os pais eram considerados mais misericordiosos. Jesus conhecia alguns desses homens, talvez todos eles: Havia debatido com os sacerdotes e escribas do templo, e alguns entre os mais velhos se mostravam simpáticos a ele; os evangelhos citam dois, José de Arimateia e Nicodemos.

José de Arimateia é conhecido em todos os evangelhos como o homem que enterrou Jesus em sua tumba recém-aberta na rocha. Foi, provavelmente, um dos fariseus que não compartilhavam a opinião dos saduceus de que Jesus era uma ameaça que precisava ser eliminada. "Ele era um homem bom e justo", diz Lucas de José de Arimateia, acrescentando que ele havia discordado do veredito do Sinédrio contra Jesus; além disso, José "esperava ele próprio o reino de Deus" (Lucas 23:50-1).

Quanto a Nicodemos, "que era um homem dos fariseus" (João 3:1), ele sabia da trama entre os membros do Sinédrio para matar Jesus e virou-se para eles dizendo: "Porventura a nossa lei condena um homem sem primeiro ouvi-lo e ter conhecimento do que ele faz?" (João 7:51). Ao que eles responderam com uma mistura de indiferença e ameaça: "És tu também da Galileia?", para dizer que nada de bom vinha da Galileia, certamente não Jesus, "pois da Galileia não surge nenhum profeta" (João 7:52). Mas eles também sabiam que Nicodemos tinha terras de família na Galileia.

Nicodemos quase certamente contou a Jesus sobre a trama do Sinédrio; durante os dias finais de Jesus em Jerusalém e até aquela noite de agonia no jardim de Getsêmani, ele estava cheio de conhecimento e temor, mas confiando no Pai e no reino vindouro.

Esta iluminura medieval retrata os acontecimentos do julgamento de Jesus em três registros. No topo Jesus é levado perante o sumo sacerdote; no registro do meio, Pedro renega Jesus; e na parte inferior Pilatos segue o flagelo de Jesus. Códice Egberti, Alemanha, por volta do ano 980 d.C.

Quando Jesus foi preso e levado ao Sinédrio, Pedro seguiu a distância e até mesmo entrou no palácio, onde três vezes foi notado, mas negou ser um dos discípulos.

E quando eles acenderam um fogo no meio do pátio e sentaram-se juntos ao redor dele, Pedro sentou-se entre eles. Mas uma criada, vendo-o junto ao fogo, deitou-lhe olhos e disse: "Este também estava com ele." E ele o negou dizendo: "Mulher, não o conheço." E, depois de um pouco, outro o viu e disse: "Tu também és deles." E Pedro disse: "Homem, não sou." E, após cerca de uma hora, outro afirmou confiante: "Certamente este também estava com ele, pois também é galileu." E Pedro disse: "Homem, não sei o que dizes." E a seguir, enquanto ele ainda falava, cantou o galo. E o Senhor virou-se e olhou para Pedro. E Pedro se lembrou da palavra do Senhor, como lhe havia dito: "Antes que o galo cante, tu me negarás três vezes." E Pedro saiu e chorou amargamente" (Lucas 22:55-62).

A narrativa de Jesus perante o Sinédrio, portanto, não vem de Pedro, ou vem apenas em parte; basicamente se trata de "outro discípulo: este discípulo era conhecido do sumo sacerdote, e entrou com Jesus no pátio do sumo sacerdote" (João 18:15). Alguns dizem que João Evangelista era tal discípulo, mas ele teria sido tão facilmente identificável e intimidado como Pedro; em vez disso o discípulo era conhecido de Caifás, que não poderia afastá-lo dos procedimentos porque ele próprio era um membro do Sinédrio; possivelmente tratava-se de José de Arimateia, ou seu nome era Nicodemos, que só aparece no Evangelho de João; mas uma outra possibilidade, como veremos mais tarde, é a de que ele fosse Lázaro de Betânia.

Quando Jesus foi levado perante o Sinédrio, foi ridicularizado e, com os olhos vendados, recebeu golpes no rosto, foi empurrado, cuspiram-lhe, e foi espancado na frente desses sacerdotes, desses escribas, desses anciãos que conhecia. "Tenho falado abertamente ao mundo", Jesus disse-lhes. "Eu sempre ensinei na sinagoga e no templo, onde os judeus sempre recorrem; e em segredo eu nunca disse nada. ... Se falei o mal, testemunhem-no; mas, se bem, por que me feris?" (João 18:20-3).

O julgamento e a morte de Jesus

Diante de seus interrogadores Jesus permaneceu em silêncio ou devolveu-lhes as perguntas. "Nada respondes?", perguntou o sumo sacerdote depois de falsas testemunhas afirmarem que Jesus tinha dito "Eu destruirei este santuário, construído por mãos, e em três dias edificarei outro, feito sem mãos", ao passo que, na verdade, Jesus estava repetindo profecias encontradas em Jeremias e Miqueias. "Mas ele se calou, e nada respondeu" (Marcos 14:58-61).

Quando perguntado se era "o Filho de Deus", Jesus respondeu: "Tu o dizes" (Mateus 26:4) ou "Vós dizeis que eu sou" (Lucas 22:70). Mas suas respostas ambíguas foram recebidas como admissões. Na versão dada por Marcos 14:61-2, o sumo sacerdote perguntou: "'Tu és o Cristo, o Filho do Deus Bendito?' E Jesus disse: 'Eu sou, e vereis o Filho do Homem sentado à direita do Poder, e vindo sobre as nuvens do céu'", mas ser um messias (Cristo é a palavra grega para o messias hebraico) não era uma blasfêmia; muitas pessoas afirmaram, num momento ou outro, ser o messias, e nenhuma jamais foi acusada ou julgada por blasfêmia. Nem era uma blasfêmia ser o Filho do Homem ou mesmo o Filho de Deus, como todo o povo de Israel eram os Filhos de Deus – embora a menção do nome Deus fosse blasfêmia, o que explica por que Jesus fala do "Filho do Homem sentado à mão direita do poder"; poder, não Deus; ele estava tomando cuidado para não ser blasfemo.

Mas, ao perdoar o pecado, como Jesus fizera em relação à mulher pecadora que lavou seus pés com suas lágrimas na casa do fariseu, em Cafarnaum, ele poderia ser visto como assumindo um poder do perdão, que entre os judeus pertencia somente a Deus. Mas, quer em resposta a essas palavras "eu sou" em Marcos, quer pelas respostas ambíguas que Jesus dá nos outros evangelhos, incluindo Mateus, o Sinédrio emitiu o seu julgamento. "Então o sumo sacerdote rasgou as suas vestes, dizendo: 'Blasfemou. ... Que vos parece?' Eles responderam e disseram: 'É culpado de morte'" (Mateus 26:65-6).

Embora os relatos evangélicos difiram em detalhes, os sinóticos concordam que Caifás e o Sinédrio condenaram Jesus por blasfêmia. Mas este pode ter sido um mal-entendido dos autores do evangelho, escrevendo gerações mais tarde; tais autores, não mais como seguidores judeus de Jesus, mas já como cristãos, viram o messias como divino, de uma maneira como os judeus não o tinham visto. Mas o Evangelho de João não comete esse erro; ele conta uma história diferente: Jesus foi interrogado pelo sumo sacerdote, mas nem processo ou julgamento teve lugar.

Todos os quatro evangelhos dizem, porém, que Jesus fora então preso e levado para Pôncio Pilatos. Dirigindo-se ao governador romano, o Sinédrio não disse nada sobre a acusação religiosa de blasfêmia. Eles não tinham autoridade para executar ninguém; tal poder era exclusivamente dos romanos; mas Caifás e seus seguidores queriam Jesus fora do caminho e, portanto, apresentaram a sua transgressão como uma política que ameaçava o domínio romano. Nicodemos, José de Arimateia e outros simpáticos a Jesus tinham feito o que podiam, mas este curso havia sido definido previamente pelo sumo sacerdote e os seus apoiadores, que agora disseram ao governador romano que Jesus, que causara estragos no templo, que tinha entrado em Jerusalém em triunfo, havia se autoproclamado o Rei dos Judeus.

Jesus levado à presença de Pôncio Pilatos

Como a Judeia era uma província do Império Romano, qualquer pretensão de ser o Rei dos Judeus seria tomada como rebelião e traição. Mas Jesus respondeu ao governador romano Pôncio Pilatos da mesma forma como o fizera ao Sinédrio.

> E Pilatos lhe perguntou: "És tu o Rei dos Judeus?" E ele, respondendo, disse-lhe: "Tu o dizes." E os chefes dos sacerdotes o acusavam de muitas coisas, mas ele não respondeu nada. E Pilatos perguntou-lhe de novo, dizendo: "Nada respondes? Vê quantas coisas testemunham contra ti." Mas Jesus nada mais respondeu, de modo que Pilatos ficou admirado (Marcos 15:2-5).

O Evangelho de Lucas acrescenta a informação adicional de que, quando Pilatos percebeu que Jesus era galileu, decidiu que ele pertencia à jurisdição de Herodes, e portanto remeteu-o a Herodes, que tinha ido a Jerusalém para a festa da Páscoa. Mas, embora os chefes dos sacerdotes e os escribas estivessem diante de Herodes e veementemente acusassem Jesus, ele ainda nada respondeu, e depois de soldados do tetrarca ridicularizarem Jesus e zombarem dele, Herodes o devolveu sem acusação a Pilatos. Esta não foi, no entanto, a absolvição que parecia; pelo contrário, ao passarem Jesus de lá para cá entre eles, Pilatos e Herodes estavam cada

"Ecce homo" – "Eis o homem" –, Pôncio Pilatos diz à multidão, mostrando Jesus amarrado, flagelado e coroado de espinhos, a que eles respondem: "Crucificai-o!" Quadro de Antonio Ciseri, suíço, 1871.

um reconhecendo a autoridade do outro, o que gratificava a ambos, pois, como Lucas diz a seguir: "E no mesmo dia Pilatos e Herodes tornaram-se amigos; pois antes havia inimizade entre eles" (Lucas 23:12).

Mas ainda havia o Sinédrio, a quem Pilatos esperava agradar dando a Jesus uma boa surra. E assim ele convocou os chefes dos sacerdotes e os anciãos e disse-lhes que "não encontrara nenhuma culpa neste homem em relação a essas coisas de que o acusam. ... Portanto, vou castigá-lo e libertá-lo" (Lucas 23:14, 16).

A libertação de um prisioneiro no momento de festa era um costume de acordo com todos os quatro evangelhos. Mas a multidão que se reunira fora da sede do governador fora insuflada pelos chefes dos sacerdotes e os seus adeptos entre os anciãos a clamar pela libertação não de Jesus, mas de Barrabás, um insurreto, ladrão e assassino. "E Pilatos, respondendo, disse-lhes outra vez: 'Que quereis, então, que hei de fazer a quem chamais o Rei dos Judeus?' E eles tornaram a clamar: 'Crucificai-o.' Então Pilatos lhes disse: 'Mas que mal fez ele?' E mais eles clamavam: 'Crucificai-o'" (Marcos 15:12-4).

Pilatos entendeu que, por trás dessa manifestação, estava o poder dos chefes dos sacerdotes, cuja colaboração lhe era necessária se a Judeia tivesse de ser governada com o mínimo de incidentes. Então Pilatos "soltou Barrabás e entregou-lhes Jesus, após tê-lo açoitado, para que fosse crucificado" (Marcos 15:15).

Uma mulher de lugar nenhum

Maria Madalena estava lá entre o povo quando Pilatos mostrou a figura açoitada e sanguinolenta de Jesus, vestido com uma túnica de cor real e uma coroa de espinhos enfiada em sua cabeça, e disse: "Eis o homem." E quando eles responderam "Crucificai-o, crucificai-o" (João 19:5-6), Maria Madalena estava lá.

Maria Madalena apressou-se pelo caminho através das ruas estreitas à medida que Jesus era levado para o Gólgota, provavelmente a colina

O julgamento e a morte de Jesus

A Via Dolorosa é a rota através de Jerusalém que tradicionalmente se acredita ter Jesus percorrido, depois de sua condenação por Pôncio Pilatos, até o Gólgota, o lugar da sua crucificação.

que se assemelha ao topo de um crânio apenas do lado de fora da Porta do Leão de hoje, em frente ao jardim de Getsêmani, com o monte das Oliveiras e Betânia além dela. Aqui Jesus foi despido e Maria Madalena ouviu os golpes de martelo da condução dos pregos de ferro através de suas mãos e seus pés. Um sinal foi colocado no topo da cruz, escrito em grego, latim e hebraico, "O Rei dos Judeus", zombando de sua entrada em Jerusalém no lombo de um jumento menos de uma semana antes.

Se não fosse por Lucas 8:1-3, onde ele menciona aquelas mulheres que viajavam com Jesus pela Galileia e financiavam seu ministério, não teríamos ainda ouvido falar de Maria Madalena. Mesmo assim, ela entra em cena como uma surpresa, a principal testemunha da crucificação de

Jesus e dos eventos que se seguem. Seria de esperar que uma pessoa que desempenha um papel central no drama final também tivesse aparecido em outros lugares nos evangelhos, mas, a não ser por uma breve menção em Lucas, ela não está lá. Parece ter surgido do nada. Ou será que não?

Teria Maria Madalena estado lá o tempo todo, a principal testemunha do ministério de Jesus e sua companheira mais próxima?

O tema da unção atravessa os evangelhos, das mulheres ungindo Jesus, em particular as mulheres – ou a mulher – em Betânia. Os evangelhos de Marcos e Mateus não mencionam o seu nome, o que deixa em aberto a possibilidade de que ela seja Maria Madalena. Veremos que Marcos fala de Maria Madalena vindo para ungir Jesus na tumba.

Mas estranhamente o Evangelho de Lucas não faz menção a uma unção em Betânia. Não menciona Maria Madalena pelo nome na crucificação nem como uma das mulheres da Galileia que prepara especiarias e unguentos para ungir Jesus na tumba. No entanto, Lucas nos diz de uma mulher pecadora que lava os pés de Jesus e o unge em Cafarnaum, e faz isso no capítulo 7 do seu evangelho, imediatamente antes da introdução de Maria Madalena pelo nome no capítulo 8 como uma mulher possuída por sete demônios – o que pode dar a impressão de que Lucas estava tentando sugestionar associações desagradáveis na mente do leitor.

Lucas também é o autor do Livro dos Atos dos Apóstolos, que em nenhuma parte reconhece a existência de Maria Madalena. Em vez disso a função de Atos é chamar Paulo para a história; Paulo, que nunca conheceu Jesus em vida, mas se autoproclamou um apóstolo com base numa visão que teve e conhecida apenas por ele próprio; mesmo assim a visão de Paulo de Jesus ressuscitado torna-se a realidade de Atos, enquanto que a experiência de Maria Madalena na crucificação, no sepultamento e na ressurreição é totalmente suprimida. Por alguma razão o evangelista Lucas sente a necessidade de manipular o seu evangelho e o Livro dos Atos dos Apóstolos para diminuir e até eliminar Maria Madalena.

O autor do Evangelho de João é aparentemente mais informativo. A mulher que unge Jesus em Betânia é identificada como Maria, irmã de Marta e Lázaro. E, na ressurreição do Evangelho de João, Jesus aparece

O julgamento e a morte de Jesus

a Maria Madalena numa cena íntima e comovente. Mas João não falará de Maria Madalena preparando especiarias e unguentos nem levando-os à tumba para ungir Jesus; Nicodemus terá feito isso quando o corpo de Jesus é colocado na tumba de José de Arimateia – quebrando assim a ligação entre Maria de Betânia e Maria Madalena, ou assim parece, pois, como veremos, João nos deixa com outras pistas.

A unção tem duas finalidades principais na Bíblia: ela pode ser pessoal, para embelezar e acalmar o corpo, e às vezes é uma maneira de honrar um convidado especial; ou a unção pode ser realizada como parte de um ritual religioso. Reis e sacerdotes são ungidos, e também o messias. Na Bíblia a unção significa transmitir o Espírito Divino. Messias é o hebraico para o ungido; em grego a palavra é Cristo. Se Maria Madalena está ungindo Jesus e transmitindo o Espírito Divino, o que isso faz dela?

Você poderia ser desculpado por pensar que os evangelhos foram editados de modo a que esta questão não lhe ocorra. Mas as palavras de Jesus permanecem. "Ela fez o que podia: ela está vindo para ungir o meu corpo para o sepultamento. Em verdade vos digo que, onde quer que este evangelho for pregado em todo o mundo, também o que ela fez será contado em sua memória" (Marcos 14:9; Mateus 26:13).

A cruz

"Eles o crucificaram", dizem Marcos 15:25 e Lucas 23:33, preferindo o eufemismo a qualquer descrição do que a crucificação envolvia; e os outros evangelhos fazem o mesmo; levaram Jesus "para crucificá-lo", diz Mateus 27:31; "para ser crucificado", diz João 19:16. Mas os evangelistas claramente não dizem quase nada sobre a natureza da crucificação de Jesus. Os registros históricos fora do Novo Testamento dificilmente mencionam mais alguma coisa; um vasto silêncio paira sobre o tema da crucificação, e com razão. A morte lenta, humilhante e grotesca da crucificação era terrível e repelente.

Decapitação por espada, queima e crucificação eram as três formas comuns de execução romana, mas esta última era a pior, reservada a traidores, piratas, bandidos e escravos; ser colocado na arena e dilacerado por animais selvagens era considerada uma morte melhor, porque vinha mais rapidamente.

A crucificação de um cidadão romano era proibida por lei. Até mesmo o assunto era evitado. "A própria palavra 'cruz'", disse Cícero, o estadista do século I a.C., "deve ser afastada não só da pessoa de um cidadão romano, mas de seus pensamentos, seus olhos e seus ouvidos." Josefo chamou-a de "a mais desprezível das mortes". Cícero descreveu a crucificação como *"supplicium crudelissimum taeterrimumque"*, um castigo nojento e cruel.

Execuções romanas eram precedidas por flagelação, o que significava que as costas de Jesus foram rasgadas pelas tiras de couro trançado de um chicote, no final do qual eram costurados pequenas bolas de ferro e pedaços afiados de osso de ovelhas. O condenado era então obrigado a carregar a cruz até o local da execução, e de acordo com o Evangelho de João foi isso que aconteceu; Jesus foi obrigado a carregar a cruz até o Gólgota. Mas Mateus, Marcos e Lucas dizem que um homem no meio da multidão chamado Simão de Cirene foi obrigado a carregar a cruz para ele; as costas diláceradas significavam que Jesus estava quase certamente sofrendo de choque circulatório. Uma cruz completa teria sido muito pesada para se carregar, e mais ainda para um homem que tinha acabado de receber a "meia morte", como a flagelação era chamada, e por isso teria sido carregada apenas a parte horizontal da cruz, provavelmente pesando de vinte a quarenta quilos.

Quando Jesus foi levado para o monte chamado Gólgota, os soldados o teriam colocado na peça horizontal, esticado seus braços e, em seguida, fixado pregos através de seus pulsos ou mãos na madeira. A peça vertical já tinha sido plantada no chão; Jesus então é içado para cima, todo o peso do seu corpo rasgando-se nos pregos, até que a travessa é ajustada por cima do eixo vertical. As solas dos seus pés foram pregadas planas contra o eixo da cruz ou pregos foram colocados através dos tornozelos, de modo que seus pés estavam ligados a ambos os lados do eixo.

A imagem de Jesus sobre a cruz alta, sofrendo mas estranhamente quieto e majestoso, não corresponde à realidade. A altura da cruz mon-

Jesus é despido antes de ser pregado na cruz. A tanga mostrada em representações da crucificação é por causa do público. Mas os romanos pensavam de outra forma. Deixando o homem nu, suspendendo-o num lugar público e expondo seu corpo mutilado a zombarias e moscas – tudo era parte do propósito dos romanos de infligir a maior dor e humilhação possível ao condenado. Xilogravura de Eric Gill, inglês, 1917.

tada teria sido de cerca de 2,30 metros; Jesus, portanto, seria suspenso não muito mais do que de trinta a cinquenta centímetros acima daqueles que olhavam – quase cara a cara. Jesus estava completamente nu, sem tanga decorosa como nos ícones e pinturas conhecidas. A crucificação afrouxou a bexiga e os intestinos, e ele estaria banhado em suor e sangue. O peso suspenso de seu corpo tornava difícil encher os pulmões para respirar. Flexionando os joelhos, ele se levantaria para encher os pulmões, mas os pés imobilizados infligiam dores terríveis. Enquanto seu corpo subia e descia, as costas flageladas se esfregavam contra a cruz áspera, aumentando sua tortura.

A morte por crucificação era deliberadamente lenta, para maximizar a agonia e ajuntar maior multidão. Despindo o homem, suspendendo-o num lugar público e expondo seu corpo mutilado a vaias e moscas – era tudo parte do propósito dos romanos para infligir a maior dor e humilhação possível ao condenado. No fim a morte viria por asfixia ou insuficiência cardíaca. As vítimas poderiam demorar até três dias para morrer; seus corpos eram então deixados pendurados na cruz, até que apodrecessem e caíssem ou fossem devorados por aves e cães necrófagos. Em todos os sentidos, como disse Cícero, a crucificação era "nojenta"; seu objetivo era demonstrar o poder absoluto do Estado e a impotência abjeta da vítima, sua dor e degradação servindo de advertência pública aterrorizante. A pior parte dela, como um carrasco disse, eram os gritos.

Assim foi com Jesus, contorcendo-se na cruz, gritando de agonia e invocando Deus. Seus executores ocupavam-se em dividir as suas vestes, tirando a sorte para saber quem deveria receber o quê. Transeuntes vieram para perto e zombavam de Jesus em seu rosto, pois a cruz era pouco maior do que um homem. Entre seus algozes estavam os chefes dos sacerdotes, alguns escribas e os anciãos do Sinédrio, que disseram: "Ele confiou em Deus; pois que o salve agora, se ele o fizer, porque ele disse: 'Eu sou o Filho de Deus'" (Mateus 27:43).

De acordo com Marcos e Mateus, todos os homens que tinham seguido Jesus haviam fugido; mas observando de longe estavam as mulheres da Galileia, Maria Madalena; Maria, mãe de Tiago, o Menor, e de José; e Salomé, que era a esposa de Zebedeu e mãe de seus filhos, os discípulos Tiago e João. No final Jesus gritou em aramaico *"Eloí, Eloí, lamá sabactâni?"*, que é interpretado como: "Meu Deus, meu Deus, por que me abandonaste?" (Marcos 15:34). Como ele se levantou para abrir seus pulmões, raios de dor dispararam através de suas mãos e pés, mas se abaixar significava asfixia lenta; sofrendo dor excruciante, levantou-se novamente. Marcos e Mateus relatam um grito final. Às três da tarde, Jesus estava morto.

Os romanos provavelmente crucificaram dezenas de milhares de pessoas ao longo dos séculos; depois da revolta de escravos liderada por Espártaco crucificaram 6 mil pessoas num dia. Jesus é representado frequentemente no alto de uma cruz, como nesta ilustração, mas a realidade era mais ordinária e sórdida. Gustave Doré, francês, 1867.

Seja feita a Vossa vontade

Espectadores ouviram o grito de Jesus na cruz. *"Eloí, Eloí, lamá sabactâni?"* Alguns pensaram que ele estava chamando Elias para descer do céu e libertá-lo. Para outros, poderia parecer um grito de dor e desespero, de que Deus havia abandonado Jesus, que a sua missão de trazer o reino de Deus tinha sido traída pelo próprio Deus. Mas Maria Madalena compreendeu. Ela sabia que Jesus, falando em aramaico vernáculo, estava trazendo o hebraico do Salmo 22 para o aqui e agora.

"Meu Deus, meu Deus, por que me abandonaste? Por que estás tão longe de me ajudar, e das palavras do meu bramido?" Assim ele começa. Mas o Salmo continua com declarações da recompensa de Deus para a confiança depositada nele. "Nossos pais confiaram em ti: eles confiaram, e tu os livraste. A ti clamaram, e foram salvos; em ti confiaram, e não foram frustrados."

Confiar mesmo quando o sofredor é vaiado, como Jesus na cruz. "Todos os que me veem riem de mim por desprezo: projetam o lábio, meneiam a cabeça, dizendo: 'Confiou no Senhor, que ele o salvaria: que ele o salve, já que nele confiava.'"

O sofredor nos Salmos sofre dor e humilhação muito parecidas com as de Jesus morrendo. "Derramei-me como água, e todos os meus ossos estão fora das juntas: o meu coração é como cera; derreteu-se no meio das minhas entranhas. A minha força se secou como um caco de barro, e a língua se gruda ao palato; e tu me trouxeste para o pó da morte. Pois cães me rodeiam; um ajuntamento de malfeitores me cercou; traspassaram-me as mãos e os pés. Posso contar todos os meus ossos; eles veem e me contemplam. Eles dividem minhas vestes e as sorteiam entre eles."

Mas Deus intervém e salva. "Ele não desprezou nem abominou a aflição do aflito; nem dele escondeu o seu rosto; mas quando ele clamou o ouviu."

O Evangelho de João relata a crucificação um pouco diferente. Nele as palavras finais de Jesus são: "Está acabado" (João 19:30). A palavra grega original no evangelho é *tetelestai* e aparece somente duas vezes, a primeira

O *julgamento e a morte de Jesus*

vez dois versículos antes. "Depois disso, sabendo Jesus que todas as coisas já estavam consumadas, que a Escritura poderia ser cumprida, disse: 'Tenho sede.'" E assim, suas palavras finais significaram "acabado" no sentido de "realizado". Morrer na cruz foi a realização suprema; foi o grande ato final de confiar e se render ao Pai, a soma de tudo o que Jesus sempre ensinou em suas parábolas e seus sermões sobre o reino de Deus – o abraço de Deus a todos em seu amor, como na parábola do filho pródigo (Lucas 15:11-32) e como no Sermão da Montanha, em que Deus "faz que o seu sol se levante sobre maus e bons, e faz chover sobre os justos e sobre os injustos" (Mateus 5:45) – para entrar no reino de Deus era preciso se submeter absolutamente a Deus, um deus que poderia ser incompreensível nos caminhos aparentemente arbitrários e indiscriminados que ele escolhe para amar.

Maria Madalena sabia da coragem de Jesus, de sua fé inextinguível; ela sabia de seu amor, sabia que ele não estava a oferecer-se em sacrifício, nem para redimir os pecados de ninguém – nenhuma noção como o pecado original entrou em sua mente; para Jesus o homem era bom e Deus era bom. Ela sabia que, para Jesus, sua morte foi um puro ato de aceitação e perfeição do amor do Pai.

A mensagem é sempre a mesma, em João, nos Salmos, no Sermão da Montanha, na cruz: "Venha o vosso reino. Seja feita a vossa vontade."

Eles tinham destruído o seu corpo, mas não o seu amor. E nem o amor dela.

O enterro

Jesus morreu invulgarmente rápido na cruz, em três horas, de acordo com os evangelhos sinóticos; seis horas, diz o Evangelho de João. Era mais comum que o tormento durasse dois ou três dias. Nem mesmo assim eram os corpos retirados; a prática romana era deixar os cadáveres pendurados na cruz, até que fossem consumidos como carniça ou apodrecessem e caíssem. Mas a flagelação aplicada a Jesus deve ter sido especialmente feroz, fazendo-o morrer mais cedo.

Também os romanos teriam se lembrado de costumes de sepultamento judaicos. Como o dia da crucificação de Jesus foi uma sexta-feira, véspera do sabá, que começaria ao pôr do sol, o costume judaico era o corpo ser enterrado no dia da morte, mas nunca no sábado, o sabá; assim, Jesus teria de ser enterrado naquele dia ou ser deixado na cruz, vivo ou morto, até domingo.

Para acelerar a morte, a vítima crucificada recebia uma brutalidade misericordiosa final: suas pernas eram quebradas abaixo dos joelhos com algo parecido com uma marreta. O choque em si pode matar, mas a partir de tal golpe a vítima não poderia mais usar suas pernas para levantar-se; ela morria de asfixia ou insuficiência cardíaca em poucos minutos. Isto foi feito com os dois homens crucificados em ambos os lados de Jesus. "Depois vieram os soldados e quebraram as pernas do primeiro e as do outro, que foram crucificados com ele. Mas quando chegaram a Jesus, e vendo que já estava morto, não lhe quebraram as pernas."

Mas o batalhão romano de execução não queria correr riscos, e "um dos soldados com uma lança perfurou seu lado, e logo saíram sangue e água" (João 19:32-4). A água sugere que Jesus tinha morrido de insuficiência cardíaca; a lança fez vazar o acúmulo de água em torno de seu coração e então perfurou o próprio coração.

O Sinédrio encarregou-se dos corpos dos dois homens crucificados com Jesus; ele mantinha cemitérios de judeus que tivessem sido executados, então recuperava os ossos depois de um ano e os entregava às famílias num ossuário. Mas Jesus recebeu um enterro privado graças à intervenção de José de Arimateia, um dos anciãos do Sinédrio. "Quando já chegava a tarde, veio um homem rico de Arimateia, chamado José, que também era discípulo de Jesus" (Mateus 27:57). José pedira permissão a Pôncio Pilatos para remover Jesus da cruz e colocá-lo em sua própria tumba, que recentemente tinha sido talhada na rocha num jardim não muito longe do Gólgota. Lá, antes de o sol se pôr naquela tarde de abril, José de Arimateia rapidamente embrulhou o corpo ensanguentado e mutilado em lençóis limpos e colocou-o a descansar até que pudesse ser devidamente lavado e ungido depois do sabá.

Nos evangelhos de Marcos e Mateus, Maria Madalena e "a outra Maria", a mãe de José, observavam para ver onde o corpo de Jesus era colocado. Mas Lucas e João narram de forma diferente.

Lucas só fala de "as mulheres"; não menciona nenhum nome. "E as mulheres que tinham vindo com ele da Galileia seguiram atrás e viram a tumba, e como o corpo foi depositado. E elas voltaram e prepararam especiarias e unguentos; e no sabá repousaram, conforme o mandamento" (Lucas 23:55-6). Da mesma forma Lucas já havia evitado identificar aqueles que testemunharam a crucificação, dizendo apenas que "todos os seus conhecidos, e as mulheres que o haviam seguido desde a Galileia,

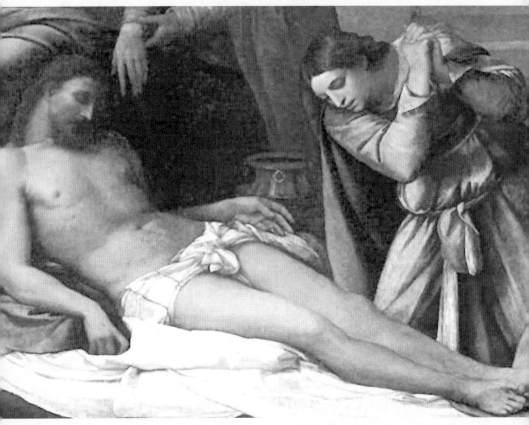

Maria Madalena com Jesus, depois que seu corpo foi descido da cruz.
Detalhe de *A deposição*, de Sebastiano del Piombo, italiano, 1516.

estavam de longe vendo estas coisas" (Lucas 23:49). No entanto, os três evangelhos sinóticos estão de acordo em ter Maria Madalena ou, no caso de Lucas, "as mulheres", testemunhando a crucificação em pé e de longe, e da mesma forma os sinóticos concordam em ter Maria Madalena, ou "as mulheres", observando para ver onde Jesus é enterrado.

Mas o Evangelho de João dá um relato totalmente diferente das testemunhas da crucificação e também do enterro.

Em vez de ficar longe, como nos evangelhos sinóticos, João tem as testemunhas da crucificação ao pé da cruz. "E, junto à cruz de Jesus, sua mãe, e a irmã de sua mãe, Maria, mulher de Cléofas, e Maria Madalena", e a elas se une o discípulo "a quem ele amava" (João 19:25-6). O discípulo amado aparece seis vezes no Evangelho de João, mas em nenhum dos sinóticos; ele nunca é nomeado.

Quanto às mulheres, Maria Madalena é mencionada uma vez, por último; o Evangelho de João dá primazia a Maria, mãe de Jesus. Ela aparece aqui pela primeira vez desde os primeiros dias do ministério de Jesus na Galileia, quando as pessoas começaram a pensar que ele estava "fora de si" e possuído pelo demônio. Juntamente com os irmãos de Jesus, Maria veio ter uma palavra com ele e talvez levá-lo embora (Marcos 3:31-5; Mateus 12:46-50; Lucas 8:19-21). Mas Jesus rejeitou sua mãe e seus irmãos, dizendo que apenas aqueles que fazem a vontade de Deus poderiam contar como sua família. Agora, aqui no Evangelho de João, aos pés da cruz, somos apresentados a uma reconciliação. Nos séculos seguintes, a Igreja iria aproveitar este momento no Evangelho de João para promover a "mariologia", a veneração de Maria como a Mãe de Deus.

João também difere dos sinóticos em seu relato do sepultamento de Jesus. José de Arimateia, "um discípulo de Jesus, embora secretamente" (João 19:38), vai a Pilatos e obtém permissão para remover o corpo. Mas com ele está Nicodemos, um fariseu e membro do Sinédrio, o homem que costumava vir para conversar com Jesus à noite. Nicodemos traz consigo "uma mistura de mirra e aloés, cerca de cinquenta quilos. Tomaram, pois, o corpo de Jesus e o envolveram em lençóis com as especiarias".

O julgamento e a morte de Jesus

Isso não foi um embalsamamento, uma prática quase desconhecida na Judeia; em vez disso, as especiarias eram usadas para remover o odor; nem se usavam caixões nos tempos bíblicos, o lençol bastava. A prática era o corpo ser deixado na câmara mortuária até que fosse reduzido a um esqueleto, e em seguida os ossos eram recolhidos, envoltos em linho e enterrados.

Mas a quantidade de especiarias trazidas por Nicodemos é espetacular. Na versão dada pelo Evangelho de João, não poderia ter sido nada discreto remover o corpo de Jesus da cruz, colocando-o na tumba, e trazendo uma tão grande quantidade de especiarias, que vários servos e talvez um jumento ou um carrinho deveriam ter sido necessários – uma pequena procissão até a tumba. E a despesa, enorme, mas Nicodemos era um homem muito rico, um dos mais ricos em Jerusalém.

Todos os evangelhos dizem que uma grande pedra foi rolada em frente à entrada para a tumba. Mas, ao contrário dos evangelhos sinóticos, João não diz nada sobre Maria Madalena ou qualquer outra mulher olhando para ver onde Jesus foi colocado; em João não haverá necessidade de Maria Madalena ungir Jesus depois do sábado, pois a tarefa já fora realizada por Nicodemos.

O dia terminara.

7. A tumba vazia

"E MUITO CEDO, na manhã do primeiro dia da semana, foram à tumba ao nascer do sol." Este é o Evangelho de Marcos contando da visita de Maria Madalena à tumba depois do sabá, para ungir o corpo de Jesus. Com Maria Madalena estão Maria, mãe de Tiago, e Salomé. "Quem empurrará para nós a pedra da porta da tumba?" Mas, quando elas olharam, viram que a pedra já estava removida.

Dentro viram um jovem vestido com uma túnica branca longa, e elas ficaram com medo. Não tenham medo, ele disse. "Buscais Jesus de Nazaré, que foi crucificado: ele ressuscitou; ele não está aqui; eis o lugar onde o puseram." Digam a Pedro e aos discípulos, disse o jovem, que Jesus foi para a Galileia; lá vocês vão vê-lo.

> E elas saíram rapidamente, e fugiram da tumba; pois elas tremiam e estavam maravilhadas: nem disseram qualquer coisa a qualquer homem; porque tinham medo.

E aí, em Marcos 16:8, é onde a versão original do Evangelho de Marcos termina. O mais antigo dos evangelhos canônicos termina com ninguém vendo Jesus ressuscitado; Maria Madalena e suas companheiras veem apenas a tumba vazia. Esse é o evento surpreendente e assustador.

O divino invisível

Mas em algum ponto o evangelho foi ampliado e doze versos, Marcos 16:9-20, adicionados; parecem ter sido tomados emprestados e adaptados de versos

A tumba vazia

Maria Madalena descobre que a tumba está vazia.
A ressurreição, xilogravura de 1917, por Eric Gill.

encontrados no final de Mateus, Lucas e João, para que o final de Marcos estivesse de acordo com os outros evangelhos. Esta é a versão de Marcos encontrada hoje nas bíblias. Depois que Maria Madalena sai da tumba vazia, Jesus aparece para ela, que relata o ocorrido aos outros, mas eles não acreditam nela; em seguida, Jesus aparece a dois seguidores ao longo da estrada, mas eles também não são levados a sério; e, finalmente, Jesus mostra-se aos onze discípulos do sexo masculino que estão sentados para o jantar e os repreende por não terem acreditado nas notícias de sua ressurreição.

A versão estendida do Evangelho de Marcos termina com Jesus dizendo aos discípulos: "'Ide por todo o mundo e pregai o evangelho a toda criatura. Quem acreditar e for batizado será salvo; mas aquele que não acreditar será condenado.' ... Em seguida, depois de o Senhor lhes ter falado, ele foi recebido no céu e assentou-se à mão direita de Deus" (Marcos 16:15-6, 19).

Este comando de Jesus ressuscitado para saírem e espalharem o evangelho em todo o mundo é conhecido como a Grande Comissão; é a base para a dispersão dos apóstolos de Jerusalém para fundarem as sedes apostólicas e com isso o princípio da sucessão apostólica – o alicerce fundamental da hierarquia da Igreja.

Mas os primeiros cristãos não teriam encontrado estes versos na versão original de Marcos nem nos textos completos mais antigos conhecidos do Novo Testamento, o Códice Sinaítico e o Códice Vaticano, ambos do início do século IV. Embora se saiba que pelo menos alguns desses versos adicionais circularam já no final do século II, no final do século IV o Pai

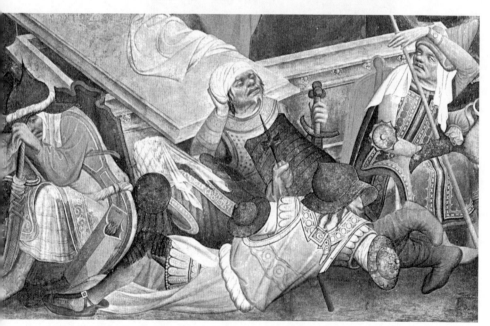

Na ressurreição de Jesus os guardas postados pelo Sinédrio "tremeram e tornaram-se como homens mortos", e depois, de acordo com o Evangelho de Mateus, foram subornados para dizer que os discípulos tinham levado o corpo embora. Detalhe de *A ressurreição*, de Meister Francke, alemão, 1424.

A tumba vazia   139

da Igreja Jerônimo atestava que os versículos 16:9-20 estavam ausentes de quase todas as cópias gregas de Marcos conhecidas por ele. É claro que no momento em que o Evangelho de Marcos foi escrito, geralmente calculado por volta de 70 d.C., o próprio Marcos e muitos dos primeiros cristãos aceitavam a tumba vazia como uma explicação suficiente dos acontecimentos.

Quanto a Maria Madalena, na versão original de Marcos, o susto e o medo que sentiu na tumba vazia foram o espanto que se sente na presença do divino. A experiência foi comparável a entrar no Santo dos Santos do Templo de Jerusalém, o santuário onde apenas o sumo sacerdote podia ir e, mesmo assim, somente uma vez por ano. Em todos os outros templos no mundo antigo o santuário interno deveria conter a imagem de um deus. Mas o coração do Templo de Jerusalém, o Santo dos Santos, era vazio – exceto como morada para o divino invisível. E assim foi com Maria Madalena na tumba vazia. Nenhuma aparição de Jesus, nenhuma ressurreição palpável, nenhum toque de feridas, nenhuma ascensão ao céu, nenhum assento à mão direita de Deus, nenhuma hierarquia da Igreja nem ameaça de condenação eram necessários. Jesus tinha dito, e Maria Madalena compreendido, que o reino de Deus está à nossa volta; está esperando que entremos se nós soubermos como. "O tempo completou-se e o reino de Deus está próximo" (Marcos 1:15).

Dúvidas sobre a ressurreição

A adição tardia em Marcos, que estende o texto deste evangelho para além da descoberta da tumba vazia, continua a promover a ideia de grande dúvida de um Jesus ressuscitado entre os próprios discípulos. O mesmo é verdade nos evangelhos de Mateus, Lucas e João. Os três foram escritos após o de Marcos, talvez não muito depois, mas apenas o suficiente para gravar a crença no desenvolvimento de um Jesus fisicamente ressuscitado, apesar das dúvidas consideráveis entre aqueles a quem os evangelhos foram dirigidos, os primeiros membros do movimento de Jesus.

O que vemos nos evangelhos é um debate entre os primeiros seguidores de Jesus sobre a credibilidade da ressurreição e também se a ressurreição deveria ter lugar fisicamente – uma elevação dos corpos – ou
espiritualmente. Mais fundamental: para muitos seguidores de Jesus o
que importava eram seus ensinamentos do reino de Deus; noções de
pecado, ressurreição e salvação eram estranhas a eles.

Os fariseus acreditavam na ressurreição dos justos com a vinda do
messias, mas exatamente sob qual forma parecia ainda em evolução; por
exemplo, Josefo em seus primeiros escritos dá a impressão de que os fariseus acreditavam apenas numa ressurreição espiritual, embora mais tarde
ele seja claro em que os justos que observassem a Torá iriam desfrutar
da ressurreição corporal. Mas isto seria no final dos tempos; e os fariseus
não acreditavam que Jesus fosse o messias, nem em sua ressurreição física
imediata. Em vez disso, como o episódio seguinte no Evangelho de Mateus nos diz, foi "divulgado entre os judeus até o dia de hoje", em outras
palavras décadas após a crucificação, que a tumba vazia tinha mais a ver
com suborno do que com ressurreição.

Mateus relata que alguns membros do Sinédrio anteciparam que pessoas próximas a Jesus iriam roubar o corpo para fazer parecer que ele
ressuscitara dos mortos, e então pediram a Pôncio Pilatos para colocar
uma guarda na tumba. "Os chefes dos sacerdotes e os fariseus reuniram-
se com Pilatos, dizendo: 'Senhor, nós nos lembramos do que aquele en-
ganador disse, enquanto ele ainda estava vivo: 'Depois de três dias res-
suscitarei.' Manda, pois, que a tumba seja guardada com segurança até o
terceiro dia, para que os seus discípulos não possam ir lá à noite e roubá-lo,
e dizer ao povo: 'Ele ressuscitou dentre os mortos'''" (Mateus 27:62-4).
Pilatos já estava satisfeito com o fato de Jesus estar morto; se os judeus
estavam preocupados que alguns dentre eles pudessem pensar de outra
forma se o corpo desaparecesse, eles que lidassem com os próprios problemas, não com soldados romanos, mas com a própria milícia do templo.
"Pilatos disse-lhes: 'Tendes uma guarda; ide, tornai-a tão segura quanto
vos é possível.' Assim eles foram, e tornaram segura a tumba, selando a
pedra e deixando uma guarda" (Mateus 27:65-6). (Alguns comentaristas

A tumba vazia

Guiadas por Maria Madalena, as mulheres vão à tumba no terceiro dia.
Gravura de Alexandre Bida, francês, década de 1870.

por engano supõem que os guardas fossem soldados romanos, mas, como Geza Vermes escreve em seu *Jesus*, quando a delegação do Sinédrio pediu a Pilatos para manter a tumba sob guarda militar, o "Fazei-o vós mesmos" parece ter sido a resposta cortante do governador.)

Mas sem sucesso. "No fim do sabá", continua o Evangelho de Mateus, "quando começou a despontar o primeiro dia da semana, Maria Madalena e a outra Maria foram ver a tumba. E eis que houve um grande terremoto, porque um anjo do Senhor desceu do céu, e veio, e rolou a pedra da porta, e sentou-se em cima dela. Seu aspecto era como um relâmpago, e as suas vestes, brancas como a neve. E de medo dele tremeram os guardas, e ficaram como homens mortos."

Mateus tenta combater o ceticismo sobre a ressurreição com sua história de um evento sobrenatural espetacular, um terremoto, e, em vez de "um jovem sentado do lado direito, vestido com uma roupa comprida, branca", como em Marcos 16:5, um anjo do alto que tanto aterroriza os soldados judeus de guarda que eles desmaiam no local. Quando se recuperam, vão para a cidade e dizem aos chefes dos sacerdotes o que aconteceu. Os chefes dos sacerdotes, em seguida, reúnem-se com os anciãos e decidem dar "muito dinheiro aos soldados, falando: 'Dizei: 'Seus discípulos vieram de noite e o furtaram enquanto dormíamos.' E, se isto chegar aos ouvidos do governador, nós o persuadiremos e asseguraremos vocês.' Então eles levaram o dinheiro, fizeram como estavam instruídos e isso se tem divulgado entre os judeus até o dia de hoje" (Mateus 28:13-5).

Para Maria Madalena, tanto em Mateus como em Marcos, a tumba vazia foi suficiente, e "ela se afastou rapidamente da tumba, com temor e grande alegria; e correu para levar a informação aos discípulos" (Mateus 28:8). Mas então Mateus vai além de Marcos e tem Maria Madalena correndo para o Jesus ressuscitado e segurando-o pelos pés a adorá-lo – um encontro bastante físico pretendido por Mateus para tirar qualquer dúvida sobre a ressurreição corporal. Jesus diz a Maria Madalena e sua companheira: "'Ide dizer a meus irmãos que devem ir para a Galileia, e lá me verão.' Então os onze discípulos vão para a Galileia, para o monte que Jesus lhes designara. E, quando o viram, adoraram-no; mas alguns duvidaram" (Mateus 28:15-7) – face a face com Jesus numa montanha na Galileia, e ainda assim alguns de seus discípulos não acreditaram na ressurreição.

O Evangelho de Lucas narra a mesma história sobre a tumba vazia e a dúvida sobre a ressurreição. "E no primeiro dia da semana, muito cedo pela manhã, chegaram à tumba, levando as especiarias que tinham preparado e algumas outras com elas. E acharam a pedra da tumba afastada. E, entrando, não acharam o corpo do Senhor Jesus" (Lucas 24:1-3).

Mas Lucas evita mencionar Maria Madalena; em vez disso, fala de "as mulheres"; por exemplo, na noite da crucificação "também as mulheres,

No terceiro dia, Maria Madalena foi à tumba para ungir o corpo de um homem nu, algo que nenhuma mulher poderia fazer, a não ser que ela fosse um parente muito próximo. *Núpcias de Deus*, de Eric Gill, xilogravura de 1922.

que vieram com ele da Galileia, seguiram e viram a tumba, e como o corpo foi colocado" (Lucas 23:55); e agora, depois do sabá, "elas" voltaram para ungir o corpo.

Este é o mesmo Lucas que não diz nada sobre Jesus ser ungido em Betânia, mas sim conta a história de uma mulher pecadora enxugando os pés dele na casa de um homem chamado Simão, em Cafarnaum.

Somente depois que as mulheres deixam a tumba e dizem aos onze discípulos o que tinham visto é que Lucas se preocupa em nos dizer seus nomes. "Foram Maria Madalena, e Joana, e Maria, mãe de Tiago, e as outras mulheres que estavam com elas que relataram estas coisas aos apóstolos. E suas palavras pareceram-lhes como contos frágeis, e eles não lhes deram crédito" (Lucas 24:10-1).

Nem Maria Madalena nem as mulheres veem Jesus ressuscitado no Evangelho de Lucas. Em vez disso, mais tarde, em Lucas, os discípulos anunciam que "O Senhor ressuscitou verdadeiramente e apareceu a Simão [Pedro]" (Lucas 24:34), embora não nos seja dito onde ou quando.

Maria Madalena e a tradição de visitar as tumbas de família

Quando foi à tumba no terceiro dia, Maria Madalena estava seguindo uma antiga tradição judaica. O costume era de parentes do falecido visitarem a tumba nos três primeiros dias. Isto era para se ter a certeza de que o corpo estava realmente morto. A prática de apressadamente sepultar uma pessoa antes do pôr do sol no dia da sua morte trazia o risco de se cometer um erro por causa da pressa; havia o perigo de se enterrarem pessoas vivas. Parentes vinham para ver se os mortos tinham tornado à vida.

Além disso, de acordo com os evangelhos de Marcos e Lucas, Maria Madalena estava lá para ungir o corpo de Jesus. O enterro foi tão apressado que não tinha havido tempo para lavar e ungir seu corpo rasgado e sangrento no primeiro dia, e o dia seguinte era o sabá, quando nada poderia ser feito.

Maria Madalena está na tumba nos quatro evangelhos. Em Marcos, ela está lá com "Maria, mãe de Tiago, e Salomé". Em Mateus, está lá com "a outra Maria". Em Lucas, está lá com "Joana e Maria, mãe de Tiago, e as outras mulheres". Apenas em João é que Maria Madalena está lá sozinha, mas sua experiência da ressurreição é íntima e enfática. As outras mulheres vêm e vão; na verdade, sua presença pode ter sido inventada para se tornar o evento mais crível, tendo em conta a exigência da Torá por duas ou três testemunhas: "Pela boca de duas testemunhas, ou pela boca de três testemunhas, será estabelecido o assunto" (Deuteronômio 19:15). Mas Maria Madalena está sempre lá – o que sugere que a presença dela na tumba vazia foi um evento bem conhecido para os seguidores de Jesus e os primeiros cristãos; ela foi fundamental para a história, embora a verdade da história tenha sido obscurecida ou perdida: a de que Maria Madalena, e apenas Maria Madalena, tivesse uma relação especial com Jesus.

No terceiro dia, ela foi à tumba para ungir o corpo de um homem nu, algo que nenhuma mulher poderia fazer a não ser que fosse um parente muito próximo. Ela também seguiu a tradição, praticada por parentes do falecido, de ir à tumba para garantir que Jesus estava morto.

A tumba vazia

Jesus tinha uma mãe, ele tinha irmãs, tinha outros parentes, qualquer um dos quais poderia ter realizado esses deveres familiares. No entanto, foi Maria Madalena quem foi até a tumba no terceiro dia.

O corpo desaparecido

No Evangelho de João, Maria Madalena vem sozinha para a tumba no início da manhã, muito antes do amanhecer. "No primeiro dia da semana, veio Maria Madalena cedo, quando ainda estava escuro, à tumba, e viu que a pedra fora removida da tumba." Ela corre para Pedro e para o discípulo amado e diz: "Levaram o Senhor da tumba, e não sabemos onde o puseram."

A quem Maria Madalena se refere ao dizer "eles"? Ela quis dizer o Sinédrio? Mas, de acordo com Mateus, o Sinédrio postou guardas para garantir que o corpo de Jesus não fosse levado da tumba. Ou ela quis dizer os discípulos, as pessoas que o Sinédrio temia poderiam levar o corpo para fazer parecer que Jesus havia ressuscitado? No entanto, os primeiros para quem ela corre são os discípulos. Muito possivelmente, Maria Madalena não tinha ninguém em mente. Mas aqueles com maior probabilidade de ter removido Jesus da tumba foram os que o tinham colocado lá no final da tarde da crucificação – José de Arimateia e Nicodemos –, que, em vez de enterrar Jesus, poderiam ter usado sua grande quantidade de especiarias e os meios necessários para transportar tais coisas para a tumba como um disfarce; em vez de enterrar Jesus, poderiam tê-lo levado embora. Ou vieram mais tarde e subornaram os guardas.

Mas esta não é a história cristã, que proclama que Jesus ressuscitou corporalmente dentre os mortos, apareceu aos seus discípulos e subiu aos céus para se sentar à direita de Deus, de onde voltará no fim dos tempos para julgar os vivos e os mortos. Mas essa história cristã levou muito tempo para evoluir. No dia em que Maria Madalena foi à tumba vazia não era esta a história que ela conhecia.

Nicodemos e Jesus

Sabemos que Nicodemos era um membro do Sinédrio e um fariseu. E sabemos que ele tinha ficado ciente de que Caifás estava conspirando para prender Jesus, e então advertiu o Sinédrio sobre condenar Jesus sem ouvir o que ele tinha a dizer. Nicodemos, provavelmente, avisou Jesus sobre sua prisão iminente, levando à agonia em Getsêmani.

Nicodemos demonstrou interesse pelos ensinamentos de Jesus e veio a ele para as discussões durante a noite, ou seja, após o pôr do sol. Não havia nada secreto sobre tais reuniões; não há sentido de sigilo no relato do evangelho; pelo contrário, Nicodemos provavelmente trouxe seus próprios discípulos, incluindo-os no seu uso do plural quando diz a Jesus: "Rabi, sabemos que és Mestre, vindo de Deus" (João 3:2). Jesus e Nicodemos estavam ensinando no templo durante o dia, e agora eles encontraram tempo para conversar sobre o renascimento espiritual no frescor da noite. Certamente Nicodemos não fez nada para esconder sua simpatia no dia da crucificação, quando ainda em plena luz do dia trouxe para a tumba uma vasta quantidade de especiarias, o suficiente para enterrar um rei.

Nessas conversas à noite Jesus diz a Nicodemos: "Eu te digo que aquele que não nascer de novo não poderá ver o reino de Deus." Ao que Nicodemos responde: "Como pode um homem nascer sendo velho? Ele pode entrar pela segunda vez no ventre de sua mãe e nascer?" Há algo lúdico nesta conversa; Nicodemos é um rabino e sabe perfeitamente bem o que é nascer de novo; o tema do renascimento está presente em todo o Antigo Testamento, como em Ezequiel 36:25-6: "Então aspergirei água pura sobre vós, e ficareis purificados; de todas as vossas impurezas e de todos os vossos ídolos vos purificarei. Um novo coração também vou dar-lhe, e um espírito novo porei dentro de ti, e tirarei o coração de pedra da tua carne, e eu te darei um coração de carne." As pregações de Jesus e outros no Novo Testamento são uma reformulação seletiva de ensinamentos da Bíblia hebraica. Então Nicodemos, em vez de ser ignorante ou ingênuo, está estimulando Jesus, convidando-o a expandir seu

Nicodemos com Jesus. Desenho atribuído a Rembrandt, holandês, século XVII.

pensamento e testando-o, talvez para ver se Jesus afirma ser o messias, pois os fariseus acreditavam na ressurreição dos justos com a vinda do messias. Quando Nicodemos pergunta como um homem pode renascer sendo velho, ele não está dizendo que ele mesmo é velho; está pressionando Jesus a explicar como é que alguém já nascido pode nascer de novo.

A família Nicodemos de Jerusalém e da Galileia

Não sabemos quantos anos Nicodemos tinha, mas ele poderia ter sido tão jovem quanto Jesus, que estava em seus trinta anos. Membros do Sinédrio eram altamente educados na Torá e em línguas, matemática e ciências, e portanto, geralmente, de uma idade madura, suficiente para atingir o nível exigido de realização. Mas havia, de certo, espaço no Sinédrio para pessoas de excepcional capacidade ou papel na comunidade de qualquer idade a partir de dezoito anos. Não há necessidade de se supor que Nicodemos tivesse mais que quarenta anos.

Nicodemos pertencia à dinastia Gurion, uma das mais ricas e conhecidas famílias farisaicas que compunham a elite governante judaica no período antes da destruição do templo, em 70 d.C. Nicodemos Ben Gurion é mencionado no Talmude por sabidamente garantir fornecimento de água a Jerusalém, quando dezenas de milhares de peregrinos na cidade acabaram ameaçados com a seca. Suas orações a Deus foram respondidas por uma chuva torrencial que recarregou doze cisternas, o que lhe valeu reputação, como a de um santo popular com poderes milagrosos.

Durante a primeira Guerra Judaico-Romana – a rebelião dos judeus na Judeia contra o domínio romano que eclodiu em 66 d.C. –, Nicodemos Ben Gurion era o membro mais rico e mais respeitado do partido da paz. Ele se opunha aos zelotas, que dirigiam a revolta, e procurou negociações com o filho do imperador Vespasiano, Tito, o general que estava comandando a guerra. Ao mesmo tempo, Nicodemos e seus associados prometeram abastecer Jerusalém por 21 anos com todas as disposições necessárias contra um cerco. Os zelotas, porém, queimaram todas as provisões para forçar o povo a lutar até a morte contra os romanos – o historiador Josefo acrescenta que eles também mataram o filho de Nicodemos, que estava propagandeando a paz. Dessa vez os romanos esmagaram a rebelião; em 70 d.C. Jerusalém caiu e o templo foi destruído.

O papel de Nicodemos nesses eventos não prejudicou sua reputação nas tradições rabínicas, onde é lembrado de maneira inteiramente favo-

A tumba vazia

149

rável, e sua caridade e piedade são elogiadas. No entanto, histórias eram contadas da prodigalidade da filha de Nicodemos, Maria, a quem foi dado um dote fabuloso de 1 milhão de dinares de ouro e que reclamou quando lhe foram autorizados apenas quatrocentos dinares para unguentos e perfumes num determinado dia. Mas, com a queda de Jerusalém, diz uma história no Talmude, Nicodemos perdeu toda a sua riqueza e sua filha foi reduzida a recolher grãos de cevada no esterco de gado.

Consta que, nessa época, havia dois membros da família Gurion chamados Nicodemos, um tio e um sobrinho. Assim, será este último Nicodemos ainda o Nicodemos mencionado no Evangelho de João? Se ele era jovem o suficiente no tempo de Jesus, então é possível que o Nicodemos que enterrou Jesus também tenha testemunhado a destruição do templo quase quarenta anos depois. Ou possivelmente o Nicodemos de 70 d.C. fosse sobrinho do primeiro. Em certo sentido, pouco importa; ambos eram membros da poderosa e rica dinastia Gurion de fariseus, cuja religião, cujos negócios e assuntos políticos estavam centrados em Jerusalém e as terras em Ruma, a 9,5 quilômetros ao norte de Nazaré, na Galileia. Esses foram os Gurions conhecidos de Maria Madalena.

Lucas nos apresenta a Maria Madalena, na Galileia, onde ela está viajando pelas cidades e aldeias com Jesus, apoiando-o e à sua missão, com seus próprios recursos. Mas caso contrário nada, necessariamente, a liga de forma exclusiva à Galileia, e muito menos o seu nome, pois não havia lugar chamado Magdala na Galileia. Os evangelhos sinóticos descrevem Maria Madalena na crucificação e no enterro como uma daquelas mulheres que tinham acompanhado Jesus na Galileia, o que não é a mesma coisa que dizer que a vida dela estivesse confinada à Galileia, e o Evangelho de João não a conecta de forma alguma à Galileia. Nicodemos era muito mais um homem de Jerusalém, mas suas terras de família estavam na Galileia. Talvez o mesmo acontecesse com Maria Madalena, uma mulher com conexões na corte de Herodes Antipas, em Tiberíades, e na aristocracia de Jerusalém. Que Maria Madalena foi uma mulher associada a Jerusalém é sugerido por seu nome, talvez o nome dado a ela por

Jesus; Migdal Eder foi a torre do rebanho mencionada em Miqueias 4:8, como observado anteriormente.

E tu, ó torre do rebanho, a fortaleza da filha de Sião, sobre ti virá até mesmo o primeiro domínio; o reino virá para a filha de Jerusalém.

Unção e enterro

No Evangelho de João a extravagância da unção de Betânia é repetida, como em nenhum outro evangelho, pelo custo extraordinário das especiarias trazidas à tumba por Nicodemos. O meio quilo de nardo com que Maria ungiu Jesus em Betânia custava o equivalente ao salário de um homem por um ano, e embora meio quilo de mirra custasse cerca da metade do preço de meio quilo do melhor nardo, cinquenta quilos de mirra, apesar disso, teriam pago os salários de cinquenta homens durante um ano. Usando as especiarias como medida, a casa de Maria em Betânia era rica, uma riqueza de que somos lembrados pela quantidade notável de mirra e aloé trazida à tumba por Nicodemos, uma riqueza em ambos os casos dirigida "para o dia de meu enterro" (João 12:7), como disse Jesus de Maria em Betânia.

Jesus conhecia bem Betânia, e independentemente de seus discípulos da Galileia. Tudo sobre sua entrada triunfal em Jerusalém, desde a obtenção do jumento para despertar as multidões, foi organizado com a ajuda de amigos em Betânia; a ceia no Cenáculo em Jerusalém também foi pré-arranjada, sem conhecimento de seus discípulos. Pelo que vimos em Caná (a pequena distância de Ruma da família Gurion), onde Jesus era um convidado do casamento numa casa cheia de empregados, e mais tarde em Betânia, onde foi ricamente ungido com o valor de uma fortuna de especiarias, e em Jerusalém, onde foi homenageado por José de Arimateia e Nicodemos, do Sinédrio, Jesus tinha alguns amigos ricos e bem colocados; as mulheres que o seguiam eram independentes e ricas – e, tratando-se de Joana, casada com uma das figuras mais poderosas da corte de Herodes Antipas –; e João

A *tumba vazia*

Batista, primo de Jesus, segundo Lucas, embora vivesse no deserto, era filho de um sacerdote do templo.

Que o próprio Jesus fosse um homem de alguma posse é indicado por João 19:23-4, que descreve como os soldados na crucificação dividiam suas roupas entre eles, tirando a sorte sobre sua túnica, em vez de rasgá-la, pois ela "era sem costura, tecida do alto para baixo". O papa Bento XVI, em seu livro *Jesus de Nazaré*, ressalta este ponto quando escreve que, ao se sortear a túnica sem costuras, "podemos detectar uma alusão à alta dignidade sacerdotal" de Jesus, explicando que Josefo relata que o sumo sacerdote de Israel usava exatamente uma peça de vestuário sem costuras.

A conexão entre Maria Madalena e a dinastia Gurion de Nicodemos encaixa-se com o que podemos deduzir de sua vida. Ela era uma mulher judia de classe superior, helenizada, rica e independente, talvez uma aristocrata e ligada ao sacerdócio. O próprio nome "Nicodemos" é grego; Nicodemos significa "conquistador das pessoas", talvez um epíteto ganho por um antepassado que era um general de sucesso no período hasmoneu. As propriedades da família de Nicodemos na Galileia conquistada, anexadas ao Templo-Estado hasmoneu, talvez tenham sido uma recompensa por um importante serviço militar. Seu nome hebraico era Buni, abreviação de Benaia, o nome de um herói famoso entre os comandantes militares do rei Davi (motivo pelo qual o primeiro-ministro de Israel adotou o nome de David Ben-Gurion; seu nome era Grün). Não era incomum que um aristocrata judeu palestino também tivesse um nome grego; na verdade, é o que se esperaria de um judeu helenizado que se opunha aos fanáticos nacionalistas zelotas e estava preparado para negociar a paz com os romanos. Nicodemos tinha simpatia por Jesus, cujo reino não era deste mundo; ele também tinha simpatia por Maria Madalena. Além disso, como um dos três ou quatro homens mais ricos de Jerusalém, como um líder fariseu e membro do Sinédrio, como um construtor de boas obras e supervisor de suprimentos para as várias festas e romarias, ele não seria um homem que poderia ser facilmente abatido pelo sumo sacerdote e seu círculo no templo, embora eles tivessem tentado, com a observação sarcástica sobre nenhum profeta surgir da Galileia nativa de Nicodemos. Cinquenta quilos de especiarias para o sepultamento de Jesus foi a resposta de Nicodemos.

Um círculo pequeno e íntimo

Os números envolvidos no movimento de Jesus eram muito pequenos. Embora viajasse pela Galileia e, ocasionalmente, fizesse sermões para milhares de cada vez, e multidões o acolhessem quando andava montado num jumento de Betânia para Jerusalém, estes eram encontros efêmeros. O Livro dos Atos dos Apóstolos nos diz que, quando seus seguidores se reuniram em Pentecostes, cinquenta dias depois da crucificação de Jesus, eles eram cerca de 120 ao todo (Atos 1:15).

Estes 120, todos eles judeus, teriam se conhecido uns aos outros, e muitos teriam sido aparentados entre si; vários eram irmãos e irmãs e primos uns dos outros, e de Jesus também. Estamos lidando com um círculo muito pequeno e íntimo de pessoas.

A conexão Betânia

Betânia estava na rota de peregrinação entre a Galileia e Jerusalém; era um lugar onde os peregrinos se hospedavam quando visitavam o templo durante as festas, e galileus, que tinham de viajar especialmente de longe, vindos do norte, estabeleceram uma colônia em Betânia, hospedando convidados e fornecendo abrigo e asilos para os doentes e pobres. O próprio Nicodemos, que tinha reputação por suas boas obras e por garantir água para Jerusalém durante as peregrinações, poderia muito bem ter sido relacionado com Betânia, proporcionando ali hospedarias e abrigos para os peregrinos. Quando Nicodemos falou uma noite com Jesus sobre o renascimento, Jesus estava hospedado em Betânia; talvez o próprio Nicodemos, por vezes, ficasse em Betânia; possivelmente ele tinha uma casa lá. Estaremos, na verdade, olhando para uma família? Normalmente, na Palestina do século I, famílias estendidas viviam juntas, usando de forma comunitária os mesmos pátios e passagens internas sem portas, um arranjo em que o movimento de pessoas poderia ser bastante fluido. Marta e Maria, aparentemente solteiras, algo incomum, estão ambas vi-

A tumba vazia

vendo em Betânia, ambas estão bem de vida; e estão vivendo com seu irmão Lázaro. Seriam eles todos parte de uma família extensa?

E o que dizer de Maria Madalena, a quem os evangelhos não dão nenhuma casa, que vai para a tumba para ungir Jesus e a encontra vazia? E sobre Maria, que unge Jesus em Betânia em função de seu enterro mas, em seguida, deixa de comparecer à sua crucificação ou à sua tumba? São estas duas mulheres diferentes ou são uma apenas? Em nenhum lugar nos evangelhos há uma mulher chamada "Maria de Betânia"; ela é sempre chamada apenas Maria, e é possível acreditar que, na tradição primitiva, a Maria vivendo em Betânia e Maria Madalena sejam a mesma Maria.

O Evangelho secreto de Marcos

Um documento controverso chamado o *Evangelho secreto de Marcos* foi descoberto por Morton Smith, professor de história na Universidade de Columbia, em 1958, em Mar Saba, um mosteiro ortodoxo grego agarrado às encostas do vale do Kidron, onze quilômetros a sudeste de Jerusalém, um dos mais antigos mosteiros de ocupação continuada do mundo e famoso antigamente por sua biblioteca. O documento é uma carta do Pai da Igreja Clemente de Alexandria, do século II tardio, que reproduz versos de um evangelho previamente desconhecido, a revelar que Jesus praticou alguma forma de iniciação ou ritual com um jovem que veio a ele durante a noite, pouco vestido, para lhe ser ensinado "o mistério do reino de Deus". O jovem é claramente Lázaro, e os versos levam à conclusão de que Maria Madalena é sua irmã.

Clemente refere-se a esses versos como parte do *evangelion mystikon*, literalmente "o evangelho místico", para o distinguir do evangelho comum canônico de Marcos, em circulação corrente. A carta é dirigida a Teodoro, que se via preocupado porque o *Evangelho secreto* estava sendo distorcido pelos carpocracianos, uma seita gnóstica libertina, para justificar suas próprias práticas licenciosas.

De acordo com a carta de Clemente, o *Evangelho secreto* é uma versão mais longa do Marcos canônico, reservada a uma elite iniciada. Ele afirma que, enquanto em Roma, Marcos "escreveu um relato dos feitos do Senhor, sem, contudo, declarar todos eles, nem insinuar os secretos, mas selecionando o que achava mais útil para aumentar a fé daqueles que estavam sendo instruídos". Porém, mais tarde, quando Marcos veio a Alexandria, "trouxe suas próprias notas e as de Pedro e compôs um evangelho mais espiritual, para o uso daqueles que estavam sendo aperfeiçoados", e à sua morte deixou-os para a Igreja de Alexandria, "onde ele mesmo ainda é muito cuidadosamente guardado, sendo lido apenas por aqueles que estão sendo iniciados nos grandes mistérios".

Mas uma cópia deste *Evangelho secreto de Marcos* caiu nas mãos dos carpocracianos, que Clemente diz terem vagado em "um abismo sem limites dos pecados carnais e corporais". Teodoro combateu seus "ensinamentos indizíveis", mas escreveu a Clemente para saber exatamente o que havia de verdadeiro no *Evangelho secreto de Marcos* e que fora corrompido pelos carpocracianos. A resposta de Clemente, no que dela sobrevive, contém duas seções do versículo que ele cita a Teodoro como autênticas, refutando as falsificações dos carpocracianos.

Morton Smith publicou a carta de Clemente em 1973, junto com sua exaustiva análise e interpretação da descoberta. Nas próprias palavras de Smith, as consequências da descoberta "para a história da Igreja cristã primitiva e para a crítica do Novo Testamento são revolucionárias".

A carta tornou-se imediatamente controversa. Ela incomodou muitos cristãos, porque isso significava haver mais de uma versão do Evangelho de Marcos e também porque o texto pareceu homoerótico a alguns. A interpretação de Smith também produziu reação, independentemente do conteúdo da carta, porque ela apresenta Jesus como um mago de inspiração espiritual cujos milagres eram visões místicas. Isto vai contra as crenças daqueles que viam os milagres como prova do poder divino, e também vai contra o pensamento daqueles que preferem ver Jesus como uma voz pela justiça social, um professor de ética. Mas a carta também foi e continua a ser controversa por causa da natureza da própria descoberta.

O *Evangelho secreto de Marcos* foi descoberto no antigo mosteiro de Mar Saba, que se agarra às paredes do vale de Kidron, onze quilômetros a sudeste de Jerusalém.

A julgar pela caligrafia, a carta de Clemente tinha sido copiada por um monge do século XVIII nas folhas finais de uma impressão dos trabalhos de Inácio de Antioquia de 1646 – como se o monge estivesse preservando uma cópia anterior da carta e em vias de deterioração, transferindo o seu conteúdo para o livro. Mas a autenticidade da proveniência da carta foi questionada. Foram estas realmente as palavras de Clemente ou alguém as falsificou, talvez lá atrás, nos primeiros séculos do cristianismo, ou talvez muito mais tarde? Talvez Morton Smith tivesse ele mesmo falsificado a carta. Mas as tentativas de se provar que a carta é uma fraude ou um embuste têm sido menos do que convincentes, e sua autenticidade é aceita por muitos estudiosos ilustres do cristianismo primitivo em Cambridge, Harvard e outras universidades. Para muitos outros, mesmo tendo em conta as suas dúvidas, o *Marcos secreto*, como é comumente chamado, não pode ser ignorado, e sua autenticidade é tratada como uma hipótese de trabalho.

Ressurreição ritual em Betânia

O primeiro e mais longo dos versos incluídos na carta de Clemente refere-se à ressurreição de um jovem, semelhante à história da ressurreição de Lázaro no Evangelho de João. A história no *Marcos secreto* situa-se logo após o Marcos canônico 10:34, em que Jesus fala aos Doze discípulos sobre o destino que cairá sobre ele em Jerusalém: "E eles devem zombar dele, e açoitá-lo, e devem cuspir nele, e matá-lo: e ao terceiro dia ele ressuscitará." O verso do *Marcos secreto*, aqui inserido, fala de uma visita a Betânia onde, em resposta ao apelo de uma mulher, Jesus abre a porta de uma tumba e levanta dos mortos um jovem rico. Este jovem, *neaniskos* em grego, olha para Jesus, ama-o e pede para ficar com ele. Seis dias depois, Jesus ordena que o jovem venha a ele à noite, o que ele faz trajando apenas uma veste de linho, chamado de *sindon* em grego, sobre seu corpo nu. Durante a noite, Jesus instrui o jovem no "mistério do reino de Deus".

Esta é a totalidade da mais longa série de versos do *Marcos secreto*, citada por Clemente em sua carta:

A tumba vazia

E eles vieram a Betânia. E uma certa mulher cujo irmão tinha morrido estava lá. E, chegando, prostrou-se diante de Jesus e disse-lhe: "Filho de Davi, tenha misericórdia de mim." Mas os discípulos repreenderam-na. E Jesus, irritado, saiu com ela para o jardim, onde a tumba estava, e logo um grande grito foi ouvido da tumba. E aproximando-se, Jesus retirou a pedra da entrada da tumba. E logo, entrando onde o jovem estava, ele estendeu a mão e levantou-o, agarrando sua mão. Mas o jovem, olhando para ele, o amou e começou a rogar-lhe se poderia estar com ele. E saindo da tumba eles entraram na casa do jovem, pois ele era rico. Seis dias depois, Jesus disse-lhe o que fazer, e à noite o jovem vem até ele, usando um pano de linho sobre seu corpo nu. E ele permaneceu com ele aquela noite, pois Jesus lhe ensinou o mistério do reino de Deus. E depois, levantando-se, ele voltou para o outro lado do Jordão.

Morton Smith conclui que a história no *Marcos secreto*, embora semelhante à ressurreição de Lázaro no Evangelho de João, não é dependente de João nem é João dependente do *Marcos secreto*; ao contrário, que essa era uma história em aramaico que preexistia a ambos os evangelhos, com cada evangelho elaborando sobre ela à sua própria maneira. Smith acredita que a iniciação foi um batismo, embora não um batismo com água, mas com o espírito. Na verdade, parece tratar-se de um ritual de renascimento, uma promulgação de morte e ressurreição, pois a palavra *sindon* significa mortalha, a mesma palavra usada para descrever a roupa em que José de Arimateia envolveu Jesus quando o colocou na tumba em Marcos 15:46; é também a mesma palavra usada para descrever o pano usado pelo jovem no jardim de Getsêmani, numa das cenas mais estranhas e também inexplicáveis nos evangelhos (Marcos 14:51) – quando a milícia do templo invade o jardim para prender Jesus, seus discípulos fogem e só um jovem pouco vestido fica para trás, até que a milícia tenta prendê-lo também, rasgando a roupa de seu corpo, e ele foge nu noite afora. No Evangelho de Marcos, o jovem nu no jardim não tem nenhum contexto, nenhum significado, nenhuma explicação; devemos vê-lo como um fragmento de memória de um evento esquecido.

Da mesma forma *neaniskos*, não a palavra mais usual para um jovem, é usada para descrever este jovem em Getsêmani e o jovem, aparentemente um mortal, com a veste branca longa dentro da tumba vazia (Marcos 16:5). *Sindon* e *neaniskos* são ambas usadas apenas nessas duas ocasiões no evangelho canônico de Marcos, mas elas também são usadas para descrever a aparência do jovem a quem Jesus ressuscita dos mortos em Betânia no *Marcos secreto*. É possível que seja sempre o mesmo jovem. O que começou como um ritual termina como história.

Também não é apenas a repetição de uma única palavra: a frase "um pano de linho sobre seu corpo nu" é exatamente a mesma ao descrever a iniciação do jovem em Betânia e o jovem que foge do jardim de Getsêmani. Estas palavras e frases equivaleriam a uma assinatura que liga os acontecimentos e as pessoas que os descrevem.

Maria Madalena e seu irmão Lázaro

A segunda e mais curta referência aos versos do *Marcos secreto* incluída por Clemente em sua carta a Teodoro ocorre mais adiante, no Marcos canônico 10, onde há claramente uma ruptura no versículo 46, como se algo tivesse sido removido. Tal como está se lê: "E eles chegaram a Jericó e, quando ele saía de Jericó com seus discípulos e um grande número de pessoas, o cego Bartimeu, filho de Timeu, estava sentado junto à estrada, mendigando." Ou seja, Jesus vem para Jericó e deixa Jericó, uma declaração completamente inútil. Algo aconteceu em Jericó, mas o Marcos canônico não diz o quê. O *Marcos secreto* preenche a lacuna, embora obscuramente; logo após "E eles chegaram a Jericó" lê-se:

E a irmã do jovem que Jesus amava e sua mãe e Salomé estavam lá, e Jesus não as recebeu.

Então, o versículo canônico 46 retoma: "... e quando ele saía de Jericó com seus discípulos" etc. Clemente estava prestes a dar "a verdadeira expli-

O *Evangelho secreto de Marcos* fornece uma visão sobre uma das cenas mais estranhas nos evangelhos, o momento em que a milícia do templo invadiu o jardim de Getsêmani para prender Jesus e tentou deter um jovem que consegue fugir, deixando sua roupa nas mãos dos guardas e correndo nu para a noite. Pintura de Correggio, italiano, cerca de 1522.

cação" e "a verdadeira filosofia" dessas interpolações, incluindo as palavras "e Jesus não as recebeu", em oposição ao que os carpocracianos vinham interpretando, quando o manuscrito do *Marcos secreto* se interrompe.

Mas a lista de três mulheres, "a irmã do jovem que Jesus amava e sua mãe e Salomé", nos diz algo importante. A palavra para jovem, aqui, é novamente *neaniskos*, que o identifica com o jovem em Betânia. E assim como o jovem em Betânia é claramente o mesmo que o jovem no jardim de Getsêmani, e ambos são, portanto, identificados com Lázaro no Evangelho de João, estamos sendo informados da identidade da "irmã do jovem a quem Jesus amava"; ela é a irmã de Lázaro. Da mesma forma que *neaniskos* e *sindon* ligam eventos e personagens, a nomeação de Salomé serve ao mesmo fim, pois ela é mencionada apenas duas vezes no evangelho canônico de Marcos: em 15:40, onde as mulheres estão na crucificação, "olhando de longe, entre elas Maria Madalena, Maria, mãe de Tiago, o menor, e de José, e Salomé"; e em 16:1, quando, na manhã seguinte ao sabá, as mulheres foram à tumba, "Maria Madalena, Maria, mãe de Tiago, e Salomé trouxeram especiarias aromáticas, para que elas pudessem ungi-lo".

Em cada caso no Marcos canônico, Salomé é mencionada por último. Maria, mãe de Tiago e José, é a segunda; ela é "a mãe", que é a mãe de Jesus, que de acordo com Marcos 6:3 tinha quatro irmãos – Tiago, José, Judas e Simão, para não mencionar, pelo menos, duas irmãs –, um fato amplamente aceito nos primeiros séculos de cristianismo, na época dos Pais da Igreja, até o século IV, quando a invenção da doutrina da virgindade perpétua de Maria começava a ganhar terreno, sendo necessária a identificação de "outras" Marias como mãe de seus filhos. E a primeira posição na lista é "a irmã do jovem que Jesus amava", que é a irmã de Lázaro, que é Maria Madalena.

A família de Betânia

Somos apresentados à história de uma família em Betânia, ligada através dos evangelhos de João, Mateus, Marcos canônico e *Marcos secreto*. A

Esta fotografia do início do século XX mostra a igreja de Lázaro em Betânia, que fica no topo do local tradicional de sua tumba.

família é rica e inclui um irmão e pelo menos uma irmã, que se tornam seguidores proeminentes de Jesus, ajudam a financiar seu ministério e oferecem sua casa em Betânia como um quartel-general quando ele vem para Jerusalém. O irmão é Lázaro e a irmã é Maria Madalena.

Lázaro era um homem procurado. Se ele de fato tinha sido ressuscitado dentre os mortos para a vida ou fora envolvido em um ritual de morte e renascimento, o efeito foi tão sensacional que as autoridades do templo não só conspiraram para matar Jesus, como também a Lázaro. Quando Jesus veio a Betânia na Páscoa, as pessoas vieram de Jerusalém "não apenas por causa de Jesus, mas também para ver Lázaro, a quem ele ressuscitara dentre os mortos. Mas os chefes dos sacerdotes discutiram que poderiam condenar também Lázaro à morte" (João 12:9-10). E quando Jesus fez sua entrada triunfal em Jerusalém as pessoas que se reuniram e gritaram seus hosanas estavam tão animadas por Lázaro quanto por Jesus. "No dia seguinte muitas pessoas que tinham vindo à festa, ouvindo dizer que Jesus vinha a Jerusalém, pegaram ramos de palmeiras e saíram-lhe ao encontro, e clamavam: 'Hosana! Bendito o Rei de Israel que vem em nome do Senhor.' E Jesus, quando encontrou um jumentinho, montou nele; como está escrito: 'Não temas, ó filha de Sião: eis que vem o teu Rei, montado em um jumentinho.' ... O povo pois, que estava com ele quando ele chamou Lázaro da tumba e o ressuscitou dentre os mortos, testemunhou. Por esta razão, as pessoas também o conheciam, por ter ouvido que ele fizera este milagre" (João 12:12-5, 17-8).

Quando Jesus foi para o jardim de Getsêmani, pediu aos seus discípulos: "Sentai-vos aqui, enquanto eu oro." Mas, indo mais para dentro do jardim, ele "levou consigo Pedro, Tiago e João", dizendo: "Minha alma está triste até a morte; ficai aqui e vigiai." Vigiar o quê? Se Jesus não estava resistindo a seu destino, qual era o propósito em colocar uma guarda? Teria ele reunido os discípulos no jardim de Getsêmani para um ritual de ressurreição noturno encenado por Lázaro? Seriam Pedro, Tiago e João iniciados? Mas na forma como a versão canônica de Marcos diz, Pedro, Tiago e João deveriam presumivelmente montar guarda para avisar de qualquer aproximação da milícia do templo; em vez disso, caem no sono e, de repente, o jardim é invadido por "uma grande multidão com espadas e paus, enviada pelos chefes dos sacerdotes, os escribas e os anciãos" (Marcos 14:34, 43). Os discípulos imediatamente fogem. "E todos eles o abandonaram e fugiram."

Os discípulos fugiram, mas um homem permaneceu, "um certo jovem, com um lençol sobre o corpo nu". A milícia prendeu-o, mas o jovem "largou o lençol e fugiu deles nu" (Marcos 14:50-2). Tendo já deixado fugir os outros discípulos, só Jesus seria entregue aos romanos. A tentativa de agarrar Lázaro parece ter sido tímida, possivelmente devido à sua riqueza, e talvez também conexões com famílias aristocráticas e sacerdotais da cidade os tenham dissuadido de condená-lo. (O nome Lázaro, *Eliazar* em hebraico, era muito comum na Palestina do século I; deve-se, no entanto,

A *tumba vazia* 163

notar que ele ocorre na linhagem da família Gurion e também na da família do sumo sacerdote Anás, sogro de Caifás. Tais conexões com a elite poderiam explicar a identidade "[d]aquele discípulo [que] era conhecido do sumo sacerdote, e entrou com Jesus no pátio do sumo sacerdote" [João 18:15]; um agora totalmente vestido Lázaro poderia ter testemunhado o julgamento de Jesus perante o Sinédrio.)

Os discípulos não entenderam nada do que estava acontecendo; somente depois da tumba vazia começam a dar sentido aos acontecimentos: o ritual ou real renascimento de Lázaro dentre os mortos, a unção de Jesus por Maria Madalena, o jumentinho encontrado misteriosamente, a entrada triunfal em Jerusalém. "Essas coisas não entenderam seus discípulos no primeiro momento, mas, quando Jesus foi glorificado" – isto é, depois da sua ressurreição –, "então se lembraram de que essas coisas estavam escritas a respeito dele" (João 12:16). Enquanto os discípulos permaneciam na ignorância, Jesus e seu círculo íntimo de seguidores, aqueles com quem havia compartilhado o mistério de morte e renascimento, entre eles Lázaro e Maria Madalena, tinham ido organizar as coisas no monte das Oliveiras, em Betânia – Jesus, o mago, e Maria Madalena, a feiticeira.

Ressuscitando os mortos

Em três ocasiões nos evangelhos Jesus aparentemente levanta alguém dentre os mortos. Jairo era o chefe de uma sinagoga na Galileia cuja filha cai doente; ele implora a Jesus para ver o que pode fazer, mas quando Jesus se aproxima as pessoas em torno da casa informam que a menina morrera. A história é contada em Marcos 5:38-42, Mateus 9:23-5 e Lucas 8:52-5, mas em cada um desses relatos evangélicos Jesus anuncia que a filha de Jairo não está realmente morta, apenas dormindo. Como Marcos narra, Jesus toma a menina pela mão e em aramaico diz: *"Talitha cumi"*, que significa "Menina, a ti te digo: levanta-te", e imediatamente ela se levanta e caminha.

A segunda história é encontrada somente no Evangelho de Lucas e fala do filho da viúva de Naim, que o próprio Lucas descreve como morto.

Jesus tem pena da viúva; quando o corpo está sendo levado para o enterro fora do portão da cidade, Jesus toca o esquife. "E ele disse: 'Jovem, eu te digo: levanta-te.' E aquele que estava morto sentou-se e começou a falar" (Lucas 7:14-5). Os céticos poderiam facilmente ter dito que, assim como a filha de Jairo não estava realmente morta, também não o estava o filho da viúva de Naim; a pressa para enterrar os mortos antes do pôr do sol pode levar a erros.

Mas o Evangelho de João, o último dos evangelhos a ser escrito, tem a intenção de não deixar nenhuma dúvida; mais e mais, em todo o capítulo 11, ele enfatiza o ponto de que Lázaro estava de fato morto.

De Betânia, Maria e Marta avisam Jesus, que está além do rio Jordão, que "aquele que tu amas está doente", mas Jesus não faz nada e fica onde está por dois dias. Após dizer aos seus discípulos, primeiro, que "Nosso amigo Lázaro dorme; mas eu vou, para que eu possa despertá-lo do sono", de repente suas maneiras mudam. "Então Jesus lhes disse claramente: 'Lázaro está morto.'"

Só agora Jesus faz a viagem de vários dias para Betânia, onde encontra Marta esperando por ele na estrada e descobre que Lázaro "repousa na tumba há já quatro dias". Ela diz que se Jesus tivesse vindo mais cedo seu irmão não teria morrido. "Teu irmão ressuscitará", ele diz. "Eu sou a ressurreição e a vida; quem crê em mim, ainda que esteja morto, viverá; e todo aquele que vive e crê em mim nunca morrerá."

Em seguida, Maria veio e se juntou a eles, seguida por enlutados da casa, e os versos se tornam mais enfáticos sobre Lázaro estar morto. Maria reprova Jesus, como Marta tinha feito. "Ela caiu a seus pés, dizendo-lhe: 'Senhor, se tu estivesses aqui, meu irmão não teria morrido.'" Mas aqui algo estranho acontece: em vez de dizer a Maria, como disse a Marta, que ele é a ressurreição e a vida, Jesus chora. Para Marta ele deve explicar sua divindade; para Maria ele não precisa explicar; ela entende; ele é livre para ser um homem e chorar por seu amigo.

"Onde o pusestes?", diz ele, e sendo-lhe mostrada a tumba ele pede aos homens que removam a pedra. Marta protesta. "A essa altura já cheira mal", diz ela. Mas Jesus "clamou em alta voz: 'Lázaro, vem para fora.' E aquele

A entrada para a tumba de Lázaro, em Betânia, fotografada em 1906.

que estava morto saiu, com as mãos e os pés amarrados pela mortalha, e o rosto envolto em um lenço. Jesus disse-lhes: 'Soltai-o e deixai-o ir'".

Ao contrário da filha de Jairo e do filho da viúva de Naim, e ao contrário do jovem em *Marcos secreto* que, embora colocado na tumba, deixou escapar "um grande grito", este Lázaro no Evangelho de João tinha ficado quatro dias na tumba, morto e fedendo. Não havia qualquer dúvida de que aquela foi uma ressurreição corporal; Jesus disse "vem", e o morto veio, e Jesus disse "soltai-o [de sua mortalha] e deixai-o ir". Mais tarde, esse mesmo Lázaro iria sentar-se à mesa enquanto Marta servia e Maria ungia Jesus "para o dia de meu sepultamento" (João 12:7).

No entanto, embora a ressurreição de Lázaro tenha sido corporal, em nenhum lugar dos evangelhos sinóticos Jesus dá qualquer indicação de que acredita na ressurreição do corpo. Por exemplo, os evangelhos de Mateus, Marcos e Lucas contam a história dos saduceus, que não acreditavam em qualquer tipo de ressurreição, confrontando Jesus no templo, dando-lhe o exemplo da mulher que, segundo a lei judaica, se casou com o irmão de seu falecido marido, mas depois de sua morte se casou com o próximo irmão, e assim por diante, até que tinha se casado com sete irmãos ao todo – então qual daqueles com que foi casada seria seu marido quando todos ressuscitassem?

Assim é como Marcos conta a história. "Então se aproximaram dele os saduceus, que dizem não haver ressurreição, e perguntaram-lhe, dizendo: 'Na ressurreição, pois, quando ressuscitarem, de qual deles ela será esposa? Porque os sete a tiveram por mulher'" (Marcos 12:18, 23). Ao que Jesus responde, em Marcos 12:25: "Quando ressuscitarem de entre os mortos, nem se casam nem se dão em casamento; mas serão como os anjos que estão no céu." Em Mateus 22:30 Jesus diz a mesma coisa, eles "serão como os anjos de Deus no céu". E da mesma forma, em Lucas 20:36, "eles são iguais aos anjos". Estas não são ressurreições corporais; esses "anjos" não têm as necessidades e funções de carne e osso. Da mesma forma que os evangelhos sinóticos apresentam isso como o ponto de vista de Jesus, é possível que tenha sido essa a concepção da maioria dos judeus no século I.

Mas agora, de acordo com o Evangelho de João, Jesus levanta Lázaro corporalmente, e ele e suas irmãs, todos se sentam e jantam juntos em Betânia. "No princípio era a palavra"; é assim que o Evangelho de João começa; "e a palavra era Deus. ... e a palavra se fez carne, e habitou entre nós" (João 1:1, 4). Em João está em curso uma compreensão diferente da ressurreição, na qual Maria Madalena deve desempenhar o seu papel.

Não me toques

No primeiro dia da semana Maria Madalena foi cedo à tumba, quando ainda estava escuro, e viu que a pedra fora removida da tumba. Ela então correu e foi ter com Simão Pedro e o outro discípulo, a quem Jesus amava, e disse-lhes: "Levaram o Senhor da tumba, e não sabemos onde o puseram."

É assim que a cena da ressurreição começa no Evangelho de João (20:1-2). Imediatamente Pedro e o discípulo amado correm para a tumba, mas o discípulo amado, presumivelmente por ser mais jovem, "ultrapassou Pedro, e chegou primeiro à tumba. E ele, abaixando-se e olhando para dentro, viu no chão os lençóis; mas ele não entrou". Em seguida, chega Pedro e vai para dentro da tumba, onde vê o lenço que tinha sido

Reconhecendo Jesus ressuscitado no jardim, Maria Madalena estende a mão para o homem, que voltou para ela. Mas nada é o mesmo. "Não me toques, pois ainda não subi para meu Pai." *Noli me tangere*, de Giotto, 1305, na Capela Scrovegni, Pádua (Itália).

colocado sobre a cabeça de Jesus e os panos de linho. Agora, o discípulo amado também entra, "e ele viu e acreditou" (João 20:4-5, 8). A corrida é como um concurso pela precedência. Pedro, que entra primeiro na tumba, irá tornar-se líder do movimento de Jesus, até mesmo o primeiro papa em Roma; no entanto, o discípulo amado chegou à parte de fora da tumba antes de Pedro, mas ele deu passagem, e quando finalmente entrou ele acreditou. Talvez não precisasse entrar na tumba para acreditar, mas não sabemos se Pedro acreditou. O texto termina de maneira fria: "Então os discípulos partiram novamente para sua própria casa" (João 20:10).

Mas não para Maria Madalena, que "ficou de fora da tumba, chorando". E, enquanto ela chorava, abaixou-se e olhou para dentro da tumba, e viu "dois anjos vestidos de branco sentados, um à cabeceira e outro aos pés de onde o corpo de Jesus jazera. E disseram-lhe eles: 'Mulher, por que choras?' Ela lhes disse: 'Porque levaram o meu Senhor, e eu não sei onde o puseram'" (João 20:11-3).

Esta é apenas a segunda vez que Maria Madalena falou nos evangelhos. Em Marcos, Mateus e Lucas não lhe é dado nada a dizer. Mas em João ela fala, e o que quer saber é o que "eles" fizeram com o corpo de Jesus. Em Marcos ela não pergunta; só há silêncio; em Marcos ela sabe tudo o que há para saber. Mas em João o mistério é substituído por poesia.

Voltando da tumba, Maria Madalena vê um homem que ela pensa ser o jardineiro. "Mulher, por que choras? A quem procuras?" E ela lhe diz: "Senhor, se tu o levaste, dize-me onde o puseste, e eu o levarei." "Maria", Jesus diz a ela, e agora ela o reconhece. "Raboni", diz ela, usando o aramaico corrente para "mestre", e estende a mão para o homem, que voltou para ela. Mas nada é o mesmo. "Não me toques, pois ainda não subi para meu Pai" (João 20:14-7).

É uma coisa estranha de se dizer, porque oito dias e dez versos depois Jesus aparece para Tomé, o incrédulo: "Então ele disse a Tomé: 'Põe aqui o teu dedo, e vê minhas mãos; e chega a tua mão, e mete-a do meu lado; e não sejas incrédulo, mas crente.' E Tomé respondeu e disse-lhe: 'Meu Senhor e meu Deus'" (João 20:27-8).

A tumba vazia

Tão diferente da fé e visão de Maria. "Vai até meus irmãos", Jesus diz a ela, "e dize-lhes que eu subo para meu Pai e vosso Pai; e para meu Deus e vosso Deus." De acordo com João, Maria Madalena fez o que lhe foi dito. "Maria Madalena foi e anunciou aos discípulos que vira o Senhor, e que ele tinha dito estas coisas a ela" (João 20:17-8).

E essa é a última vez em que ouvimos falar de Maria Madalena. Cerca de duas décadas mais tarde, em sua primeira epístola aos Coríntios, Paulo, o apóstolo autonomeado para os gentios, disse a eles como "Cristo morreu pelos nossos pecados" e que "ele foi enterrado, e que ressuscitou ao terceiro dia", e que "ele foi visto por Cefas [Pedro] e depois pelos Doze. Depois disso, ele foi visto por mais de quinhentos irmãos de uma só vez, dos quais a maior parte permanece até o presente, mas alguns já dormem. Depois disso, ele foi visto por Tiago; em seguida, por todos os apóstolos. E por último de todos, foi visto também por mim" (1 Coríntios 15:3-8). Mas em nenhum lugar em sua lista está Maria Madalena.

No entanto, Paulo explica que aqueles que viram Jesus pregar a doutrina de sua morte e ressurreição entendem que "Assim pregamos e assim vocês acreditam. Agora, se Cristo prega que foi ressuscitado dentre os mortos, como é que alguns entre vocês dizem que não há ressurreição dos mortos? Mas, se não há ressurreição dos mortos, também Cristo não foi ressuscitado. E, se Cristo não ressuscitou, é vã a nossa pregação, e sua fé também é vã" (1 Coríntios 15:11-4). E nenhuma Maria Madalena.

Maria Madalena chamava Jesus de Raboni, mas não de meu Deus. Ela poderia tê-lo tocado? No que Maria Madalena acreditava? Teria sido como no súbito final do Evangelho de Marcos, nenhuma aparição de Jesus, nenhuma ressurreição palpável, nenhum toque de feridas, nenhuma ascensão ao céu, sem assento à direita de Deus, nenhuma hierarquia da Igreja? Será que ela teria acreditado simplesmente no reino de Deus e na tumba vazia?

Uma coisa é certa. Em nenhum lugar do Novo Testamento canônico alguém mencionará Maria Madalena novamente.

8. O desaparecimento de Maria Madalena

MARIA MADALENA SOME da Bíblia após seu aparecimento na crucificação e ressurreição em Mateus, Marcos, Lucas e João. Ela não é nomeada no Livro dos Atos dos Apóstolos, redigiu pela mesma pessoa que escreveu o Evangelho de Lucas – embora talvez possamos supor que ela esteja lá no dia de Pentecostes, sete semanas depois da ressurreição, onde "as mulheres, e Maria, mãe de Jesus", estão reunidas com os discípulos e outros seguidores, "cerca de 120" (Atos 1:14-5), num cenáculo em Jerusalém, onde são visitados pelo Espírito Santo.

A presença do Espírito Santo é equivalente à presença do próprio Jesus. Embora Jesus tenha subido ao seu Pai e já não caminhe entre seus seguidores, os fiéis são preenchidos com o Espírito Santo, invisível, interior e duradouro, a sua verdade para ser espalhada pelos discípulos em todo o mundo.

Entre "as mulheres" pode ter estado Maria Madalena, talvez ela que em Betânia ungiu Jesus com o Espírito Divino; mas esta é a última visão que temos dela no Novo Testamento, anônima agora, perdida entre a multidão num cenáculo.

Em vez disso, o Livro dos Atos dos Apóstolos concentra-se em Pedro, quando ele conta a história da fundação da Igreja em Jerusalém, após a morte, ressurreição e ascensão de Jesus, e cada vez mais em Paulo, quando ele diz como a nova fé se espalhou por todo o Império Romano – como intimado pelo Espírito Santo, que fez com que aqueles reunidos no Cenáculo falassem em línguas como para o mundo inteiro.

Este já não é o mundo da Galileia, nem o mundo judeu da Palestina; este é o mundo de Paulo, o judeu helenizado – que vai virar as costas para o Jesus histórico e ignorar a existência de Maria Madalena.

Paulo, o judeu helenizado

Paulo (que era seu nome helenizado; Saulo, seu nome hebraico) era um judeu de Tarso, na Ásia Menor (atual Turquia). Ele se descreveu como "um fariseu, filho de fariseu" (Atos 23:6), mas sua rica família também tinha conseguido a cidadania romana. No fundo, portanto, Paulo era um homem de vários mundos. Além de falar aramaico e hebraico, também falava grego, pois a Ásia Menor fazia parte do mundo grego. Os habitantes de Tarso eram completamente helenizados, e Paulo teria sido familiarizado com a filosofia estoica da qual a cidade era um grande centro, a "Atenas da Ásia Menor".

Apesar de estar bem colocado dentro do mundo greco-romano, no início Paulo escolheu ser estritamente sectário. Jesus já tinha sido crucificado quando Paulo chegou a Jerusalém para estudar na escola rabínica, onde, por volta de 34 d.C., ele testemunhou com aprovação o apedrejamento de Estevão, o primeiro mártir cristão.

Estevão pertencia a um pequeno círculo de seguidores de Jesus, a Igreja de Jerusalém, encabeçada pelo irmão de Jesus, Tiago; trata-se de nada mais que uma seita judaica, sem rituais ou lugares sagrados ou um sacerdócio próprio. Este era um movimento judaico; eles seguiam fielmente a Torá, observavam as proibições alimentares e insistiam na circuncisão. Também iam ao templo e rezavam regularmente, com Lucas 24:53 relatando que, depois da ascensão de Jesus, os seus discípulos "estavam sempre no templo, louvando e bendizendo Deus". Com o tempo, podem muito bem ter sido reabsorvidos na corrente principal do judaísmo, mas enquanto isso eram judeus praticantes, como o próprio Jesus, que pensava que o reino de Deus estava próximo. E eles estenderam essa notícia a seus companheiros judeus.

Mas quando Estevão disse ao Sinédrio "Eis que vejo os céus abertos e o Filho do Homem em pé à direita de Deus", o Sinédrio "clamou em alta voz, e taparam os ouvidos, e correram para ele de comum acordo, e lançaram-no fora da cidade e o apedrejaram, e as testemunhas depuseram suas vestes aos pés de um jovem, cujo nome era Saulo ... e também Saulo consentiu na morte dele" (Atos 7:56-8; 8:1).

Como é evidente a partir de seu nome grego, Estevão era um helenizador – sua formação provavelmente não muito diferente da de Paulo. Estevão nasceu judeu, provavelmente na diáspora, e sua língua nativa teria sido o grego, e ele pregou para os judeus de todo o mundo na língua grega, de Cirene, no norte da África, e de Alexandria, no Egito, e também da Cilícia, na Ásia Menor, como dito em Atos. Onde a seita de Jerusalém tinha ficado dentro da prática e da crença judaica tradicionais, Estevão tinha proclamado a divindade de Jesus. A linguagem de um homem-deus era inteligível no mundo greco-romano, mas para o Sinédrio, e para um homem como Paulo, o fariseu, Estevão tinha pronunciado uma blasfêmia.

Nem era o papel do espectador cúmplice no apedrejamento de Estevão suficiente para Paulo, que agora "assolava a igreja, entrando pelas casas, e puxando homens e mulheres os entregava à prisão" (Atos 8:3). No entanto, na forma como a história é contada, a impressão dada é a de um homem tornando-se fanático, a menos que algo dentro dele ceda: Paulo, "exalando ainda ameaças e mortes contra os discípulos do Senhor, dirigiu-se ao sumo sacerdote e pediu-lhe cartas para Damasco, para as sinagogas, que, caso encontrasse alguns no caminho, quer homens, quer mulheres, ele poderia conduzi-los presos a Jerusalém" (este trecho e o seguinte em Atos 9:1-25).

"E enquanto viajava ele chegou perto de Damasco: subitamente uma luz do céu brilhou em torno dele; e ele caiu por terra e ouviu uma voz que lhe dizia: 'Saulo, Saulo, por que me persegues?' E ele disse: 'Quem és, Senhor?' E disse o Senhor: 'Eu sou Jesus, a quem tu persegues.'" Paulo levantou-se do chão, cego pela visão, e teve de ser levado para uma casa na cidade, onde, durante três dias, não viu nem comeu nem bebeu. Mas no terceiro dia um seguidor judaico de Jesus, chamado Ananias, pôs as mãos sobre Paulo: "E logo lhe caíram dos olhos como que umas escamas, e recuperou a vista imediatamente, e se levantou, e foi batizado." Imediatamente Paulo percorreu as sinagogas de Damasco, pregando a própria blasfêmia que os seguidores de Jesus em Jerusalém hesitavam em abraçar: de que Jesus era o Filho vivo de Deus.

O desaparecimento de Maria Madalena 173

Estevão proclamou a divindade de Jesus e foi apedrejado até a morte por ordem do Sinédrio. Um espectador que olhava com aprovação era Paulo. Gravura de Gustave Doré, francês, 1867.

O próprio Paulo, no entanto, não faz qualquer menção a uma visão na estrada de Damasco; sua epístola aos Gálatas 1:11-6 diz apenas que "Deus revelou seu Filho para mim".

Mas vos faço saber, irmãos, que o evangelho que por mim foi anunciado não veio dos homens. Porque não o recebi de homem algum nem me foi ensinado, mas pela revelação de Jesus Cristo. Porque já ouvistes a respeito da minha opinião em tempo passado sobre a religião dos judeus, como eu perseguia sobremaneira a igreja de Deus, e a assolava, e trazia proveito à religião dos judeus mais que muitos meus iguais na minha nação, sendo extremamente zeloso das tradições de meus pais. Mas, quando aprouve a Deus, que me separou do ventre de minha mãe e me chamou pela sua graça a revelar seu Filho em mim, para que eu pregasse sobre ele entre os pagãos, imediatamente eu não consultei carne ou sangue.

Note que Paulo diz "eu não consultei carne ou sangue". "Não veio dos homens" o que Paulo aprendeu sobre Jesus; nenhum ensino o levou à compreensão do reino de Deus; ele não aderiu a Jesus como os discípulos, como Maria Madalena, conhecendo o homem; Paulo recebeu a sua autoridade direta e exclusivamente a partir de sua visão de um Jesus divinizado, do Cristo.

Na instantaneidade da conversão de Paulo, ele dispensou as dúvidas, as hesitações, os momentos de passagem que acompanham a discussão e a reflexão, e tornou-se livre para encontrar soluções radicais para as limitações do culto a Jesus. A própria divindade de Jesus, a ideia de que um homem poderia ser um deus, enquanto que totalmente estranha ao judaísmo, estava em sintonia com a cultura helenística, mesmo se os mais sofisticados olhassem para ele com desconfiança. Como o próprio Paulo disse quando pregava a divindade de Jesus: "Porque os judeus pedem sinais e os gregos buscam sabedoria, nós pregamos sobre Cristo crucificado, o que é um estorvo para os judeus e loucura para os gregos" (1 Coríntios 1:22-3).

No entanto, para os gentios daquela cultura helenística, Paulo dirigiu sua missão, ignorando os seguidores de Jesus em Jerusalém. Eles tinham conhecimento de Jesus vivo, como um galileu, como judeu, como um professor que tentou trabalhar dentro da particularidade de seu ambiente. Mas a autoridade de Paulo vinha de sua pretensão de ter conhecido Jesus

A visão de Jesus por Paulo na estrada de Damasco levou-o a proclamar que ele era um testemunho pessoal da ressurreição. Jesus foi visto pela primeira vez por Pedro, disse Paulo, "e depois de todos apareceu também para mim". Mas Paulo nunca mencionou Maria Madalena. Gravura na *Crônica de Nuremberg*, Alemanha, 1493.

através dessa visão na estrada de Damasco, de acordo com Atos; tê-lo conhecido como divino, ilimitado e universal. Abandonando princípios judeus, como restrições dietéticas e circuncisão, a que os gentios se opunham, apresentando suas doutrinas nos conceitos e termos de língua e pensamento gregos que ele havia conhecido em Tarso, Paulo embarcou numa série de viagens de proselitismo, que o levaram da Palestina à Ásia Menor, Chipre, Grécia e, finalmente, à própria Roma, onde, segundo a tradição, ele foi martirizado por volta de 65 d.C.

Cinco anos mais tarde, em 70 d.C., durante a revolta judaica contra os romanos, ambos, Jerusalém e o templo, foram destruídos. Josefo descreve a cena:

> A chacina dentro foi ainda mais terrível do que o espetáculo de fora. Homens e mulheres, velhos e jovens, rebeldes e sacerdotes, aqueles que lutaram e aqueles que suplicaram clemência, foram decepados em carnificina indiscriminada. O número dos trucidados excedeu o dos trucidadores. Os legionários tiveram de escalar sobre pilhas de mortos para continuar o trabalho de extermínio.

A cidade, disse Josefo, foi "tão completamente nivelada junto ao solo por aqueles que a destruíram até a fundação, que não ficou nada que fizesse acreditar àqueles que vieram depois que ela já tivesse sido habitada". Um grande número de judeus fugiu por todo o Mediterrâneo. O movimento de Jesus em Jerusalém estava morto.

O desaparecimento de Maria Madalena

O que aconteceu com Maria Madalena nestes anos é um mistério. O que às vezes é negligenciado é que as epístolas de Paulo e o Livro dos Atos dos Apóstolos são os primeiros documentos cristãos que temos, e no entanto ela está ausente deles; os evangelhos surgem muito mais tarde, e é somente nos evangelhos que finalmente encontramos Maria Madalena.

Este relevo no Arco de Tito, em Roma, celebra a queda de Jerusalém, em 70 d.C. Legionários triunfantes voltam para casa depois da revolta judaica carregando uma menorá de ouro e outros objetos sagrados do templo.

O Novo Testamento apresenta-nos uma ordem de eventos. Primeiro temos os evangelhos, Mateus, Marcos, Lucas e João, que em suas várias formas descrevem a vida de Jesus; em seguida, o Livro dos Atos dos Apóstolos, que nos fala dos primeiros anos do movimento de Jesus. O restante do Novo Testamento é amplamente retomado com as cartas de Paulo, com sua mensagem de que a morte e ressurreição de Jesus são o meio para a salvação. Seguem-se epístolas escritas por outras figuras, e finalmente o Novo Testamento termina com uma obra apocalíptica, como diz seu nome: o Apocalipse.

Mas a ordem de composição do Novo Testamento era diferente. Antes que houvesse os evangelhos, antes que houvesse qualquer coisa escrita sobre Jesus ou Maria Madalena, houve Paulo. As cartas de Paulo, escritas nos anos 40 e 50 d.C., são as primeiras obras cristãs. Os evangelhos surgem alguns anos depois, com Marcos, o mais antigo, que se acredita ter sido composto em torno de 70 d.C., e João não mais tarde que 100 d.C. O Livro dos Atos dos Apóstolos vem quase por último, depois do Apocalipse.

Portanto, em certo sentido, é errado dizer que Maria Madalena desaparece do Novo Testamento depois dos evangelhos. A verdade é que ela não está lá no início; ela não existe nas cartas de Paulo, que menciona especificamente ter se encontrado com Tiago, Pedro e João em Jerusalém, mas não faz qualquer menção a Maria Madalena. Por exemplo, em sua epístola aos Gálatas 1:18-9, Paulo escreve que, três anos depois de sua conversão, finalmente "fui a Jerusalém para ver Pedro, e fiquei com ele quinze dias. Mas outro dos apóstolos não vi a nenhum, salvo o irmão do Senhor, Tiago". Em seguida, em Gálatas 2:9, ele escreve como catorze anos mais tarde novamente partiu para Jerusalém, onde se encontrou com "Tiago, Cefas [Pedro] e João, que pareciam ser os pilares". Mas de Maria Madalena Paulo não tem nada a dizer.

Paulo tem uma reputação de misoginia, mas seria isso suficiente para a sua falta de menção a Maria Madalena? Às vezes ele acha que as mulheres deveriam sentar-se imóveis e ficar quietas: "Que suas mulheres fiquem caladas nas igrejas; porque não lhes é permitido falar; mas elas são comandadas a serem obedientes, como também ordena a lei. E, se querem aprender alguma coisa, perguntem a seus maridos em casa, pois é uma vergonha que as mulheres falem na igreja" (1 Coríntios 14:34-5). Quanto às relações entre homens e mulheres: "É bom que o homem não tocasse em mulher... Mas, se não podem se conter, casem-se. Porque é melhor casar do que queimar" (1 Coríntios 7:1, 9). Por outro lado, Paulo sente-se inteiramente confortável com as mulheres que desempenharam papéis significativos no início do movimento; Priscila, por exemplo, que organizou congregações em sua casa; Febe, a quem Paulo descreve como sua patrona; e Junia, a mulher que pode ter sido Joana, esposa de Cuza, a quem ele chama de "digna de nota entre os apóstolos" (Romanos 16:1-7).

Dificilmente parece possível que, durante suas visitas a Jerusalém, Paulo não encontrasse Maria Madalena ou pelo menos ouvisse falar dela.

Tiago, Pedro e João a teriam mencionado. Eles teriam contado a Paulo como ela fora a primeira a descobrir a tumba vazia.

E, no entanto, Paulo não diz nada sobre Maria Madalena. Mas ele também não faz nenhuma menção a Maria, mãe de Jesus. Aliás, Paulo não tem nada a dizer sobre o homem Jesus, nada além de duas observações comuns: de que ele foi "feito de uma mulher, nascido sob a lei" (Gálatas 4:4), e de que foi "da descendência de Davi segundo a carne" (Romanos 1:3). Também, em todas as suas cartas, Paulo não diz nada sobre o ministério de Jesus; nada de suas parábolas, nada de seus sermões, nada de suas curas, nada de seus ensinamentos. Para Paulo Jesus existe simplesmente como um sacrifício crucificado; "Cristo morreu pelos nossos pecados" (1 Coríntios 15:3) e para nos "livrar do presente mundo mau" (Gálatas 1:4). Jesus estava perdendo seu tempo quando fez o Sermão da Montanha; Paulo não está interessado no que o Jesus vivo

Pedro e Paulo gravados na parede de uma catacumba romana do século IV. Diz-se que os dois teriam fundado a primeira igreja em Roma, e segundo a lenda Pedro tornou-se o primeiro papa.

180 Maria Madalena

fez ou disse, apenas que ele deu a sua vida para expiar nossos pecados e ressuscitou para nos libertar do que Paulo chamou "este mundo mau".

Apenas nos evangelhos, escritos gerações após os eventos que descrevem, ouvimos falar sobre o Jesus vivo e Maria Madalena.

Paulo sequestra Jesus

Ao escrever os Atos dos Apóstolos, Lucas cria uma ponte narrativa entre os evangelhos, que relacionam a missão de Jesus a seus companheiros judeus e ao resto do Novo Testamento, em grande parte constituído pelas cartas de Paulo, que descrevem suas viagens entre os gentios. Ao fazê-lo, Atos faz parecer que Paulo é uma extensão dos evangelhos – mesmo o arranjo do Novo Testamento tem as epístolas de Paulo imediatamente ápos Mateus, Marcos, Lucas e João. Atos abre com Pedro em Pentecostes e a descida do Espírito Santo, mas no primeiro terço do texto o foco muda e dedica-se esmagadoramente a Paulo. Paulo nunca conheceu Jesus e só veio a Jerusalém após a crucificação, onde se dedicou a perseguir cristãos. No entanto, Paulo é mencionado 155 vezes em Atos, enquanto Pedro, um discípulo proeminente de Jesus nos quatro evangelhos, é mencionado apenas 56 vezes. O total dos dois terços finais de Atos é uma narrativa sobre Paulo.

Isso não é ainda o final da história. Acredita-se que Paulo tenha escrito grande parte do Novo Testamento; de seus 27 livros, catorze têm sido tradicionalmente atribuídos a Paulo, embora a autenticidade de vários seja contestada por estudiosos bíblicos, que consideram poder tratar-se de pseudografia, algo escrito por seguidores em seu nome. Há um consenso acadêmico geral, no entanto: de que Paulo foi o autor de sete epístolas – Romanos, 1 Coríntios, 2 Coríntios, Gálatas, Filipenses, 1 Tessalônicos e Filemon – e que são todas textos autênticos. Independentemente da sua autoria, todos esses livros foram vistos como aptos a se juntar ao cânone do Novo Testamento, e desde o início de Atos até o final do Apocalipse, o último livro do Novo Testamento, a proporção se mantém: Paulo é mencionado três vezes mais do que Pedro. Além dos evangelhos, o Novo Testamento é, essencialmente, por e sobre Paulo.

A fé pregada por Paulo era baseada totalmente na ressurreição. "E, se Cristo não foi ressuscitado", Paulo disse aos coríntios, "então é vã a nossa pregação, e sua fé também é vã" (1 Coríntios 15:14). "Entreguei-vos em primeiro lugar o que também recebi: que Cristo morreu pelos nossos pecados, segundo as escrituras; e que foi sepultado, e que ressuscitou ao terceiro dia, segundo as escrituras" – as escrituras sendo versos proféticos do Antigo Testamento, como Isaías 53:5. Paulo continua a explicar o seu próprio lugar especial no esquema das coisas. "E que ele [Jesus] foi visto por Cefas [Pedro], e depois pelos Doze; depois disso, ele foi visto por mais de quinhentos irmãos de uma só vez, dos quais a maior parte permanece até o presente, mas alguns já dormem. Depois disso, ele foi visto por Tiago; em seguida, por todos os apóstolos. E, por último de todos, foi visto também por mim, como para alguém nascido fora do devido tempo."

Assim, de acordo com Paulo, a primeira pessoa a ver Jesus ressuscitado é Pedro, embora isso não seja atestado por qualquer evangelho. Em seguida, Jesus mostra-se aos Doze discípulos e aparece a quinhentos dos fiéis antes de aparecer diante de seu irmão Tiago e de todos os outros seguidores. "E, por último de todos, foi visto também por mim" (1 Coríntios 15:3-8), diz Paulo acerca de sua visão na estrada para Damasco.

Mas Paulo não diz nada sobre a tumba vazia e nada sobre Maria Madalena.

Viagens de Paulo nas pegadas da Grande Deusa

Em sua última viagem, quando Paulo estava navegando de Malta à Itália para ser julgado em Roma, é dito em Atos 28:11 que ele viajou com a proteção divina: "E após três meses partimos num navio de Alexandria, que tinha passado o inverno na ilha, cujo nome era Castor e Pólux". Conhecidos como os Dióscuros, "filhos de Deus", Castor e Pólux eram os filhos gêmeos de Zeus, o deus do trovão no panteão grego.

O reverso deste tetradracma de prata cunhado em Alexandria no início do século I d.C. mostra Ísis velejando para o farol Faros. Como Ísis Pelágia ela era a protetora dos marinheiros e a deusa do mar, e como Ísis Faria ela era a deusa dos faróis em toda parte.

O culto aos Dióscuros como deuses salvadores dos marinheiros no mar foi associado ao culto a Ísis. Originalmente egípcia, mas depois helenizada e universalizada, Ísis era a maior das divindades pagãs; a deusa de incontáveis nomes, a deusa abrangente.

A deusa em todas as suas manifestações não era uma estranha para Paulo. Ele teria ouvido, pois isso aconteceu dentro do arco da memória da geração dos seus pais, acerca da visita de Cleópatra a Tarso para encontrar Marco Antônio – Cleópatra, que na tradição faraônica era a encarnação viva de Ísis, a deusa salvadora do mundo antigo, e Antônio, o seu Osíris. O povo de Tarso era de há muito familiarizado com a religião de Ísis, cuja imagem até aparecia em sua cunhagem. Agora, até mesmo quando Paulo estava navegando para Roma, a deusa viajava com ele.

Havia um templo de Ísis na base de Faros, o grande farol de Alexandria, uma das sete maravilhas do mundo. Uma procissão anual na cidade

O *desaparecimento de Maria Madalena* 183

comemorava o culto de Ísis Faria, que é a Ísis do farol Faros e do transbordamento do Nilo, que enviou Ísis para fora do Egito para percorrer as margens do Mediterrâneo. Como Ísis Pelágia, isto é, Ísis do Mar, ela era a protetora dos marinheiros e a deusa do mar; e, como Ísis Faria, era a deusa dos faróis em toda parte.

Uma litania do século I d.C. para Ísis, encontrada num papiro em Oxirrinco, no Egito, declara que seu culto dominava ao longo de toda a costa da Palestina e da Síria. Ela era adorada em Cesareia, refundada por Herodes, o Grande, por volta de 25 a 15 a.C., como um grande porto seguindo linhas helenísticas, onde o templo de culto à deusa era associado ao farol.

Ísis era a irmã-esposa de Osíris, assassinado, a quem ela trouxe de volta à vida por tempo suficiente para engravidar; seu filho foi Hórus, com quem ela é retratada sentada num trono, amamentando o bebê nos braços. Era a deusa da ressurreição e dos novos começos. A litania nos diz que ela fez de seu filho, Hórus, o senhor de todo o mundo; ela criou todos os dias para alegria; e ela é a glória e o terno amor do sexo feminino, e fez "o poder das mulheres igual ao dos homens".

Seu culto estava em ascensão durante a vida de Jesus e Maria Madalena no século I d.C. Mas muito antes disso a influência do helenismo tinha avançado da costa para o interior e podia ser sentida na zona rural e nas aldeias, vilas e cidades ao redor de todo o mar da Galileia. Os pescadores que se aventuravam nas águas do lago à noite eram gratos pelos altos feixes de luz de Ísis, os faróis que os guiavam em segurança de volta aos seus portos nas horas antes do amanhecer – pescadores como aqueles dois discípulos a quem Jesus dá o nome de Boanerges no Evangelho de Marcos 3:17: "Tiago, filho de Zebedeu, e João, irmão de Tiago; e ele os nomeou Boanerges, o que significa 'os filhos do trovão'."

Muitos dos leitores ou ouvintes de Marcos, lendo seu evangelho no original grego, teriam associado "filhos do trovão" aos Dióscuros, Castor e Pólux, os filhos gêmeos do deus do trovão, Zeus. Da mesma forma, os leitores dos evangelhos saberiam que um dos poderes que Jesus conferira aos seus discípulos era o de acalmar as tempestades no mar da Galileia, para que soubessem que os Dióscuros eram os deuses protetores dos marinheiros, e assim invocados em tempos de tempestade, quando um sacrifício de cordeiros brancos era oferecido na proa de um navio. O farol Faros, elevando-se em Alexandria, a casa do culto de Ísis Faria, foi dedicado a Castor e Pólux e trazia a inscrição: "Para os Deuses Salvadores: em favor dos marinheiros."

Durante a primeira viagem missionária de Paulo, ele se deparou com o antagonismo dos judeus quando tentou pregar a palavra de Jesus. Tinha se saído melhor em Antioquia, na Síria, e em Salamina e Pafos, na ilha de Chipre, três locais mencionados em linhas consecutivas na litania de Oxirrinco como centros de culto a Ísis, e isso fez com que ele resolvesse dedicar-se a espalhar sua doutrina da salvação entre os gentios. Portanto, em sua segunda viagem missionária, visitou Tarso, Troad, Neápolis, Filipos, Anfípolis, Apolônia, Atenas, Corinto e Éfeso, todos os centros conhecidos de culto de Ísis, onde Paulo estava pregando aos pagãos bem familiarizados com sermões dos sacerdotes sobre os poderes de salvação da deusa. Mais uma vez, Paulo seguiu os passos de Ísis em sua terceira viagem missionária, quando revisitou muitas das cidades da Grécia e Ásia Menor onde já tinha estado.

Muito antes que Paulo viajasse pelo Mediterrâneo, Ísis tinha assimilado o culto e as histórias de todas as deusas do sexo feminino do Egito e também da Grécia e de Roma. Heródoto, o historiador grego do século V a.C., que viajou extensivamente no Egito, disse que Ísis era a deusa grega Deméter, que Osíris era Dionísio, que seus filhos eram os deuses gregos Ártemis e Apolo, e que Apolo era o Hórus egípcio. Um século e meio mais tarde, depois que Alexandre, o Grande, conquistou o Egito dos persas e seu sucessor, Ptolomeu I Soter, iniciou a helenização da cultura egípcia, Ísis foi identificada com deusas de todo o Mediterrâneo, não só com Deméter, mas com Perséfone, Astarte, Afrodite e Ártemis, que Heródoto tinha apresentado como sua filha, e também com Tique, a deusa grega do destino, a Fortuna romana.

Também já no século III a.C., o sacerdote egípcio Maneto disse que "as pessoas muitas vezes chamam Ísis de Atena". O historiador grego

A adoração de Ísis estendeu-se por todo o Império Romano, de Filae, no Alto Egito, a Roma e Londres. Esta estátua de mármore de Ísis da vila do imperador Adriano, nas cercanias de Roma, estava no próprio centro do governo imperial.

Plutarco, do século I, ecoou isso quando observou que uma estátua de Atena no Egito era identificada com Ísis e continha a inscrição: "Eu sou tudo o que foi, e é, e será, e meu manto nenhum mortal ainda descobriu." Plutarco acrescentou que Ísis às vezes era chamada Sofia, a personificação espiritual da sabedoria, e descreveu-a como "uma deusa excepcionalmente sábia e uma amante da sabedoria".

Um templo para Ísis foi construído em Roma na década de 80 d.C., mas nada dele resta hoje além deste enorme pé esquerdo de uma estátua colossal do templo na Via di Santo Stefano del Cacco; ele foi removido para lá em 1878 de uma rua nas proximidades, que ainda é chamada de Via di Piè di Marmo, a "rua do pé de mármore". Vários pequenos obeliscos que pertenceram ao templo estão distribuídos por Roma, um na frente do vizinho Panteão.

O *desaparecimento de Maria Madalena*

No momento em que Paulo chegou a Roma, por volta de 60 d.C., o culto de Ísis na capital imperial era generalizado, embora ele tivesse sido repelido por razões políticas. Após o assassinato de Júlio César, em 44 a.c., um templo em honra de Ísis foi decretado, provavelmente com o incentivo de Cleópatra, a mãe do filho de César, mas o projeto foi suspenso por Augusto após a derrota de Cleópatra e Marco Antônio no Egito, em 31 a.C. Finalmente, um templo foi fundado em honra de Ísis em Roma pelo imperador Domiciano durante os anos 80 d.C.

Mas já no reinado de Claudio (41-54 d.C.) preces relacionadas a Ísis eram oferecidas ao imperador; seu antecessor Calígula (37-41 d.C.) dera o reconhecimento do Estado para o culto de Ísis, levando um obelisco egípcio para a Itália e inaugurando o *Navigum Isidis*, uma procissão anual em honra de Ísis realizada em 5 de março; e, de acordo com o historiador Josefo, o próprio Calígula participava no desfile de máscaras vestido de mulher. Na Itália, o festival foi suprimido pela Igreja no início do século V, mas no Egito o *Navigum Isidis* foi celebrado por mais um século – e em países católicos e ortodoxos orientais seu sucessor ainda é comemorado hoje como carnaval nos dias que antecedem a Quaresma.

Assim como Paulo partiu para a Itália num navio que carregava o símbolo dos Dióscuros, ao longo de suas viagens missionárias viajava num mundo que colocava sua fé em Ísis e nos deuses que a acompanhavam. As mesmas ruas em que Paulo vagava em Antioquia, em Filipos, em Corinto e em outros lugares eram vias para professores, sacerdotes e devotos de Ísis, e muitas vezes ele deve tê-los encontrado ali e conversado com eles sobre os mistérios.

O Jesus deificado de Paulo pode ter parecido a eles mais um culto de mistério para se juntar ao panteão sobre o qual reinava Ísis. Mas para Paulo não poderia haver confusão e nada compartilhado, apenas salvação através da morte e ressurreição de Jesus Cristo. Ísis era o inimigo de sua nova fé.

Os mistérios

Os mistérios do mundo antigo eram práticas religiosas, rituais e crenças que foram mantidos em segredo fortemente guardado, conhecidos apenas dos iniciados. "Mistérios" vem da palavra grega *mysteria*, que significa "segredo". Ísis e Osíris do Egito, Cibele e Átis da Ásia Menor, Afrodite e Adônis do Líbano e Perséfone e Deméter da Grécia – estes foram os deuses no centro dos grandes mistérios pagãos. O que todos tinham em comum era a história da vida e da morte, seguidas de renascimento. Seus mitos exteriores eram bem conhecidos. Mas o seu drama interior, aquele pelo qual passavam seus iniciados, era um mistério.

A deusa era a força vital essencial nesse antigo drama de morte e renascimento. No século II, o escritor latino Apuleio, autor de *O asno de ouro*, descreveu sua iniciação nos mistérios de Ísis como uma experiência espiritual profundamente comovente em que ele sofreu uma morte mística e uma ressurreição, e sentiu-se ligado à deusa para o resto de sua vida.

Vários escritores cristãos que ouviram algo sobre os mistérios e não sentiram nenhum remorso em quebrar o tabu de sigilo mencionaram um ritual que soa como *hieros gamos*, a palavra grega para a união sexual sagrada ou casamento sagrado. No século II, Clemente de Alexandria referiu-se a relatos de uma câmara nupcial e um rastejar debaixo de uma cama. Astério, um bispo do século IV de Amaseia, na Ásia Menor, expressou seu horror diante "da descida para a escuridão, o honroso encontro do *hierofante* com a sacerdotisa". E ele então perguntava: "Não estão as tochas extintas e não acredita o grande número de pessoas ali reunidas que o que é feito pelos dois na escuridão é a sua salvação?"

Saber se aquilo era realmente um ato sexual é menos importante do que entender seu significado. No coração dos vários mistérios estava a história da morte e da vida, ou melhor, dois tipos de vida, para as quais os gregos tinham duas palavras diferentes, *zoe* e *bios*. Ísis e Afrodite possuíam *zoe*, vida eterna. Osíris e Adônis possuíam *bios*; eles eram criaturas das estações, que viveram e morreram ou foram levadas para a terra dos mortos. Todos os mistérios envolviam descida ao inferno, onde os mortos

Os *hieros gamos* dos mistérios podem ser rastreados até as mais antigas crenças. Aqui no templo de Abidos, no Egito, um relevo de cerca de 1285 a.C. mostra Ísis sob a forma de um pássaro copulando com seu marido morto, Osíris, regenerando-o como senhor do submundo e gerando seu filho Hórus.

são regenerados, uma regeneração que muitas vezes requer a cura de mutilação – Osíris fora cortado em pedaços; Adônis, ferido por um javali; Átis, castrado. O casamento sagrado era uma cura e uma ressurreição; o indivíduo cuja vida, *bios*, é vivida dentro dos ritmos de tempo era unido com *zoe*, a vida eterna.

A experiência fundamental desses mistérios, que ritualmente encenavam a morte do iniciado, pode ter sido a de que a morte era uma ilusão. Ao se submeter à morte, o iniciado era liberado da concepção de vida e morte como opostos; entrava em união com os grandes processos de criação em si. Os iniciados haviam esquecido ou perdido esse conhecimento, mas ele lhes era trazido de volta pelos rituais dos mistérios. Sugestivas de tais rituais foram as unções que ocorreram entre Jesus e a mulher estranha em Betânia, a mulher que o Evangelho de João identifica como Maria.

A história ainda mantém o seu poder. Até hoje as pessoas querem saber se Jesus e Maria Madalena eram amantes, eram casados, se tiveram filhos; as pessoas querem que seja assim; é a antiga e recorrente história de morte, amor e renascimento.

O mistério de Jesus

Paulo chamou a Jesus "o Cristo", *Christos* em grego, que é a tradução usada na Septuaginta, ou o messias hebraico, que significa "o ungido", "o salvador" ou "o libertador" de seu povo. Mas para os judeus o messias era uma figura política que não tinha nada a ver com ressurreição nem com o pagar pelos pecados das pessoas. Paulo retirou o conceito de messias de seu contexto judaico e apresentou seu *Christos* como um herói dos mistérios pagãos cujo sofrimento, cujas morte e ressurreição são os meios para a salvação.

Paulo falava a mesma língua que os cultos de mistério pagãos. Assim como os seguidores de Ísis participavam de um drama ritual que os levava por uma experiência simbólica da morte para uma nova vida, em Romanos 6:3-4 Paulo oferece uma morte ritual que leva à vida eterna.

> Não sabeis que tantos de nós que fomos batizados em Jesus Cristo fomos batizados na sua morte? Portanto, fomos sepultados com ele na morte pelo batismo; e que, como Cristo foi ressuscitado dentre os mortos pela glória do Pai, assim também nós caminharemos para uma vida nova.

Mas num aspecto muito importante o mistério de Jesus de Paulo era diferente. Nos mistérios de Ísis e Osíris, Afrodite e Adônis, Cibele e Átis, a deusa restaura o homem à vida. Ele é uma criatura sazonal, ele é limitado pelo tempo, ele nasce e morre, e ele só renasce quando se une à

O desaparecimento de Maria Madalena

fêmea que possui *zoe*, vida eterna. (Mesmo nos mistérios de Elêusis, onde Perséfone é raptada por Hades para o submundo, ela é resgatada por uma mulher, sua mãe Deméter.)

O Jesus de Paulo vive e morre, mas retorna à vida porque ele próprio é um deus, na verdade um aspecto do próprio Deus, o Filho do Pai; nenhuma mulher tem a ver com isso, não na versão de Paulo da história. Como Osíris, Adônis e Átis, Jesus é mutilado e morre. No terceiro dia, ele emerge da tumba. Se este fosse o mistério de Osíris, em seguida sua ressurreição seria realizada por Ísis, protetora e regeneradora dos mortos e guardiã das sepulturas.

Pode ser por isso que Paulo não faz menção a Maria Madalena na tumba. Nos mistérios ela estaria lá; nos mistérios ela teria *zoe*, o poder e dom da vida eterna. Para evitar confusão ou dúvida de que ninguém, apenas Jesus, pode possuir *zoe*, Paulo exclui todas as mulheres de seu mistério de Jesus; Maria Madalena não é mencionada sequer uma vez por Paulo, nem o é Maria, mãe de Jesus, nem qualquer outra mulher em sua vida. Na versão de Paulo dos mistérios, as mulheres não podem ter lugar; fiel às raízes monoteístas judaicas de Paulo, o mistério de renascimento e salvação pertence apenas a Jesus Cristo.

A ressurreição e o cânone do Novo Testamento

O Novo Testamento como o conhecemos só começou a ser cristalizado nos tempos de Marcião, um teólogo rico e brilhante de Sinope, no mar Negro, que viera a Roma em torno do ano 140 d.C. Marcião foi um grande entusiasta das cartas de Paulo, encontrando nelas um deus cujo amor oferecia a salvação em troca da fé. Mas ele também foi mais longe do que Paulo, compartilhando o sentimento generalizado na cultura grega de que o cristianismo deve libertar-se de suas origens no judaísmo e rejeitar o Antigo Testamento e seu Deus irado.

O que permitiu e incentivou Marcião a fazer isso foi o desastre judaico final, a revolta de Bar Kokhba em 132-136 d.C., que os romanos superaram com mais fúria do que a revolta em 70 d.C., reconstruindo Jerusalém como uma cidade pagã com templos romanos e recusando a judeus a permissão para irem até lá. Essa segunda revolta na Judeia não angariou simpatia para os judeus entre os gentios e marcou a separação definitiva do cristianismo e do judaísmo. Tal separação foi importante porque liberou cristãos gentios da necessidade de acomodar crenças judaicas e lhes permitiu anunciar, sem se expor a perigo, a ressurreição de Jesus, que agora inequivocamente se tornou o deus salvador sacrificial das pregações de Paulo.

Da grande quantidade de textos cristãos que circulavam desde os dias das cartas de Paulo, Marcião deu-se à tarefa de selecionar aqueles que falavam com autoridade do deus amoroso de Jesus. Ele queria criar um cânone.

O que ele produziu foi uma seleção de cartas de Paulo, que chamou de *Apostolikon*, acompanhadas de um evangelho, que chamou de *Evangelikon*. O *Apostolikon* consistia de dez cartas de Paulo, que Marcião decidiu serem autênticas (hoje retém-se que sete o sejam), enquanto o *Evangelikon* era uma versão do Evangelho de Lucas. Como Marcião acreditava que Jesus não era humano, em sua versão de Lucas faltam os dois primeiros capítulos, que são a natividade e também as histórias sobre a infância de Jesus, de modo que o texto começa com seu batismo no rio Jordão por João e o início de seu ministério em Cafarnaum.

Estudiosos discutem se Marcião editou uma versão preexistente de Lucas ou se uniu o que pôde encontrar em várias fontes para escrever seu próprio evangelho, que mais tarde evoluiu para o de Lucas, aceito no cânone. Mas o ponto de vista dos Pais da Igreja, como Tertuliano, Justino Mártir e Irineu, foi o de que Marcião havia adulterado o texto original de Lucas – embora não esteja claro se algum dos Pais da Igreja tinha o texto original ou mesmo se eles compartilhavam o mesmo texto. Em 144 d.C. Marcião foi chamado a Roma e excomungado. Todos os seus escritos foram destruídos ou pereceram, e o que sabemos sobre Marcião vem das passagens escritas contra ele por Tertuliano e os demais.

No entanto, a versão de Marcião do cristianismo foi muito popular, e suas crenças, juntamente com seu *Evangelikon* e seu *Apostolikon*, tiveram

A ressurreição triunfal de Jesus Cristo e seu ressurgimento dos mortos são dramaticamente ilustrados no afresco bizantino de cerca de 1320 na igreja de Chora, em Istambul.

audiência durante séculos. Para se opor à popularidade do marcionismo, o corpo proto-ortodoxo da Igreja começou então a decidir sobre seu próprio cânone, o que temos agora como o Novo Testamento – os quatro evangelhos, as cartas de Paulo, outras cartas e o Apocalipse.

Além de qualquer outra coisa esse processo de canonização determinou a forma literária do conteúdo do Novo Testamento, de que ele deveria ser composto de cartas e evangelhos; a única exceção sendo o Livro do Apocalipse. Escrever evangelhos era uma novidade desconhecida até então. Ensinamentos, provérbios, sermões, todos os tipos de eventos, foram colocados numa narrativa que tomou uma forma realista e histórica. Ou então foram colocados em cartas, que mais uma vez permitiam clareza de ensino e de argumentação e favoreciam realismo e história.

É significativa a forma como cada um dos evangelhos descreve quem vê Jesus na ressurreição. Exceto na versão original de Marcos, onde Maria Madalena descobre a tumba vazia mas Jesus não aparece a ninguém, ele sempre aparece aos discípulos, às vezes de maneira mais cuidadosamente física, como quando Tomé explora as feridas nas mãos de Jesus com o dedo e coloca sua mão ao lado de Jesus. O efeito dessa ressurreição corporal, definitivamente, não é nenhuma visão; é validar o papel dos discípulos como apóstolos de Jesus que devem levar sua mensagem ao mundo, que devem servir como os pilares fundadores de sua igreja.

Este processo continuou através do século II e foi acomodado no seu final; seus proponentes eram bem conhecidos, assim como seus trabalhos, que sobreviveram – Tertuliano, Irineu e Justino Mártir entre os principais. Mas estas eram figuras em Roma ou zonas dependentes de Roma. Habitavam o trajeto geográfico estabelecido pelas viagens de Paulo, a área abrangida pelo Livro dos Atos dos Apóstolos. Nenhum deles veio do Egito, embora em breve algumas das maiores figuras do cristianismo de fato viriam da vibrante base de Alexandria. A Igreja na Europa e na Ásia Menor determinou o cânone de acordo com sua maneira de pensar a respeito de Deus e estabeleceu marcas claras acerca de quem estava dentro e quem estava fora, enquanto, ao mesmo tempo, estabelecia uma ordem e uma hierarquia de autoridade e poder baseadas na sucessão apostólica.

Do Egito, por outro lado, populoso e rico, e de Alexandria, em particular, com uma das maiores populações gregas e judaicas do mundo, pouco se sabe sobre como o cristianismo se desenvolveu durante esses dois primeiros séculos. O que emerge, porém, é que as crenças cristãs foram variadas e amplamente inclusivas; não havia nada herético sobre qualquer uma delas, porque a própria ideia de um único ponto de vista correto era desconhecida.

No Egito Maria Madalena prosperou.

9. A Madalena gnóstica

CADA UMA DAS VIAGENS missionárias de Paulo ampliava-se mais em direção oeste, através da Ásia Menor e na Grécia, até que finalmente, com o que parece um sentido de inevitabilidade, ele chegou a Roma – e lá, de acordo com a lenda, morreu como um mártir, embora o Novo Testamento não diga nada sobre isso. Há outras lendas sobre Paulo ter ido mais longe a oeste; o próprio Paulo escreveu sobre um desejo de viajar para a Espanha (Romanos 15:24). Também escreveu que, imediatamente após sua conversão, ele foi para a Arábia (Gálatas 1:17), onde pode ter permanecido por três anos. Arábia, nesse contexto, pensa-se ser uma menção aos povos nabateus em Petra, na atual Jordânia, embora alguns prefiram imaginar Paulo recuando para a contemplação e a solidão no deserto do Negev ou do Sinai. Mas nada se sabe disso, além de uma breve menção de Paulo em Gálatas, e, de qualquer modo, esse período árabe parece apenas um prelúdio de suas grandes viagens missionárias para o Ocidente.

O movimento em direção à Europa faz-se sentir em todo o Novo Testamento, não só nas cartas de Paulo, mas em todas as outras epístolas. A narrativa de Atos conduz inexoravelmente em direção a Roma. Mesmo o Livro do Apocalipse é definido dentro dos limites históricos e geográficos de Atos, suas sete cartas dirigidas a sete igrejas gregas, isto é, comunidades cristãs, na Ásia Menor. Também a partir de fontes de fora do Novo Testamento sabemos muito, já há tempos, sobre a difusão do cristianismo através da Ásia Menor, na Grécia e no resto da Europa.

Mistério egípcio

Mas, estranhamente, nada se sabe sobre como o cristianismo chegou ao Egito, além da tradição, registrada pela primeira vez por Eusébio em sua *História da Igreja* no início do século IV, sobre o cristianismo ter sido levado para Alexandria em meados do século I pelo evangelista Marcos. Mas o próprio Novo Testamento não faz menção a planos de se evangelizar o Egito, embora ele fosse populoso e com importantes centros de assentamentos gregos e judaicos. Nem saberíamos, pelo Novo Testamento, que o cristianismo existia no Egito não fosse por uma única referência em Atos, que menciona um companheiro missionário de Paulo, "um certo judeu chamado Apolos, natural de Alexandria, homem eloquente e poderoso nas escrituras, [que] chegou a Éfeso. Este homem foi instruído no caminho do Senhor e, sendo fervoroso de espírito, falava e ensinava diligentemente as coisas do Senhor" (Atos 18:24-5).

Há, porém, um verso controvertido no Novo Testamento, que sugere ter sido o cristianismo trazido ao Egito pelo apóstolo Pedro e o evangelista Marcos – e também por uma mulher tão conhecida que era desnecessário mencionar seu nome.

A questão do Egito desperta o significado de Babilônia em 1 Pedro 5:13, onde Pedro se dirige a seus companheiros cristãos na Ásia Menor dizendo: "A igreja que está em Babilônia, eleita convosco, vos saúda; e assim o faz meu filho Marcos." Desde 597 a.C., quando o império babilônico conquistou Jerusalém e levou embora muitos de seus principais cidadãos, a Babilônia tinha sido usada pelos judeus como uma metáfora para o cativeiro e exílio. Os cristãos seguiram o exemplo, e, assim, Babilônia neste verso é comumente entendida no sentido de Roma, a capital do grande império cuja influência permeou a vida de todos e onde, segundo a lenda, Pedro iria morrer uma morte de mártir – embora nada disso explique o motivo pelo qual Pedro iria ocultar a identidade de Roma com uma metáfora. A interpretação de que Babilônia significa Roma é vista com ceticismo por alguns estudiosos e também entre os coptas, ou seja, os cristãos do Egito, que apontam ter sido Babilônia

A Madalena gnóstica

Segundo a lenda cristã, são Marcos Evangelista trouxe o cristianismo para o Egito em meados do século I. Este mosaico na basílica de São Marcos, em Veneza, mostra Marcos (à esquerda) chegando por mar em Alexandria com seu farol e depois (à direita) ensinando o evangelho na cidade. Mas o Novo Testamento não faz menção a isso, exceto por um controvertido verso que pode ser interpretado no sentido de que tanto Marcos quanto Pedro chegaram ao Egito juntos e com uma mulher tão conhecida que não era necessário mencionar seu nome – Maria Madalena?

um nome usado em épocas helenística e romana e durante toda a Idade Média para a referência a um lugar que hoje se situa dentro dos bairros do sul do Cairo, a cidade fundada pelos árabes em 969, chamada Misr al Qadima, Velha Cairo. O argumento de que Babilônia significa Roma é dissimulado, dizem eles, e serve para que Roma se aproprie de Pedro, a fim de lá coroá-lo papa e mártir, legitimando o pedido do Vaticano para a supremacia apostólica.

Em tempos faraônicos os viajantes entre as grandes cidades de Heliópolis, o centro religioso do Egito, e Mênfis, a sua capital política, tomavam a balsa na Babilônia para atravessar o Nilo. Um povoado, talvez até mesmo uma cidade, surgiu nesse local, na margem leste do rio, em frente à ponta sul da ilha de Roda, que os gregos mais tarde chamariam de Babilônia no Egito, provavelmente uma corrupção do antigo nome de Roda: Per-Hapi-en-Yun, Casa do Nilo de Heliópolis.

Segundo a tradição judaica, quando o profeta Jeremias fugiu para o Egito no século VI a.C., após a destruição de Jerusalém pelos babilônios, ele pregou e se estabeleceu em Babilônia; os coptas acrescentam que a presença de judeus ali atraiu a Sagrada Família para a Babilônia durante sua fuga para o Egito a fim de escapar de Herodes. Pela mesma razão, dizem os coptas, Pedro e Marcos foram para lá, e argumentam que Babilônia não é uma metáfora para Roma, mas significa Babilônia no Egito, com suas antigas associações judaicas e cristãs. Refazendo a fuga da Sagrada Família, peregrinos de toda a cristandade iam a esse lugar a que chamavam Babilônia durante toda a Idade Média, e hoje os viajantes ainda podem ver os restos da fortaleza romana da Babilônia, construída por Augusto no século I a.C., e as suas torres, que enquadram a entrada para o Museu Copta.

Mas o versículo contém um novo quebra-cabeça: "A igreja que está em Babilônia, eleita com vocês, vos saúda; e o mesmo faz meu filho Marcos." Esta é a versão da Bíblia do Rei Jaime, e muitas outras traduções também possuem a palavra "igreja", mas no original grego a palavra "igreja" não está lá. Mais literalmente o verso deveria ser lido como "Ela que está em Babilônia, que é igualmente escolhida, saúda você, e assim o faz Marcos, meu filho". Não há dúvida de que se pretendia o feminino, pois a palavra grega para "igualmente escolhido", ou "escolhido junto", é feminina. Por isso algumas traduções inseriram "igreja", que é feminino em grego; assim como Pedro abre o capítulo 5 exortando os anciãos cristãos na Ásia Menor, pode-se argumentar que ele termina o capítulo 5 enviando-lhes saudações de pessoas semelhantes, membros da igreja, na Babilônia. Por outro lado, muitos estudiosos tomam o grego como ele é e dizem que significa "ela", mas então eles têm o problema de quem "ela" poderia ser. Alguns dizem que "ela" é a esposa de Pedro; eles eram conhecidos por viajarem juntos, e que a pessoa chamada Marcos seria seu filho, embora mais geralmente "Marcos, meu filho" seja visto como

A Madalena gnóstica

se referindo ao evangelista Marcos, o autor do Evangelho de Marcos, e "meu filho" como "querido para mim". Outros dizem que a misteriosa "ela" é outra mulher, tão conhecida que não seria necessário mencionar seu nome. Poderia ter sido Maria Madalena?

Deixando de lado esse argumento, também não sabemos como ou quando a mensagem cristã foi levada para o Egito, mas a Babilônia poderia muito bem ter sido um ponto intermediário para quem vem por terra; caso contrário, Alexandria teria sido o porto natural de entrada, e o cristianismo teria se desenvolvido lá e finalmente se espalhando por todo o país. Alexandria era a segunda maior cidade do Império Romano após a própria Roma; e, com sua grande biblioteca e seu museu, seus cientistas, matemáticos, poetas e filósofos, foi a propagadora do helenismo, sendo a capital intelectual e cultural do mundo greco-romano. A população helenizada da cidade, predominantemente grega, mas também egípcia, e com a maior comunidade judaica fora da Palestina, era famosa por adaptar, sintetizar e propagar ideias religiosas e filosóficas. Mas, enquanto os escritos de vários Pais da Igreja na Ásia Menor e na Europa eram conhecidos desde os primeiros tempos – como os de Clemente de Roma, no final do século I; de Policarpo de Esmirna, no início do século II; e de Irineu em Lyon, no final do século II –, não parece haver vozes cristãs chegando do Egito além de Clemente de Alexandria no final do século II.

No entanto, o imperador romano Adriano encontrou uma comunidade cristã significativa quando visitou o Egito em 130-131 d.C.; em Alexandria, discutiu com estudiosos no museu, enquanto no templo de Serápis, a versão helenizada de Osíris e marido-irmão de Ísis, ele confundiu os cristãos com adoradores do deus pagão.

> Aqueles que adoram Serápis são cristãos e aqueles que se chamam bispos de Cristo são dedicados a Serápis. Como homens, eles são sediciosos, vãos e rancorosos; como grupo, são ricos e prósperos, e ninguém vive no ócio. Alguns fabricam vidro, alguns fazem papel e outros linho. O seu Deus único não é nada peculiar; cristãos, judeus e todas as nações o adoram. Eu desejaria que este grupo de homens fosse mais comportado.

Embora uma grande lacuna social e cultural existisse entre Alexandria, com sua população de língua grega, e o interior rural, habitado por egípcios nativos cuja língua copta tinha sido falada desde os tempos faraônicos, no início do século III o cristianismo preencheu também o campo. (Copta vem de *qibt*, que é uma corruptela dos invasores árabes de *Aigyptos*, palavra grega para o Egito.) Além disso, desde o início do século III, clérigos de Alexandria e sua Escola Catequética se colocariam no centro dos debates sobre as grandes batalhas teológicas do cristianismo, discutindo, desenvolvendo e refinando a fé, e decidindo o cânone do Novo Testamento.

Mas os escritores da Igreja primitiva não têm nada a dizer sobre os dois primeiros séculos da era cristã no Egito, nem sobre aquela versão do cristianismo chamado gnosticismo, que agora sabemos ter florescido no Egito tão tardiamente quanto o século IV – um silêncio tão ensurdecedor que estudiosos acreditam que a evidência do início do cristianismo no Egito foi deliberadamente destruída ou censurada pela própria Igreja.

Redescobrindo o mundo perdido do cristianismo egípcio

Obras escritas no mundo antigo foram com labor produzidas manualmente, com escribas escrevendo em papiro, pergaminho ou em papel em forma de rolos, ou em folhas, então unidas como livros. Esses últimos, conhecidos como *codices*, no plural, e *codex*, no singular, eram uma invenção romana do século I, e em trezentos anos já tinham ultrapassado o uso do pergaminho – seu aumento associado ao crescimento do cristianismo, que favoreceu os códices para facilitar a leitura de seus textos sagrados.

Sob condições normais pergaminhos e códices eram altamente perecíveis, e as obras que continham não sobreviveriam, a não ser que existisse interesse suficiente para justificar a reprodução repetida. Embora o gnosticismo fosse generalizado no Egito, onde floresceu como parte do amplo fluxo de crença cristã, seus escritos sofreram cada vez mais

A cabeça de bronze do imperador romano Adriano encontrada no rio Tâmisa, em Londres, e agora no Museu Britânico. Adriano, que durante o seu reinado viajou de uma extremidade à outra de seu império, da Grã-Bretanha à Síria, visitou o Egito em 130-131 como parte de uma longa turnê pelas províncias orientais de Roma que incluiu visitas a Atenas, Palmira e Jerusalém. Ele estava tentando assimilar todos os povos do império numa religião helenística comum, mas em reação feroz a isso a revolta de Bar Kokhba eclodiu na Judeia em 132. Depois de suprimir a revolta, Adriano reconstruiu Jerusalém como Aelia Capitolina, uma cidade inteiramente romana, cheia de templos pagãos. A revolta marcou a ruptura final entre judeus e gentios cristãos.

uma campanha ativa por parte da Igreja latina no Ocidente, onde eram condenados como heréticos. E assim, para além dos perigos habituais de perecerem por negligência, eram ativamente destruídos.

No decorrer dos séculos a destruição foi tão profunda que nada parecia ter sobrevivido dos escritos gnósticos; o que era conhecido sobre o gnosticismo vinha apenas de seus inimigos, pessoas como o teólogo do final do século II Tertuliano de Cartago, no norte da África, o primeiro clérigo a escrever extensivamente em latim e que foi chamado o pai do cristianismo latino, e Irineu, bispo de Lyon, que escreveu a obra *Contra as heresias*, por volta de 180 d.C.

Mas, em 1773, um códice conhecido como *Pistis Sofia* foi descoberto no Egito, embora não tenha sido traduzido do copta até 1851, quando foi publicado em alemão. Outro códice que incluía o *Evangelho de Maria Madalena* foi adquirido em 1896 por um egiptólogo alemão de um antiquário no Cairo, que disse ter sido encontrado em Akhmim, perto de Sohag, no Alto Egito. Infelizmente inúmeras vicissitudes, incluindo duas guerras mundiais, impediram a sua tradução e publicação até 1955.

A Biblioteca de Nag Hammadi

Naquela época uma descoberta importante foi feita também no Alto Egito. Em 1945, dois *fellahin*, termo egípcio para "camponeses", estavam à procura de fertilizantes num antigo cemitério perto de Nag Hammadi, onde os penhascos do deserto, que chegam perto dos delicados campos verdes que se estendem como uma fita ao longo do Nilo, estão crivados de sepulturas. Numa terra onde a madeira é uma raridade, o esterco dos animais tem sido tradicionalmente utilizado como combustível, e assim outros fertilizantes precisavam ser procurados. Um deles eram os escombros do passado, que cobriam cidades e aldeias antigas ou preenchiam locais de sepultamento. Ao longo dos séculos os detritos se desintegram numa espécie de terra chamada *sebakh*, contendo 12% de nitrato de potássio, carbonato de sódio e cloreto de amônio.

A Madalena gnóstica

Os gnósticos estiveram no silêncio por 1,6 mil anos até que Muhammad al-Samman e seu irmão descobriram seu tesouro escondido de evangelhos, em 1945, revolucionando completamente a nossa compreensão do cristianismo primitivo. Esta fotografia tirada em 1977 mostra-o de pé, com as falésias do Jabal al-Tarif em Nag Hammadi ao longe às suas costas.

O que os camponeses encontraram em vez disso foi uma grande jarra de barro selada, contendo doze códices coptas amarrados em couro, cada um contendo vários tratados, juntamente com algumas páginas soltas de manuscrito, que tinham sido preservados em seu ambiente sem ar e seco. Com a intenção de vender sua descoberta pouco a pouco, os homens, que eram irmãos, a esconderam em casa, onde sua mãe, temendo que carregassem poderes malignos, queimou vários dos manuscritos. Felizmente um padre copta local reconheceu a sua importância; hoje os códices de Nag Hammadi estão alojados no Museu Copta do Cairo.

Os códices compreendem 52 tratados, principalmente gnósticos, que datam dos séculos III e IV, embora sejam traduções do grego original de uma data ainda mais antiga; entre eles o *Evangelho de Tomé*, composto por volta de 80 d.C. e, portanto, pelo menos tão antigo quanto qualquer um dos evangelhos canônicos. A coleção completa foi publicada em tradução fac-símile e em inglês entre 1972 e 1984.

A Biblioteca de Nag Hammadi, como o achado é conhecido, provavelmente pertencia ao mosteiro pachomiano de Pbow (atual Faw Qibli), que ficava nas proximidades e cujos monges, em vez de queimar seus livros depois que o bispo Atanásio de Alexandria condenou o uso de obras não canônicas em 367 d.C., os colocaram de lado até que o clima mudasse. Mas isso nunca ocorreu.

Entre as obras da biblioteca estavam o *Diálogo do Salvador*, o *Evangelho de Filipe* e o *Evangelho de Tomé*, todos extensivamente falando de Maria Madalena, assim como todas as obras gnósticas anteriormente adquiridas, o *Pistis Sofia* e o *Evangelho de Maria Madalena*, de forma abrangente e revertendo o silêncio sobre ela – silêncio que dominou o Novo Testamento, começando com Atos.

Evangelhos gnósticos

O entendimento usual da palavra "evangelho" é que ele é uma narrativa da vida e da morte e da ressurreição de Jesus, que é o que Mateus, Marcos, Lucas e João, os evangelhos do Novo Testamento, são. O Novo Testamento é, por outro lado, constituído de cartas – a maioria escrita por Paulo –, que mais uma vez se enraízam em biografia e história. Quanto a outras formas de se interpretar a experiência humana, o Novo Testamento se limita a uma única obra apocalíptica, o Apocalipse.

Esse parece ter sido o formato estabelecido até o final do século II, pelo menos em todos os lugares que se orientavam por Roma e caíam dentro da área geográfica do Livro dos Atos dos Apóstolos e das viagens de Paulo.

Mas o Egito era diferente. A tradição apocalíptica amplamente rejeitada no Ocidente floresceu no Egito, junto com outros escritos, ensinamentos, provérbios, sermões, manuais de iniciação e encantamentos mágicos que não foram necessariamente condensados em narrativas biográficas e históricas ou qualquer tipo de realismo. Às vezes, a sensação é a de se atravessar as doze horas da noite, as horas do Amduat, aquela parte do antigo *Livro egípcio dos mortos*, que serve como um guia para se navegar pela noite escura do submundo, cheio de divindades, demônios e monstros, antes de renascer na parte da manhã, com o sol nascente. Os egípcios conheciam havia muito tempo essa jornada espiritual, essa viagem através da escuridão para a luz – e os templos dos antigos deuses, de Ísis e Osíris e todos os demais, ainda estavam cheios de seus antigos sacerdócios. O gnóstico *Evangelho dos egípcios* termina com essa trindade composta pelos iniciadores da redenção, "o grande, invisível, Espírito

Um códice do achado de Nag Hammadi. O códice, que consiste de páginas unidas em forma de livro em vez de um rolo de papel contínuo, foi introduzido no Egito pelos romanos e se tornou popular porque os cristãos o achavam fácil de ler, facilmente transportável e a maneira mais conveniente para difundir a palavra.

eterno; seu Filho unigênito, a luz eterna; e sua grande, incorruptível consorte, a incorruptível Sofia" – no qual Jesus é a luz do esclarecimento e sua consorte é Sofia, que os egípcios identificaram com Ísis, a deusa que ajuda a levar os mortos através dos perigos da noite e a quem os evangelhos gnósticos identificavam com Maria Madalena.

Os chamados "evangelhos gnósticos" não são, portanto, necessariamente evangelhos narrativos como o Novo Testamento, eles são a boa-nova, uma tradução direta do grego *evangelion*, a boa mensagem de salvação trazida por Jesus, o segredo de como escapar deste mundo e se unir ao Deus primordial.

Gnosticismo em linhas gerais

O gnosticismo é uma versão do cristianismo que foi reprimida ou que, de todo modo, não conseguiu sobreviver. No entanto, por centenas de anos os gnósticos praticaram seus rituais e crenças ao lado de outros cristãos, principalmente no Egito, mas também em outras partes do Oriente Médio e do Mediterrâneo oriental. A destruição, a perda e a descoberta apenas recente de suas obras dão a impressão de que eles pertenciam a uma categoria à parte. Contudo, naquela época os gnósticos eram parte da atmosfera inclusiva do cristianismo primitivo no Egito e tinham crenças que qualquer um estava livre para seguir. Na realidade, alguns estudiosos afirmam que o gnosticismo foi a forma original do cristianismo.

O gnosticismo pode ser uma de duas coisas, ou ambas. O gnosticismo é a crença de que as pessoas têm uma capacidade divina dentro de si e podem vir a entender que o reino de Deus já está sobre a terra, se elas conseguirem perceber o mundo dessa maneira. O próprio Jesus viu o reino de Deus como estando ao alcance.

O gnosticismo também pode ser visto como uma crença que diferencia o deus deste mundo, o Deus do Antigo Testamento, de um deus superior mais abstrato e primal, uma crença que se refere a este mundo como o resultado de um acidente e sob o domínio de um demiurgo com defeito ou mau, ou uma série de poderes ou arcontes, cujo objetivo é manter a alma humana presa em seu corpo material, para sempre separada do mundo superior do espírito.

Gnosis é o grego para "conhecimento", neste caso o processo intuitivo de conhecer a si mesmo e, assim, conhecer a natureza e o destino humanos, e no nível mais profundo conhecer Deus. Em vez de ver Deus e a humanidade em separado, os gnósticos viam a si mesmos e ao divino como um. Em vez de discutir o mal em termos de pecado e arrependimento, os gnósticos diziam que o mundo era uma ilusão da qual se escapava pela iluminação. Jesus não ofereceu a salvação ao morrer na cruz; ele era um guia espiritual. "Se você levar adiante o que está dentro de você", disse Jesus, segundo o *Evangelho de Tomé*, "o que você levar adiante o salvará. Se você não levar adiante o que está dentro de você, o que você não levar adiante vai destruí-lo."

Conhecimento, mistério e mal

Durante o período helenístico a palavra *gnosis* assumiu uma associação específica com os mistérios e tornou-se sinônimo do termo grego *mysterion*. Essa gnose era um conhecimento secreto que explicava o caminho para a salvação deste mundo material, algo que um adorador poderia encontrar, participando de um mistério de Ísis, por exemplo, ou por ouvir Paulo.

Paulo falou dessa busca quando contou de seu encontro com Jesus, a sua visão pessoal e direta do divino, e explicou que o mistério da morte e ressurreição de Jesus seria nos "livrar do presente mundo mau" (Gálatas 1:4). E, como os gnósticos, ele falou da sabedoria oculta. "No entanto, falamos de sabedoria entre os perfeitos, sabedoria que não é deste mundo nem dos príncipes deste mundo, que não são nada. Ensinamos a sabedoria de Deus, misteriosa e oculta, a qual Deus, antes dos séculos, destinou para nossa glória" (1 Coríntios 2:6-7).

Há quem especule se Paulo era um gnóstico ou se tinha tendências gnósticas. Valentino, uma das maiores figuras gnósticas, tinha orgulho de dizer que seu próprio professor fora ensinado por Paulo; e os gnósticos tinham Paulo em alta conta, não por ser um seguidor de Jesus, mas porque o próprio Jesus tinha se revelado e a seus segredos para Paulo. O que isso realmente nos diz é que o cristianismo primitivo era extremamente fluido e que alguém como Paulo pode ser visto como o protótipo da ortodoxia ou o protótipo do que se tornou uma heresia.

Até a descoberta dos evangelhos gnósticos pouco se sabia dos gnósticos, exceto pelos escritos de seus oponentes proto-ortodoxos, que os apresentavam como hereges. O que pode ser descrita como a posição proto-ortodoxa dentro do cristianismo primitivo – que é a doutrina seguida por aqueles que, no século IV, se tornariam o partido vitorioso e, portanto, ortodoxo – é possível ser encontrada na versão do Novo Testamento, que começou a tomar forma no século II e acabou por ser aprovada pela Igreja ocidental no Conselho de Cartago, em 397, e pela Igreja ortodoxa oriental vários anos mais tarde. Em particular as cartas de Paulo, os quatro evangelhos canônicos de Mateus, Marcos, Lucas e João, e o Livro dos Atos dos Apóstolos poderiam juntos ser lidos como afirmando que Jesus era divino, que sua crucificação foi seguida por sua ressurreição e que a salvação está em aceitar esse mistério por meio da Igreja apostólica, que é a Igreja que constrói sua autoridade afirmando serem seus mais altos representantes os sucessores dos apóstolos originais de Jesus.

A existência do mal no mundo de Deus representava um problema para os primeiros cristãos, este "presente mundo mau", nas palavras de Paulo. Se houvesse um só Deus, e se Deus fosse o criador, e se Deus era bom, como era possível haver sofrimento, doença e morte em seu mundo? Os cristãos dividiam-se em duas respostas. Por um lado, os cristãos proto-ortodoxos disseram que fora o homem, e não Deus, que tinha introduzido o mal no mundo, e por isso eles geralmente colocavam a culpa em Eva por comer o fruto da árvore do conhecimento do bem e do mal. A virtude deste argumento está em que ele falava do grande drama que encontrou sua resolução neste mundo. Aqui o homem tinha introduzido

A deusa do céu Nut sobre o teto abobadado da câmara funerária de Ramsés VI, no Vale dos Reis. O tema da morte e ressurreição era tão antigo quanto a própria civilização egípcia. Eles acreditavam que Nut engolira o sol poente, que ele viajava através de seu corpo iluminado por estrelas, e que ela dera à luz o sol na madrugada seguinte. Da mesma forma Ramsés irá viajar através da escuridão da morte, mas irá emergir para a luz.

o mal, sim, mas por sua crucificação e ressurreição Jesus tinha vindo para o salvar dos seus pecados e lhe dar vida eterna.

Mas a crucificação e ressurreição não têm lugar em crenças gnósticas, nem estava Jesus oferecendo a salvação dos pecados da humanidade. Para os gnósticos, o mal neste mundo não veio do homem; ele veio de Deus. Eles rejeitavam o pecado original da humanidade e, indo muito mais longe, rejeitavam este mundo totalmente, dizendo que era a criação de uma divindade do mal, o inimigo do homem.

Um dos mestres gnósticos mais proeminentes foi Valentino, que viveu em Alexandria por volta de 140 d.C. Ele alegava possuir o verdadeiro conhecimento de como o mundo foi criado e de como surgiu o mal, uma história que apresentou aos seus seguidores em termos de um mito cósmico. Ele concebeu um deus primordial, o centro de uma harmonia divina, que envia manifestações de si mesmo em pares de macho e fêmea. Sofia, que significa "sabedoria" em grego, a mais jovem dessas emanações divinas, tenta imitar seu pai, o Deus primordial, o único a possuir o verdadeiro poder de criação, mas em vez disso ela produz um aborto, que depois de uma longa série de transformações evolui para o mundo inferior do mal e da decadência habitado pelo homem e governado por um demiurgo desafortunado. No sistema de Valentino, no entanto, Sofia, por meio do arrependimento e da expiação, retorna ao mundo superior.

Os gnósticos são chamados dualistas por causa de sua crença nesses dois mundos, o mundo do mal e da decadência habitado pelo homem, e o mundo da luz, onde o Deus primordial reside. Mas os gnósticos também sabiam o segredo da salvação. No momento de seu erro cósmico, Sofia trouxe com ela faíscas de luz divina, como lascas de vidro quebrado incorporadas na humanidade. Os gnósticos viam a si próprios como os filhos de Sofia, uma divindade de muitos nomes. Ela foi a Mãe Total, a Eva Celestial, o Espírito Santo. Ela também foi Ela à mão esquerda, em oposição a Jesus, que é Ele à mão direita; ela era o Homem-Mulher, era Paraíso, Éden, a Virgem, a Filha da Luz, a Alma do Mundo e a Alma no Homem. De Sofia os gnósticos tinham obtido a centelha divina que os impele a buscar o mundo superior, o verdadeiro e perfeito reino do Deus primevo.

A redenção cósmica, no entanto, e não apenas a salvação pessoal, era necessária porque toda a criação tinha sido um erro; não tinha nada a ver com Deus, que nunca teve a intenção de que deve haver um universo e nunca teve a intenção do homem. A criação era uma obra com defeito, e assim o homem vivia num mundo sem sentido ou sob o controle de ferro dos poderes do mal; em qualquer caso, ele foi pego na armadilha do mundo material que foi separado do espírito de Deus.

A descrição do cosmos de Valentino continuou a excitar as mentes dos pensadores muito tempo depois de o gnosticismo ter sido suprimido. Aqui neste frontispício a *Utriusque Cosmi, Maioris scilicet et Minoris metaphysica atque technical Historia* (A metafísica, física e história técnica dos dois mundos, ou seja, o maior e o menor), publicado em 1617-19 pelo médico inglês e cosmólogo Robert Fludd e ilustrado por sua própria mão, mostra como a *anima mundi*, o "espírito do mundo", também conhecido como Sofia, permanece como intermediário entre o mundo superior de Deus e o mundo inferior do homem. A mão de Deus segura uma corrente que desce para a sua mão direita, enquanto a partir de sua mão esquerda, por sua vez, a cadeia desce para um macaco, o símbolo para as artes e ciências e ofícios da humanidade. Egípcios pagãos identificavam Sofia com Ísis, enquanto os gnósticos identificavam Sofia com Maria Madalena.

Valentino ensinou a seus seguidores que eles poderiam libertar-se pela tentativa de reprimir seus desejos e praticando a abstinência sexual. Ter filhos simplesmente repetiria e prolongaria a prisão da alma neste mundo com defeito, o seu exílio do Deus primal. "Até quando os homens continuarão a morrer?", pergunta-se a Jesus no *Evangelho dos egípcios*, ao que ele responde: "Enquanto as mulheres tiverem filhos." Na polaridade do masculino e do feminino era espelhada a divisão, a dualidade, do universo, de modo que o Juízo Final e a redenção do mundo viriam – como diz Jesus no evangelho gnóstico dos egípcios – "quando os dois se tornam um, e o macho com a fêmea, não havendo nem homem nem mulher".

Mas nem todas as escolas do gnosticismo promoviam a abstinência sexual. A escola dos carpocracianos, mencionados por Clemente de Alexandria na carta sobre o *Evangelho secreto de Marcos*, tinha sido fundada em Alexandria por volta da época da visita de Adriano, em 130-131 d.C. Os carpocracianos acreditavam que poderiam escapar dos grilhões deste mundo ao contrariar suas regras e convenções. Possuir propriedade particular não era natural, eles diziam, e as mulheres devem ser tidas em comum; cada experiência, boa ou pecaminosa, deve ser permitida, e como isso poderia levar mais de uma vida inteira para atingir eles acreditavam na transmigração das almas. A licenciosidade dos carpocracianos foi confirmada por Clemente, que afirmou que, durante sua festa ágape [do amor], a partilha sacramental de vinho e pão e outros alimentos – praticada pelos cristãos primitivos, um pouco como a Eucaristia –, eles tinham "relações sexuais onde e com quem quisessem".

Outra versão da Eucaristia aparecia nas práticas dos fibionitas, de acordo com Epifânio, bispo de Salamina, em Chipre, no século IV, que testemunhou suas práticas em primeira mão em Alexandria, quando jovem. Em seu livro *Panarion*, um tratado sobre heresias, Epifânio descreve como membros dessa seita gnóstica se reuniam para refeições durante as quais os homens tinham relações sexuais com as esposas de outros homens. Pouco antes da ejaculação o homem retirava-se e, junto com a mulher, recolhia seu sêmen, após o que os dois o comiam. Se a mulher estivesse menstruada, misturavam seu sangue com o sêmen e comiam também.

Homens e mulheres partem o pão no início de uma festa ágape de confraternização nesta pintura que se situa na Catacumba de Priscila, em Roma, entre os séculos II e IV. Mas foi dito que para pelo menos duas seitas gnósticas no Egito, os carpocracianos e os fibionitas, as festas ágape eram mais como orgias em que os homens tinham relações sexuais com as esposas dos outros.

Este sacramento sexual veio do que os fibionitas acreditavam ser uma escritura sagrada chamada *As grandes questões de Maria*, perdida há muito tempo e conhecida por nós somente através de menções no *Panarion*, em que Jesus leva Maria Madalena para uma montanha, onde ele tira uma mulher de dentro de si, de seu lado, um pouco como Eva foi criada pela primeira vez a partir da costela de Adão. Jesus, então, tem relações sexuais com a mulher, mas se retira a tempo de pegar e engolir seu sêmen, dizendo a Maria: "É preciso fazer isso para que possamos viver." A proibição não está na relação sexual, mas na reprodução; Jesus estaria mostrando que ao consumir o sêmen do homem e o sangue da mulher ele estaria parando o ciclo de reprodução, que de outra forma criaria ainda mais prisões humanas para a alma.

Que Maria Madalena pudesse ser identificada com essa gama de práticas, de libertinagem a ascetismo, mostra quão amplamente ela atraía a atenção. Era uma mulher que poderia ser tudo para todos – como Ísis era a deusa de incontáveis nomes, a deusa abrangente. Mas quando, em última análise, o gnosticismo se tornou uma heresia, Maria Madalena foi destronada; de deusa Maria Madalena tornou-se tudo para todos de uma forma muito diferente: a Igreja transformou-a numa prostituta.

Uma vez que o mistério gnóstico não estava na crucificação e ressurreição, ele solapou a lógica para a Grande Comissão, o comando do Jesus ressuscitado (encontrado, por exemplo, em Marcos 9:15-6 e Mateus 28:16-20) para que se espalhasse o evangelho por todo o mundo e que se tornou a base para as sedes apostólicas e o princípio da sucessão apostólica – a pedra fundamental da ordem hierárquica da Igreja. Em vez disso, a abordagem gnóstica em relação ao divino era pessoal e visionária; o papel de Jesus era o de descer do Deus primordial e transmitir aos seus discípulos a tradição secreta da gnose. E, de acordo com a obra *Diálogo do Salvador*, encontrada em Nag Hammadi, seu melhor aluno, a "mulher que tudo compreendeu", foi Maria Madalena.

Maria Madalena nos evangelhos gnósticos

Maria Madalena aparece com destaque no *Pistis Sofia*, no *Evangelho de Maria*, no *Diálogo do Salvador*, no *Evangelho de Filipe* e no *Evangelho de Tomé*, onde está associada com Sofia, a Sabedoria Divina, e é retratada como uma visionária, como a mulher que "sabe tudo" e como a "herdeira da luz".

O cenário é geralmente no período após a ressurreição. O *Evangelho de Tomé* é uma exceção, na medida em que é um evangelho composto inteiramente pelos ditos de Jesus, e é portanto atemporal. Outra exceção é o *Evangelho de Filipe*, em que Maria Madalena tem um papel explícito na vida do Jesus histórico, durante a qual ela é o único discípulo que já entende o seu verdadeiro caráter e mensagem. Ela é celebrada como o principal discípulo de Jesus, e no *Evangelho de Filipe* é descrita como seu *koinonos*, uma palavra grega usada na Bíblia para significar "companheiro", "companheira" ou "esposa".

A Madalena gnóstica 215

Mas também a relação entre Jesus e Maria Madalena nos evangelhos gnósticos geralmente sugere uma dimensão mais profunda; ela é a divina *syzygos* de Jesus, seu aspecto feminino que cria um todo espiritual. No *Pistis Sofia* os discípulos perguntam a Jesus como ele desceu dos reinos imortais a este mundo onde tudo morre, ao que ele responde: "O Filho do Homem concordou com Sofia, sua consorte, e revelou uma grande luz andrógina. Seu nome masculino é 'Salvador, Gerador de Todas as Coisas'. Seu nome feminino é 'Sofia Geradora de Tudo.'"

O Evangelho de Tomé

O *Evangelho de Tomé*, encontrado em Nag Hammadi em 1945, data dos primórdios da era cristã. Escrito em copta, foi traduzido de uma versão grega anterior, de que alguns fragmentos são conhecidos por escavações em 1896 e 1907 em Oxirrinco, mais ao norte ao longo do Nilo. Há um crescente consenso acadêmico sobre o *Evangelho de Tomé* ter sido composto por volta da mesma época e, possivelmente, antes dos quatro evangelhos canônicos, e alguns o colocam tão cedo quanto 50 d.C. O evangelho abre com estas linhas:

> Estas são as palavras ocultas que o Jesus vivo falou e que Didymos Judas Tomé anotou. E Ele disse: "Quem descobrir o significado destas palavras não provará a morte."

A menção a palavras ocultas sugere gnosticismo, mas o *Evangelho de Tomé* não precisa ser separado como gnóstico pois muito dele pode ser encontrado nos evangelhos canônicos; de fato, muitas das suas linhas podem primeiramente ter sido escritas em Tomé, em vez de em Mateus, Marcos, Lucas ou João.

O *Evangelho de Tomé* não é um evangelho no sentido do Novo Testamento; não há nenhuma narrativa da vida de Jesus, nenhum relato de suas curas, milagres ou ensinamentos, nada sobre seu nascimento ou morte. Em vez disso, o evangelho elenca 114 ditos de Jesus como tendo sido registrados por alguém que se denomina Didymos Judas Tomé. O Evangelho de João menciona um Didymos Tomé como um dos apóstolos, mas realmente não sabemos quem escreveu o *Evangelho de Tomé* mais do que sabemos quem escreveu os evangelhos canônicos, todos eles anônimos. Os nomes Mateus, Marcos, Lucas e João foram adicionados no século II.

Mas quem quer que tenha escrito o *Evangelho de Tomé* tinha em mãos os mesmos materiais básicos que aparecem nos evangelhos canônicos. A maioria de suas 114 falas será familiar. Existem as parábolas do grão de mostarda, do cisco no olho do seu irmão, de um cego guiando outro cego. Profetas não são reconhecidos em sua terra natal, diz Jesus, e adverte para que não se joguem pérolas aos porcos. Sendo-lhe mostrada uma moeda de ouro que leva o desenho da cabeça do imperador romano, Jesus, no *Evangelho de Tomé*, diz: "Dê ao imperador o que pertence ao imperador, dê a Deus o que é de Deus e me dê o que é meu", lembrando a cena de Jesus sendo questionado pelos sacerdotes no templo nos evangelhos de Marcos, Mateus e Lucas – mas nos evangelhos sinópticos o material foi trabalhado em uma narrativa e em um drama; no *Evangelho de Tomé*, permanece uma fala sem contexto.

Em vez de depender de uma linha narrativa, o *Evangelho de Tomé* oferece rajadas de revelação: "O reino do Pai está dentro de você e está fora de você. Quando vocês conhecerem a si próprios, então serão conhecidos, e entenderão que são filhos do Pai vivo. Mas, se vocês não conhecerem a si próprios, então viverão na pobreza, e vocês são a pobreza."

Maria Madalena é mencionada duas vezes no *Evangelho de Tomé*. A primeira vez, na fala 21, ela diz a Jesus: "A que se assemelham teus discípulos?" E ele responde: "Eles são como crianças vivendo em um campo que não é deles." O significado da parábola não é claro; na verdade pode ter sido mal traduzido do grego, mas o que parece acontecer é que o proprietário retorna, exige seu campo, e as crianças removem suas roupas e vão embora. Isso pode ser tomado como significando que os discípulos, que são as crianças, são moradores deste mundo, esta criação do demiurgo, que não é seu verdadeiro mundo; ao sair, as crianças despem-se de seus corpos, que são igualmente parte da falsa criação do demiurgo.

Jesus continua: "Estejam em guarda contra o mundo. Preparem-se com grande força, de modo a que os ladrões não possam encontrar uma maneira de chegar até vocês, pois o problema que vocês esperam virá. Que haja entre vocês uma pessoa que entenda. Quando a colheita amadureceu, ele chegou rapidamente carregando uma foice e a colheu. Qualquer um aqui com dois ouvidos fará bem em ouvir!" Aqui parece que aquele que entende vai saber quando chegar o momento de colher a sabedoria gnóstica. Significativamente, é Maria Madalena que fez a

Quando os depósitos de lixo de Oxirrinco, uma cidade antiga desaparecida no Alto Egito, foram escavados no final do século XIX e início do XX, eles revelaram não apenas documentos de vidas cotidianas antigas, tais como cartas particulares, certidões de casamento, testamentos, contas e arrendamento de terras, mas também obras havia muito perdidas de Sófocles, Platão e Tucídides, e revelaram também os evangelhos gnósticos de Tomé e de Maria Madalena.

pergunta, e como se suas palavras fossem destinadas especialmente a ela Jesus diz: "Que haja entre vós uma pessoa que entenda."

Maria Madalena é mencionada novamente na fala 114. Esta é a última fala no evangelho, e há algum pensamento acadêmico sobre a possibilidade de ela ter sido adicionada numa data posterior. De repente, Pedro disse a Jesus: "Faça Maria deixar-nos, pois as fêmeas não merecem vida." Jesus responde: "Olhe, eu vou guiá-la para torná-la masculina, para que ela também possa tornar-se um espírito vivo semelhante a vós, homens. Pois cada mulher que se tornar homem entrará no reino dos céus."

A vida a que Pedro se refere é a vida eterna; ele está se opondo a um papel espiritual para Maria Madalena e para as mulheres em geral. Esta é uma queixa que Pedro faz ainda mais duramente no *Evangelho de Maria Madalena* e no *Pistis Sofia*, e o confronto entre Pedro e Maria Madalena existe também no Evangelho de Lucas. Mas Jesus lida com Pedro com firmeza, dizendo que ele vai pessoalmente garantir que ela entre no reino dos céus. Contudo, embora possa ser perturbadora para os ouvidos modernos – "eu vou guiá-la para torná-la masculina" –, tomar a linguagem desta fala simplesmente como evidência de misoginia é não ouvir a história completa.

Uma metáfora filosófica comum no período helenístico era descrever a essência da forma como masculina e seu elemento material como feminino. "Tornar-se masculino" era uma frase comum para se tornar espiritual e puro. Isso era baseado na noção de um *continuum* de vida através de plantas e animais até homens e deuses. Os humanos masculinos estavam mais próximos dos deuses ao longo desse *continuum*. Se o objetivo dos homens era tornar-se como deuses, assim, para uma mulher também se tornar como um deus, ela primeiro teria de passar pelo estágio masculino. O preconceito de Pedro contra Maria Madalena é imediatamente convertido por Jesus numa questão filosófica; tudo o que é terreno e perecível será transformado em celeste e imperecível. Jesus está garantindo a libertação e salvação de Maria Madalena, da mesma forma que todos devem ser erguidos deste mundo material para serem libertados e salvos.

A *Madalena gnóstica*   219

Nisso havia também um aspecto judaico. No estado original de existência antes da Queda, Adão era completo: "E criou Deus o homem à sua imagem, à imagem de Deus o criou; homem e mulher ele então criou" (Gênesis 1:27). Criou-se a mulher quando Eva foi removida da lateral de Adão. Portanto, assim segue o raciocínio, para restaurar a unidade primordial, para escapar da dor, da decadência e morte do mundo material, a mulher precisa ser reabsorvida ao homem.

Há algo mais acontecendo aqui também, mais importante do que qualquer política sexual, e esse é o argumento entre a visão, por um lado, que é a apreensão direta e pessoal do divino, uma qualidade representada por Maria Madalena, a mulher que sabe, e uma religião que exige a mediação da Igreja, uma hierarquia de funcionários que baseiam sua autoridade na sucessão apostólica, para quem Pedro é a "rocha" – embora não haja nenhuma prova, apenas a lenda inventada pela Igreja, de que Pedro tenha alguma vez ido até Roma.

O Evangelho de Maria Madalena

O códice comprado no Cairo em 1896 contém a cópia mais completa do *Evangelho de Maria*, como é chamado no manuscrito, claramente significando Maria Madalena. Mesmo assim, mais da metade do trabalho está faltando, seis páginas à frente e quatro no meio. Copiado e costurado no final do século IV ou início do V, o evangelho é uma tradução para o copta do grego original, do qual dois fragmentos muito pequenos foram encontrados em Oxirrinco durante as escavações de 1896 a 1907. O trabalho original grego foi datado em cerca de 120 a 180 d.C. o mais tardar, embora alguns o julguem anterior a isso, no final do século I, e uma estudiosa, professora Karen King, da Universidade Harvard, pense que poderia datar do tempo de vida de Jesus – mas, por outro lado, King também é a difusora de um pequeno fragmento de texto ao qual deu o nome de *Evangelho da esposa de Jesus*, embora seja amplamente considerado entre os estudiosos que ela foi enganada por uma fraude. Quanto às origens do

Evangelho de Maria Madalena, tudo o que se sabe é que a compra no Cairo foi feita por um comerciante de Akhmim, perto de Sohag, uma importante comunidade copta tanto nos tempos antigos quanto nos modernos. Foi mantido em Berlim, mas devido às duas guerras mundiais e a outras dificuldades não foi publicado até 1955, após a descoberta da Biblioteca de Nag Hammadi, quando surgiu uma edição alemã.

Nesse único evangelho com o nome de uma mulher, Maria Madalena desempenha papel central. O evangelho registra uma aparição de Jesus aos seus discípulos depois da sua ressurreição, em que responde às suas questões sobre a natureza deste mundo e a do pecado; em seguida, depois de lhes dizer que pregassem o evangelho do reino, ele desaparece. Esta é uma variação da Grande Comissão dos evangelhos canônicos em que Maria Madalena não aparece, mas aqui ela aparece e assume o comando. Depois da partida de Jesus, os discípulos choram preocupados e perguntam-se com medo: "Como é que podemos ir aos gentios e pregar o evangelho do reino do Filho do Homem? Se eles não pouparam a Ele, como é que nos poupariam?"

Então Maria Madalena se levanta e fala. "'Não chorem e não se aflijam nem sejam irresolutos, pois sua bondade estará inteiramente com vocês e irá protegê-los. Mas, em vez disso, louvemos sua grandeza, pois ele nos preparou e nos fez homens.' Quando Maria disse isso, ela dirigiu seus corações em direção ao Bem e eles começaram a discutir as palavras do Salvador."

Mas então Pedro diz a Maria: "'Irmã, sabemos que o Salvador te amava mais do que às outras mulheres. Conta-nos as palavras do Salvador de que tu te lembras, que tu sabes, mas nós não, nem nunca as ouvimos.' Maria respondeu e disse: 'O que está escondido de vós eu vos proclamarei.'"

Maria Madalena continua e deixa claro que a autoridade reside na visão, não na sucessão apostólica. "Eu vi o Senhor numa visão e eu lhe disse: 'Senhor, eu o vi hoje numa visão.' Ele respondeu e me disse: 'Bem-aventurada sede que não vacilastes ao ver-me. Pois onde a mente está, lá é o tesouro.'" Jesus está louvando Maria Madalena por sua firmeza;

seu desenvolvimento espiritual avançado significa que ela não vacila em sua impressionante presença. Mas como se vê uma visão, ela pergunta, através da alma ou através do espírito? "O Salvador respondeu e disse: uma pessoa não vê através da alma nem através do espírito, mas a mente que está entre os dois é que vê a visão." Quatro páginas do códice estão faltando neste trecho, de maneira que nos faltam mais informações sobre alma, espírito e mente, mas parece que ter uma visão não é uma questão passiva, não é algo simplesmente recebido, mas sim que uma mente ativa governa o espírito e a alma e procura a visão; busca o reino. Esta qualidade visionária ativa de Maria lhe permite ser um líder entre os discípulos, para os afastar do medo e os dirigir ao mundo para pregar as boas novas do evangelho.

No *Evangelho de Maria Madalena*, o único evangelho a receber o nome de uma mulher, ela é o discípulo que Jesus mais ama. Ela exibe um poder visionário que lhe permite assumir a liderança, dirigindo os discípulos para longe do medo e rumo ao mundo para pregar a palavra.

Após as quatro páginas que faltam, quando a narrativa recomeça, Maria está dizendo aos discípulos como a alma humana sobe através das esferas celestes controladas por forças opostas a ela e faz seu caminho ao seu lar celestial. Em seguida, "ela ficou em silêncio, já que foi até este ponto que o Salvador tinha falado com ela". Mas agora os irmãos André e Pedro questionam se a visão de Maria pode ser confiável. Primeiro fala André, dizendo aos discípulos: "Diga o que você gostaria de dizer sobre o que ela disse. Eu, pelo menos, não acredito que o Salvador tenha dito isso. Pois certamente esses ensinamentos são ideias estranhas." Então Pedro se dirige aos discípulos: "Será que ele realmente falou em particular com uma mulher e não abertamente conosco? Devemos todos nos voltar e ouvi-la? Será que ele a preferia a nós?"

Maria chora e diz a Pedro: "Meu irmão Pedro, o que você acha? Você acha que eu pensei isso sozinha em meu coração ou que estou mentindo sobre o Salvador?"

Levi, também conhecido como o apóstolo Mateus, responde e diz a Pedro: "'Pedro, você sempre foi exaltado. Agora vejo você disputando contra a mulher como com adversários. Mas, se o Salvador a tornou digna, quem é você, de fato, para a rejeitar? Certamente o Salvador a conhece muito bem. É por isso que ele a amava mais do que a nós. Em vez disso, vamos ter vergonha e pretendermos ser o homem perfeito, e separemonos, como ele nos ordenou, e preguemos o evangelho, sem estabelecer qualquer outra regra ou outra lei para além do que o Salvador disse.' E, ouvindo isto, eles começaram a sair para proclamar e pregar."

Embora algumas pessoas deem muita atenção ao aparente conflito entre Maria Madalena como uma mulher e Pedro como um homem, as versões anteriores do *Evangelho de Maria*, isto é, aquelas escritas em grego, não mostram nenhuma preocupação com o sexo; a discussão é sobre os ensinamentos de Maria Madalena e como ela chegou a eles através de sua visão de Jesus. E mesmo se mais tarde na tradução copta o gênero entra em jogo, no entanto, a maior questão é o valor da visão e da qualidade especial da apreensão direta do divino por Maria. Ela é o discípulo mais amado, mas não há nenhuma evidência de uma relação sexual; seu estatuto especial deve-se inteiramente à sua visão do Salvador. Ela mostra uma compreensão muito maior do ensinamento de Jesus que os outros discípulos, incluindo Pedro, e quando o Salvador se vai ela os conforta e encoraja, e na versão grega ela beija cada um deles, um ato que transmite alimento espiritual e poder. Para os gnósticos este é seu desafio contra a autoridade de Pedro e, com isso, a autoridade de padres e bispos que pretendem sucessão apostólica a partir de Pedro; o desafio é de visão sobre burocracia. Como diz Maria Madalena, vamos separar-nos como ele nos mandou e pregar o evangelho, "não estabelecendo qualquer outra regra ou outra legislação para além do que o Salvador disse".

O Diálogo do Salvador

O *Diálogo do Salvador*, encontrado em Nag Hammadi em 1945, é um códice cóptico danificado que data do século II, possivelmente tão cedo quanto 120 d.C. e não mais de 200 d.C. O evangelho inclui uma descrição da origem do mundo, uma história natural, e uma visão do inferno visto por Mateus, Didymus Judas Tomé e Maria Madalena, a quem um anjo diz que o mundo material é uma criação não intencional e má, que vai continuar a se perpetuar enquanto as mulheres tiverem filhos.

A maior parte dele, no entanto, é de Jesus respondendo a perguntas que lhe foram colocadas por esses mesmos três seguidores, um diálogo em que Jesus revela os segredos da salvação, enquanto Maria Madalena desempenha o papel de liderança, não só fazendo mais perguntas do que os outros, mas também dizendo coisas encontradas no Novo Testamento, onde são faladas por Jesus, de maneira que mais uma vez ela é descrita como "uma mulher que compreendeu completamente".

Pistis Sofia

Depois do próprio Jesus, Maria Madalena é a figura dominante no *Pistis Sofia*, que significa a "fé de Sofia", Sofia sendo, para os gnósticos, a sizígia de Jesus, o aspecto feminino de seu espírito. O códice foi escrito num dialeto copta do Alto Egito do século IV tardio, mas tinha sido traduzido de um texto grego mais antigo datado do século III, embora pudesse ser anterior a isso; a tradição o atribui a Valentino, que escrevia no início do século II. Mas, na verdade, a origem do *Pistis Sofia* é um mistério; o texto foi adquirido pelo médico inglês e colecionador de livros Anthony Askew em 1773, mas se desconhece onde foi encontrado e como chegou às suas mãos. Embora o Museu Britânico o tivesse comprado de herdeiros de Askew em 1795, ele permaneceu na obscuridade até sua tradução para o alemão em 1851; desde então, até as descobertas de Nag Hammadi, em 1945, este foi um dos poucos códices dos escritos gnósticos conhecidos como tendo sobrevivido à obliteração pela Igreja.

O *Pistis Sofia* narra a queda de Sofia, seus lamentos e sua redenção através da intervenção do Salvador, que é Jesus, que narra sua jornada pelos esplendores do mundo superior após sua ascensão. Após seu regresso à terra e ao longo de diálogos com seus discípulos durante doze anos, Jesus lhes revela os segredos do universo. Discute com eles a existência do mal, a injustiça, a violência, a riqueza e a pobreza, as variedades de animais e plantas, por que há luz e escuridão. Tudo é comentado e explicado; é uma completa exploração espiritual e uma história natural do universo, que tornam o *Pistis Sofia* um dos textos fundamentais do gnosticismo.

O papel de liderança de Maria Madalena entre os discípulos é inconfundível. Nos diálogos com o Salvador ela faz mais perguntas e oferece mais interpretações das palavras de Jesus que todos os outros juntos. O próprio Jesus afirma que seu "coração está mais direcionado para o reino dos céus" do que os de todos os outros discípulos e diz que, juntamente com João, ela é superior a eles.

Mas Pedro protesta. "Meu Senhor, nós não somos capazes de suportar esta mulher falando em vez de nós; ela não deixou qualquer um de nós falar, mas frequentemente ela mesma fala." Quando Jesus responde que ele fará de Maria Madalena um homem para que ela possa ganhar a entrada no reino dos céus, ele está falando de voltar para a ordem original das coisas, ao tempo em que Adão foi criado homem e mulher: "E criou Deus o homem à sua imagem, à imagem de Deus o criou; homem e mulher ele então criou" (Gênesis 1:27). Quando a unidade primordial for restaurada, a morte não existirá mais, pois como o evangelho gnóstico de

A Madalena gnóstica

Filipe diz: "Quando Eva estava em Adão não havia morte; mas, quando ela se separou dele, a morte veio a existir."

O Evangelho de Filipe

O *Evangelho de Filipe*, encontrado em Nag Hammadi em 1945, é o mais famoso para as tendências que podem ser interpretadas no sentido de que Maria Madalena era a esposa ou amante de Jesus. Aqui ela não se envolve com uma visão ou um Jesus ressuscitado como nos outros evangelhos gnósticos; em vez disso, ela é o discípulo favorito de Jesus vivo histórico, a companheira que caminha ao lado dele durante sua existência terrena, sendo apenas ela a compreender sua verdadeira natureza e seus ensinamentos. Mas esta não é uma obra narrativa como os evangelhos canônicos; pelo contrário, é uma antologia de sermões e epístolas filosóficas, bem como aforismos e breves diálogos redigidos em copta em algum momento do século III, mas com base num original grego anterior, possivelmente um trabalho de Valentino do início do século II.

Por duas vezes o *Evangelho de Filipe* retrata a intimidade entre Jesus e Maria Madalena. "Havia três que sempre caminhavam com o Senhor: Maria, sua mãe, e sua irmã, e Madalena, aquela que foi chamada de sua companheira. Sua irmã e sua mãe e sua companheira eram cada uma Maria." A irmã é primeiramente descrita como a irmã de Maria, mas depois descrita como uma irmã de Jesus; o primeiro caso é provavelmente um erro de tradução;* em ambos os casos talvez significasse "sua irmã", e como sabemos a partir de Marcos 6:3 Jesus tinha pelo menos duas irmãs. Maria Madalena é descrita como sua companheira, e aqui o texto copta utiliza uma variante de *koinonos*, palavra grega usada na Septuaginta, a versão grega do Antigo Testamento, para significar "parceiro", "companheiro", "compartilhador", "participante" ou "esposa". Curiosamente um proeminente estudioso norte-americano do Novo Testamento, Bart Ehrman,

---

* A tradução do *Evangelho de Filipe* para o inglês usa na primeira frase *her sister*, irmã dela, e na segunda *his sister*, irmã dele, variação que não acontece em português pelo uso da forma "sua irmã". (N.T.)

traduziu *koinonos* como "amante" em sua versão do *Evangelho de Filipe* publicada em 2003: "Havia aqueles que sempre caminhavam com o Senhor: Maria, sua mãe e sua irmã, e Madalena, a quem eles chamam sua amante. Uma Maria é sua irmã e sua mãe e sua amante." Mas 2003 foi também o ano em que Dan Brown publicou *O Código Da Vinci*, que se baseou no *Evangelho de Filipe* para fazer a afirmação de que Jesus e Maria Madalena eram casados. Isso parece ter feito Bart Ehrman pensar que ele havia caído no campo dos seguidores de Dan Brown, pois num livro de 2006 Ehrman diz o oposto do que havia dito antes sobre o significado de *koinonos*: "Esta não é a palavra grega para 'cônjuge'. Ela normalmente significa 'associado' ou 'companheiro'." Adeus ao que Ehrman tinha dito antes, e à Septuaginta; Ehrman agora nos diz que o que antes significava "amante" ou "esposa" ou "cônjuge" não significa mais "amante" ou "esposa" ou "cônjuge".

No segundo caso, o *Evangelho de Filipe* diz: "Quanto à sabedoria, que é chamada de 'estéril', ela é a mãe dos anjos. E a companheira do [Salvador era] Maria Madalena. [Cristo amou] a ela mais do que a todos os discípulos e costumava beijá-la [muitas vezes] em sua [boca]. O resto dos discípulos [ficava ofendido e expressava desaprovação]. Eles disseram a ele: 'Por que você a ama mais do que a todos nós?' Respondeu o Salvador e disse-lhes: 'Por que eu não os amo como a ela? Quando um homem cego e aquele que vê estão os dois juntos na escuridão, eles não são diferentes um do outro. Quando a luz chega, então ele, que vê, verá a luz, e quem é cego permanecerá na escuridão.'"

A sabedoria ser estéril é aparentemente uma referência à tentativa abortada de Sofia na criação, mas também Maria Madalena está aqui, como em outros lugares nos escritos gnósticos, equiparada a Sofia em outro papel, o de portadora da luz – ela que trouxe a promessa da centelha divina para a humanidade, de modo que ela se torna a mãe gnóstica, a mãe de anjos. Onde parte do texto original está faltando, algumas traduções preenchem as lacunas, por exemplo sugerindo que era "Cristo" quem "amou" Maria Madalena mais do que a todos os discípulos e costumava beijá-la "muitas vezes na boca", como no exemplo acima – mas outras alternativas têm sido sugeridas, como Jesus beijá-la na mão, na testa, na face, ou beijar seus pés. Seja qual for a formulação exata, é claro que, de acordo com o *Evangelho de Filipe*, Jesus e Maria Madalena tinham

A Madalena gnóstica

uma relação estreita e especial, embora provavelmente o entendimento gnóstico fosse de ela ser estritamente espiritual. Afinal, como disse Paulo em Romanos 16:16, "Saúdem-se uns aos outros com um ósculo santo".

Procurando por Maria Madalena

Então, quem é Maria Madalena nesses evangelhos gnósticos e como é que ela pode ser comparada com a Maria Madalena dos evangelhos canônicos? Os estudiosos estão divididos, alguns dizendo que é possível traçar tradições genuínas nos evangelhos gnósticos sobre a Maria Madalena que andara com Jesus na Galileia, outros dizendo que não há nenhuma evidência real de que elas reflitam uma figura histórica.

Aqui nestes evangelhos gnósticos Maria Madalena aparece como uma espécie de contraponto, fazendo e respondendo a perguntas, mas, de qualquer forma, os evangelhos gnósticos são assim. Eles não têm a narrativa e a caracterização dos evangelhos canônicos, que se sentem enraizados no cotidiano, ao passo que os evangelhos gnósticos habitam um ambiente espiritualizado. Os evangelhos canônicos são como Dante no *Purgatório*, os evangelhos gnósticos como Dante no *Paraíso*.

Em parte, a ideia de ter Maria Madalena argumentando contra a estrutura apostólica e hierárquica da Igreja é polêmica, mas poderia ser um argumento consistente se Maria Madalena tiver realmente ido para o Egito, bem como Pedro. Nesse caso a legendária presença de Pedro em Roma não seria senão uma peça de ficção para servir ao argumento apostólico da burocracia da Igreja.

Mas os gnósticos diriam que a luta tem uma dimensão cósmica; diriam que a Igreja é uma criatura do demiurgo, enquanto eles estão buscando a luz.

Do ponto de vista do que se tornou a Igreja estabelecida no século IV, a necessidade de construir e defender sua hierarquia significava controlar Maria Madalena. Ela estava perto demais de Jesus; ela sabia demais. E, ao contrário de Maria, mãe de Jesus, não havia nada passivo sobre Maria Madalena. O assalto contra Maria Madalena nos séculos seguintes tinha menos a ver com o fato de ela ser mulher; nos evangelhos gnósticos, como também nos evangelhos canônicos, seus poderes são visão e inspiração, a antítese de regras e dogmas.

Os gnósticos foram derrotados; eles enterraram seus livros sagrados na areia e morreram. Mas Maria Madalena não morreu. Ela aparece novamente entre os cátaros, que fazem de Maria Madalena a noiva de Jesus e Rainha do Céu – ela é novamente Ísis.

A ideia gnóstica do dualismo, de dois mundos, é encontrada no Chnoubis, o demiurgo gnóstico com a cabeça de um leão e o corpo de uma serpente. A imagem foi muitas vezes gravada em pedras semipreciosas e usada como um talismã contra doenças ou danos. A cabeça do leão representa o sol e o mundo superior; os sete raios em volta da cabeça representam os sete planetas ou sete céus, com uma lua crescente e uma estrela para a esquerda; enquanto que a cauda da serpente representa a terra e os impulsos mais baixos. Neste exemplo, o nome do demiurgo, XNOVBIC, está escrito em volta da cabeça, em grego; ao longo da borda da pedra se vê a inscrição IAWCABAWTHABPACASMIXAHLEW, que é uma série de nomes mágicos incluindo Iao, Sabaoth, Abraxas e o arcanjo Miguel, seguido de "Eu sou".

10. Mudança de papéis: a virgem e a prostituta

O MAIS ANTIGO ATAQUE global conhecido contra o cristianismo foi escrito pelo filósofo pagão Celso nos anos 170 d.C. Os mitos apresentados pelos cristãos, escreveu ele com certa exasperação em *A verdadeira palavra*, estavam se tornando agora mais conhecidos do que as doutrinas de filósofos. "Quem ainda não ouviu falar que Jesus nasceu de uma virgem, que foi crucificado e que sua ressurreição é um artigo de fé entre muitos?", escreveu ele, acrescentando que a razão não comparece nos argumentos dos cristãos; em vez disso eles dirão "Não questione, mas acredite" e "Sua fé vai salvá-lo". Quando a maneira de ver dos cristãos é desafiada, escreve Celso, eles se retiram para trás da observação de que "a Deus tudo é possível".

No entanto, por essas fábulas, escreveu Celso, os cristãos estavam dispostos a morrer. Embora o imperador Adriano não tolerasse ações contra os cristãos por sua fé, somente se eles não respeitassem a lei, houvera algumas perseguições esporádicas e execuções de cristãos sob seus antecessores Nero e Domiciano, no século I, e sob Trajano, no início do século II – e havia mais por vir.

A ameaça cristã

O governo imperial e muitos cidadãos estavam ansiosos em relação ao cristianismo, vendo-o como um perigo para a coesão social. Os romanos deviam lealdade ao Estado e ao imperador, e ocasionalmente realizavam rituais que envolviam o oferecimento de um sacrifício, mas os cristãos se recusavam a participar, dizendo que era idolatria e adoração a um falso deus. Esta recusa cristã parecia ainda mais ameaçadora após a revolta de Bar Kokhba contra o domínio romano na Judeia, nos anos 130 d.C., que foi uma rejeição de qualquer autoridade que não a do Deus judaico. Mas, como observou Celso, os cristãos eram uma ameaça de outra maneira; eles estavam tão divididos em seitas rivais, denunciando uns aos outros, que simplesmente a instabilidade de sua fé poderia revelar-se prejudicial para a harmonia social e o Estado romano.

Muito pouco se sabe sobre Celso, que foi, provavelmente, um grego, e provavelmente de Alexandria. Nada resta de seus escritos originais, e sabemos sobre *A verdadeira palavra* apenas porque Orígenes, um teólogo cristão antigo, e Clemente, sucessor como chefe da Escola Catequética de Alexandria, responderam aos seus argumentos com o seu próprio trabalho, *Contra Celso*, escrito em 248 d.C. Orígenes cita Celso tão completamente em sua refutação que foi possível reconstruir *A verdadeira palavra* em quase sua totalidade.

O número de cristãos na segunda metade do século II ainda era muito pequeno, mas o ataque de Celso é testemunho de como o perigo do cristianismo foi levado a sério, enquanto a exaustiva réplica de Orígenes é testemunho de quão seriamente os argumentos contra o cristianismo de Celso foram considerados pela Igreja.

Celso comparava cristãos a membros de outros cultos, aos seguidores ruidosos do deus do céu frígio Sabázio; aos acólitos do deus matador de touros Mitra; aos sacerdotes mendicantes da deusa da fertilidade Cibele; e aos trapaceiros viajantes que instavam aparições de demônios ou de Hécate de três corpos, uma deusa associada à feitiçaria.

Além disso, Celso declarou: "Jesus andou com os seus discípulos, e obteve seu sustento de forma vergonhosa e inoportuna", ou seja, explorando Maria Madalena e as outras mulheres. E, a respeito da história cristã de que quando Jesus estava morto "ele se levantou novamente e exibiu as marcas de sua punição e mostrou como suas mãos tinham sido perfuradas por pregos, quem viu isso? Uma mulher desvairada", de novo significando Maria Madalena, "e talvez uma outra pessoa, também iludida por feitiça-

Mudança de papéis: a virgem e a prostituta 231

ria". Celso era tão contra os gnósticos como o era contra outros cristãos; em outros lugares de seu texto menciona seguidores de Maria Madalena, e sabendo que ela era a visionária dos gnósticos ele os ataca, reduzindo-a a uma mulher ilusória. (A frase *"gyne paroistros"*, em grego, é traduzida tanto como "uma mulher desvairada" como "febril" ou "histérica".)

Curiosamente, Celso menciona apenas Maria Madalena e, talvez, uma outra pessoa como testemunhas de Jesus ressuscitado, o que sugere que os evangelhos em circulação no Egito em meados do século II foram uma forma primitiva de Marcos e uma versão de João, onde o capítulo final 21 ainda não havia sido adicionado (o Pai da Igreja Tertuliano escreveu por volta de 200 d.C. e não sabia nada sobre ele): um adendo tardio que serve a Roma e ao seu propósito da sucessão apostólica por ter Jesus aparecido aos discípulos e declarado Pedro seu apóstolo líder. Que Celso não mencione Mateus ou Lucas parece confirmar outras fontes literárias e registros arqueológicos que mostram que, enquanto as versões de João, Tomé e Marcos estavam circulando amplamente no Egito no início do século II, os evangelhos de Mateus e Lucas parecem não ter circulado até o final desse século, o que significa que as versões dos evangelhos contendo versos que justificam a sucessão apostólica eram amplamente desconhecidas no Egito. Além disso, como Mateus e Lucas são os dois únicos evangelhos que incluem histórias da natividade e descrevem Maria, mãe de Jesus, como uma virgem, seus relatos escritos eram também desconhecidos. Então, quando Celso ataca a crença cristã de que Jesus nasceu de uma virgem, e quando Orígenes defende tal crença, podem estar ambos discutindo a partir da tradição oral, não a partir de narrativas da infância ligadas aos evangelhos de Mateus e Lucas.

Geza Vermes, um dos principais estudiosos de Jesus, não está sozinho ao considerar os relatos da infância ficções religiosas. As narrativas da infância, ele diz em seu *Jesus*, são "adições posteriores" às narrativas principais em Mateus e Lucas. Ele observa que Mateus e Lucas se contradizem (o primeiro levando Jesus para o Egito, por exemplo, enquanto o último o tem indo para Jerusalém e Nazaré) e não têm o apoio da história (um evento tão flagrante como Herodes abatendo as crianças não é registrado por qualquer outra fonte além de Mateus, nem mesmo por Lucas). Além disso, como Vermes observa, a ideia de um nascimento virginal está em contradição direta com a tradição judaico-cristã. É pouco provável, portanto, que essa versão tenha sido estabelecida antes da revolta de Bar Kokhba, sendo sua audiência gentios helenizados, e não judeus. Clemente de Alexandria menciona que ambos os evangelhos foram lidos em Alexandria, no final do século II, mas não sabemos o seu conteúdo; as primeiras cópias conhecidas de Mateus e Lucas descobertas no Egito datam apenas do século III e são tão danificadas e incompletas que não nos dizem nada sobre as narrativas da infância. Não é senão com o Códice Vaticano e o Códice Sinaítico, ambos datando do século IV, que temos os evangelhos completos de Mateus e Lucas como os conhecemos hoje.

Jesus, um bastardo, sua mãe Maria, uma adúltera

A realidade, escreve Celso, é que Jesus era um feiticeiro, e sua mãe Maria, uma adúltera que tinha enganado seu marido José e concebido seu filho de um soldado romano chamado Pantera. "Ele inventou seu nascimento de uma virgem. Sua mãe era uma mulher pobre do campo, expulsa de sua casa por seu marido, um carpinteiro de profissão, porque ela foi condenada por adultério; e depois de ser expulsa por seu marido e ter vagado por um tempo ela vergonhosamente deu à luz Jesus, uma criança ilegítima, que tendo se empregado como servo no Egito por causa de sua pobreza, e tendo adquirido lá alguns poderes mágicos, cujo conhecimento os egípcios se orgulham de possuir, voltou para o seu próprio país, onde sua magia lhe conquistou um grande número de seguidores, a partir do que ele se proclamou um deus."

De fato, há indícios nos evangelhos sobre histórias que circulavam acerca das vidas de Jesus e de Maria, sua mãe, dizendo que ele era um bastardo e ela, uma adúltera. "Não é este o carpinteiro, filho de Maria, irmão de Tiago, de José, de Judas e de Simão? E não estão suas irmãs aqui conosco?", diz Marcos 6:3. No judaísmo, um filho seria identificado pela

Mudança de papéis: a virgem e a prostituta

nomeação de seu pai, mesmo que José estivesse morto havia muito, mas Marcos, que menciona todos os outros membros da família, deixa o pai de Jesus desconhecido. Marcos também não menciona José em qualquer outra parte do seu evangelho; e em João 8:41, durante um confronto no templo, os fariseus disseram a Jesus "Nós não nascemos de fornicação", insinuando que ele o tinha.

Na obra *A ilegitimidade de Jesus*, a estudiosa Jane Schaberg argumenta que Mateus e Lucas sabiam de uma tradição pela qual Jesus tinha sido concebido de um estupro em vez de uma concepção virginal e fizeram o que puderam para apagar a verdade em seus evangelhos – Mateus, concentrando-se no dilema de José, e ambos, Mateus e Lucas, atribuindo a concepção ao Espírito Santo. Schaberg, no entanto, simplesmente inventou o estupro; como católica e feminista, ela parece preferir ter Maria como vítima de um homem em vez de uma adúltera por sua própria vontade. De qualquer forma Celso conhecia a história da ilegitimidade de Jesus, que estava em circulação geral entre os judeus, gregos e outros.

Orígenes, em seu *Contra Celso*, responde a essa acusação de ilegitimidade escrevendo: "É de fato agradável à razão que quem se atreveu a fazer tanto para a raça humana ... não tivesse tido um nascimento miraculoso, mas o mais vil e o mais vergonhoso de todos?" A partir de "um ato de adultério entre Pantera e a Virgem", de "tal ímpia relação sexual deveria, ao contrário, ter sido trazido ao mundo algum tolo para causar prejuízo à humanidade, um professor de licenciosidade e maldade e outros males, e não de temperança, justiça e outras virtudes". Celso não teria ficado impressionado com o raciocínio circular de Orígenes, segundo o qual, porque Jesus é o salvador da humanidade, então é claro que ele não teria sido o filho de um relacionamento adúltero. Mas, para Orígenes, havia dois tipos de fé: aquela das pessoas simples (*simpliciores*), que tomam as escrituras literalmente, e uma compreensão mais profunda, que exige interpretação alegórica dos mistérios espirituais. O nascimento virginal era um desses mistérios.

Maria, a Mãe de Deus

Orígenes entendia que uma defesa vital contra a acusação de que Jesus era um feiticeiro e um bastardo era insistir que Maria, sua mãe, era virgem. Orígenes ainda escorava a reputação de Maria, mãe de Jesus, ao ser o primeiro a chamá-la de *Theotokos*, literalmente, "portador de Deus" em grego, mas mal traduzida no Ocidente como a "Mãe de Deus". Como não sobreviveu nenhuma cópia original do *Comentário sobre a epístola de Paulo aos Romanos*, de Orígenes, escrito em 246 d.C. e onde Sócrates de Constantinopla, um historiador bizantino do século IV, disse que Orígenes tinha usado o termo, alguns têm questionado a autenticidade da reivindicação. Mas o termo certamente estava em uso apenas alguns anos depois, por volta de 250 d.C., quando foi empregado por Dionísio, o patriarca de Alexandria, numa carta a Paulo de Samósata. Por volta do mesmo ano, o termo *Theotokos* apareceu num hino cristão no Egito, preservado num papiro escrito em grego e conhecido no Ocidente por seu título latino *Sub tuum Praesidium*, literalmente, *Sob a Tua proteção*. Um dos mais antigos hinos cristãos e, certamente, o mais antigo para Maria, mãe de Jesus, é usado nas liturgias copta e ortodoxa oriental até hoje, bem como pelos católicos, anglicanos e luteranos, e foi transmitido em cantos bizantinos e gregorianos e no *Ofertório K198*, de Mozart.

> Nós buscamos tua proteção, ó Santa Mãe de Deus; não desprezeis as nossas súplicas em nossas necessidades, mas livrai-nos sempre de todos os perigos, ó Virgem gloriosa e bendita.

O hino afirma a doutrina teológica de que Maria, mãe de Jesus, é virgem e mãe (ou portadora) do divino, como escolhida (abençoada) por Deus.

Ao longo do século seguinte, ou por volta disso, o uso de *Theotokos*, ou Mãe de Deus, tornou-se generalizado em toda a Igreja, a leste e a oeste, e em 431, no Concílio de Éfeso, o assunto foi reforçado: Maria, mãe de Jesus, foi declarada a Mãe de Deus, e seria anátema discordar disso.

É este o amante de Maria e pai de Jesus? Celso estava repetindo uma história bem conhecida sobre Maria ter engravidado de Pantera, um soldado romano. No século XIX, esta lápide foi descoberta na Alemanha. Em sua inscrição se lê: "Tibério Julio Abdes Pantera, de Sídon, com idade de 62 anos, serviu quarenta anos, ex-porta-estandarte da 1ª coorte de arqueiros, aqui jaz." Marcos, Mateus e Lucas, todos mencionam Jesus indo da Galileia a Sídon, na costa do Líbano; Abdes é um nome semita, possivelmente judaico; sua unidade, a Coorte I Sagittariorum, estava estacionada na Judeia na hora certa para ele ter tido um caso com Maria; depois, foi transferido para Bingen, na Alemanha. Mas Pantera não era um nome incomum entre os soldados, e a maioria dos estudiosos acha que as chances de este ser o Pantera da história são extremamente remotas; e de qualquer forma preferem aceitar que Maria era virgem.

A elevação de Maria a Mãe de Deus foi uma transição notável para uma mulher que é quase uma nulidade nos evangelhos. O Evangelho de Marcos a menciona duas únicas vezes, uma pelo nome (6:3), a segunda vez como a mãe de Jesus, sem dizer seu nome (3:31). O Evangelho de Mateus menciona seu nome cinco vezes, em quatro ocasiões na narrativa da infância (1:16, 18, 20; 2:11) e fora dela apenas uma vez e por nome (13:55). O Evangelho de Lucas menciona Maria doze vezes pelo nome, mas somente dentro da narrativa da infância (1:27, 30, 34, 38, 39, 41, 46, 56; 2:5, 16, 19, 34); por outro lado, Lucas não tem nada a dizer sobre Maria, mãe de Jesus. O Evangelho de João menciona Maria duas vezes como a mãe de Jesus, pela primeira vez no casamento em Caná (2:1-12), que é o único momento em qualquer dos evangelhos em que Jesus tem uma conversa com sua mãe – conversa, aliás, um tanto irritada –, e na segunda ocasião, aos pés da cruz (19:25), na companhia de Maria Madalena, de Maria, mulher de Cléofas, e do discípulo amado, mas em nenhuma ocasião ele menciona seu nome. Finalmente, em Atos, Maria é mencionada uma vez e pelo nome.

Excluindo-se as narrativas da infância, Maria, mãe de Jesus, é mencionada no Novo Testamento apenas seis vezes, sendo somente três delas pelo nome. Se as narrativas da infância estiveram lá desde o início como parte da composição original, seria de esperar mais menções a Maria nas partes posteriores dos evangelhos. Como Geza Vermes diz em *Jesus*, "a prova definitiva de que a história do nascimento não é uma seção introdutória natural de uma biografia é a ausência de continuidade entre ela e o resto do Evangelho".

Em suma, ficamos com a possibilidade real de que o ajuste das narrativas da infância com as reivindicações do nascimento virginal foi uma reação às críticas generalizadas e dúvidas expressas por Celso e outros e também uma resposta ao ecletismo do cristianismo no Egito. Em particular, tratou-se de uma reação ao gnosticismo, que falava da mensagem secreta que Jesus tinha a dizer e valorizava Maria Madalena por sua visão, sem estar interessado na crucificação nem na sucessão apostólica nem no nascimento virginal, que os gnósticos consideravam, no máximo, como

Maria como a *Theotokos*, a Mãe de Deus, com Jesus ao colo e ladeada pelos santos Teodoro e Jorge, enquanto anjos olham para o céu. O ícone está no mosteiro de Santa Catarina, no Sinai, e remonta ao final do século VI.

238   *Maria Madalena*

ingênuos mal-entendidos – as ilusões deste mundo do demiurgo das quais os gnósticos queriam escapar.

Mas Maria não era só uma virgem; era uma virgem perpétua, sobre o que Orígenes também argumentara anteriormente. Não que isso seja dito em qualquer lugar no Novo Testamento; na verdade, é contrariado pelos próprios evangelhos, que mencionam quatro irmãos pelo nome, Tiago, José, Judas e Simão, e pelo menos duas irmãs (Mateus 13:55-6; Marcos 6:3). Além disso, Mateus 1:25 diz de Maria que José "não a conheceu até que tivesse dado à luz seu filho primogênito", com a implicação de que depois do "até", ou seja, após o nascimento de Jesus, José e Maria tiveram relações conjugais e que ela teve mais seis filhos. Mas Orígenes explicou estes versos livrando-se deles, ao afirmar que as crianças eram de um casamento anterior de José. Para que José não tivesse que ter levado uma vida casta com sua esposa virginal, a ficção o apresentou como um homem velho, que morreu logo, embora novamente os evangelhos não digam absolutamente nada sobre sua idade; tudo o que sabemos é que José não aparece mais depois do 12º ano de vida de Jesus, aproximadamente, podendo ter tido tempo para ser pai de todos os irmãos e irmãs de Jesus.

Nestes argumentos apresentados por Orígenes no Egito, mais do que razão e ainda mais do que fé estavam presentes; os argumentos foram impulsionados pela necessidade: a necessidade de estabelecer conformidade e autoridade dentro da Igreja, a fim de contrariar a natureza heterodoxa do cristianismo egípcio. Por volta do século IV a virgindade de Maria, antes, durante e depois do nascimento de Jesus, era quase universalmente aceita, assim como seu status de portadora de Deus, a Mãe de Deus.

A batalha pela autoridade

A Escola Catequética da qual Orígenes era o chefe foi inspirada pelo Museu e Biblioteca de Alexandria como um lugar para se educarem os cristãos na fé. Seus antecessores foram Panteno, que se pensa ter sido originário da Sicília, parte da chamada Magna Grécia – a Grande Grécia –,

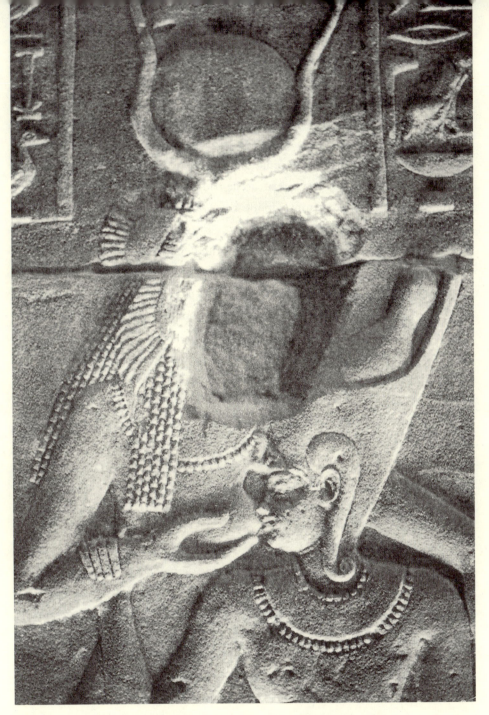

Ísis amamenta seu pequeno filho, Hórus, no templo de Ísis, em File, datado do século III a.C., no Alto Egito. Aqui, como em outras partes do templo, seu rosto foi cortado pelos primeiros cristãos, mas a figura de Hórus é geralmente deixada intocada, possivelmente porque os primeiros cristãos identificavam Hórus com Jesus, mas viam o culto de Ísis como um rival.

que incluía grande parte do sul da Itália, onde os gregos haviam estabelecido colônias desde o século VIII a.C., e Clemente de Alexandria, que era originalmente de Atenas. Eles eram ambos daquela parte do mundo cristão que se voltava para Roma, um mundo que começaram a impor a Alexandria através da sua instrução de padres e teólogos na Escola Catequética. Panteno, que tinha sido filósofo estoico antes de se converter ao cristianismo, era um adversário precoce e forte do gnosticismo, enquanto Clemente, também filósofo estoico e influenciado pelo gnosticismo em sua juventude, decidiu em seus últimos anos que a fé, e não o conhecimento secreto dos gnósticos, era necessária para a salvação.

Orígenes, por outro lado, era um egípcio nativo (seu nome deriva de Hórus, filho de Ísis e Osíris). Nasceu de pais cristãos, e tão intenso era seu compromisso com a fé, que quando seu pai foi martirizado em 202 d.C., Orígenes, então com dezessete anos de idade, só foi impedido de sair correndo para se juntar a ele porque sua mãe escondeu suas roupas. A história vem dos escritos de Eusébio, um século mais tarde, que acrescenta, com seja qual for o grau de confiabilidade, que Orígenes buscava de tal maneira a vida ascética e espiritual, que vendeu todos os seus bens e castrou a si mesmo em obediência à sua interpretação das palavras de Jesus em Mateus 19:12: "Porque há eunucos que assim nasceram do ventre da mãe; e há eunucos que foram castrados pelos homens; e há eunucos que se fizeram eunucos por amor ao reino dos céus. Aquele que é capaz de compreender que o compreenda."

A mesma perseguição que levou à morte do pai de Orígenes também fez com que Clemente fugisse de Alexandria. No ano seguinte, embora ainda com apenas dezoito anos, Orígenes reabriu a Escola Catequética e se tornou seu novo chefe. Orígenes era bem versado em filosofia, tendo estudado sob Amônio Sacas em Alexandria, que também ensinou o grande filósofo neoplatônico Plotino. Com base no trabalho de Panteno e Clemente, Orígenes enfrentou a heterodoxia e, em particular, o gnosticismo, ensinando a fé cristã aos novos convertidos e aos que estavam num nível mais avançado, usando as escrituras aceitáveis para Roma, especialmente os evangelhos de Mateus, Lucas e João, o Livro dos Atos dos Apóstolos e as epístolas de Paulo.

Este túmulo de uma mãe e seu filho em lápide, do século IV, do Fayum, no Egito, é um dos primeiros exemplos de apropriação cristã das imagens da história de Ísis. A familiaridade popular com a história provavelmente contribuiu para que Maria, mãe de Jesus, acabasse sendo representada nesta forma como a *Theotokos*.

Acima: Ankhs incisos na parede do templo funerário de Ramsés III, do século XII a.C., em Medinet Habu, do outro lado do Nilo, em Luxor; para os egípcios antigos, o *ankh* era o sopro da vida eterna, e neste caso eles estão tomando a forma humana. *Abaixo:* Este relevo cristão egípcio dos séculos III-IV tem cruzes com base no *ankh*, novamente em forma humana.

Mudança de papéis: a virgem e a prostituta 243

O homem que designou Orígenes como chefe da Escola Catequética foi Demétrio, que desde 189 d.C. até sua morte, em 232 d.C., foi bispo de Alexandria e patriarca da Sé de São Marcos. A Escola Catequética oferecia os ensinamentos e os textos canônicos, mas Demétrio era sua força. Um nativo egípcio que se tornou patriarca em 189, Demétrio foi o primeiro líder eclesiástico no Egito a impor autoridade episcopal, aquela autoridade que lhe foi concedida pela sucessão apostólica. Determinado a destruir o gnosticismo, ele ficou frustrado com o paciente debate intelectual da Escola Catequética e se viu cada vez mais em desacordo com Orígenes, que por fim fugiu para Cesareia, na Palestina – onde escreveu *Contra Celso*.

Panteno e Clemente tinham introduzido certa ortodoxia romana ao cristianismo em Alexandria; daí em diante a tarefa de eliminar o ecletismo no Egito foi encampada inteiramente por egípcios nativos, como Orígenes e Demétrio, e por seus sucessores. No lugar de Orígenes, Demétrio nomeou Héraclas como chefe da Escola Catequética, e quando Demétrio morreu Héraclas por sua vez se tornou patriarca. O padrão continuou com Dionísio, chamado o Grande, um pagão que se converteu ao cristianismo. Dionísio estudou tanto com Orígenes quanto com Héraclas na Escola Catequética, tornando-se por fim seu dirigente, e em seguida sucedeu a Héraclas como patriarca. A interação entre a Escola Catequética e o patriarca ajudou a espalhar a ortodoxia no Egito, enfatizando a autoridade apostólica e circulando os quatro evangelhos canônicos, especialmente Mateus e Lucas, com suas narrativas da infância e da ressurreição.

À medida que a Igreja se esforçava para converter egípcios pagãos que ainda adoravam os deuses antigos, e com a batalha contra o gnosticismo se espalhando para dentro do país, crenças e imagens tradicionais e antigas entraram em jogo. A crucificação e a cruz eram um desafio direto aos gnósticos, que não aceitavam Jesus ter morrido para a salvação do homem, mas cada egípcio reconhecia o simbolismo do *ankh*, o sinal faraônico em forma de cruz e que simboliza a vida. Logo este símbolo começou a aparecer em lápides cristãs como um símbolo da ressurreição; ou ele era desenhado para se parecer com pessoas em oração, os braços erguidos, as cabeças cercadas pelo laço da *ankh* na forma de um halo – de novo um golpe contra os gnósticos, que não ofereciam nenhuma oração ao demiurgo, mas possuíam o segredo para se liberarem de seu mundo mau. Maria, mãe de Jesus, aparecia no trono de Ísis segurando Jesus como Ísis segurava Hórus, mas esta foi Ísis (cujo título em egípcio antigo era *mwt ntr*, o que significa "mãe divina") transformada na elevada *Theotokos*, poderosamente evocativa, promovendo a devoção popular ao mesmo tempo em que promovia também o papel passivo das mulheres na imitação da passividade da Madona. Esta agora era Ísis controlada e usada pela Igreja, não mais a mulher independente, a líder e a vidente, a figura com a qual os gnósticos tinham identificado Maria Madalena.

Estas foram as armas utilizadas para impor a conformidade sobre o cristianismo egípcio e para acabar com o gnosticismo; eles também transformaram o Egito numa força dominante dentro da Igreja mais ampla, com Alexandria disputando a supremacia com Roma. Do Egito, muitas dessas mesmas imagens e símbolos e ideias se espalharam por todo o mundo cristão.

Enquanto isso, os monges em Pbow continuavam a ler suas escrituras sagradas, seus evangelhos lembrando-lhes da grandeza de Maria Madalena, até que chegou o dia em que acharam melhor colocar seus evangelhos numa jarra e enterrá-los em Nag Hammadi.

Maria Madalena, a prostituta

O gnosticismo surgiu precisamente naqueles lugares que viram a origem dos grandes mistérios da deusa e da morte e renascimento de seu amante – na Síria, no Líbano, na Ásia Menor e até mesmo na Grécia, mas acima de tudo no Egito. No Egito o culto de Ísis, já com milhares de anos de prática, iria sobreviver até 543 d.C., quando o imperador Justiniano fechou seu templo de File, no Nilo, prendeu os sacerdotes e transportou as estátuas de culto para Constantinopla. Dez anos mais tarde o templo foi transformado numa igreja, comemorada por uma inscrição contempo-

Mudança de papéis: a virgem e a prostituta

rânea em grego: "Este bom trabalho foi feito pelo bem-amado de Deus, o abade bispo Teodoro. A Cruz conquistou e sempre conquistará." Não foi por acaso que menos de quarenta anos depois, e com Ísis apropriada pela *Theotokos* – agora descrita como a "irmã e esposa de Deus, a irmã de Cristo", "a elevada luz de Faros", "nosso refúgio e ancoragem no mar de nossos problemas" –, o papa Gregório I, o Grande, podia com segurança declarar Maria Madalena uma prostituta.

> Ela, a quem Lucas chama a mulher pecadora, a quem João chama Maria, que acreditamos ser a Maria de quem sete demônios foram expulsos, de acordo com Marcos. E o que estes sete demônios significavam, senão todos os vícios? ... É claro, irmãos, que a mulher tinha usado o unguento para perfumar sua carne em atos proibidos. Portanto, o que ela demonstrou mais escandalosamente ela agora estava oferecendo a Deus de uma forma mais digna de louvor. Ela havia cobiçado com os olhos terrenos, mas agora através de penitência estes são consumidos com lágrimas. Ela mostrou seu cabelo para definir seu rosto, mas agora seu cabelo secava suas lágrimas. Ela tinha falado coisas orgulhosas com a boca, mas ao beijar os pés do Senhor agora ela plantou a boca nos pés do Redentor. Para cada delícia, portanto, que ela tinha em si mesma ela agora imolava a si mesma. Ela tornou o conjunto de seus crimes virtudes, a fim de servir a Deus inteiramente em penitência, da mesma forma como ela tinha tido desprezo por ele.

Nestas poucas palavras de sua 33ª Homilia, pronunciada num dia de outono em 591 d.C. na basílica de São Clemente, em Roma, Gregório fixaria a identidade de Maria Madalena na mente eclesiástica e popular pelos próximos 1,4 mil anos. Combinando vários versículos do evangelho, ele criou Maria Madalena, a prostituta penitente. Ele começa com "a mulher pecadora" de Lucas 7:37-50, que entrou em casa de Simão, o fariseu em Cafarnaum, e lavou os pés de Jesus com suas lágrimas e os ungiu com óleo. A ela ele adiciona a mulher "a quem João chama Maria", que é Maria de Betânia, descrita em João como ungindo os pés de Jesus (João 12:3). Mas Maria de Betânia, diz Gregório, é a mesma pessoa que "a Maria de quem sete demônios foram expulsos, de acordo com Marcos" (16:9), que é Maria Madalena.

Gregório, em seguida, diz que os sete demônios expulsos de Maria Madalena eram sete vícios, os sete pecados mortais que este tinha nomeado no ano anterior como luxúria, gula, avareza, preguiça, ira, inveja e orgulho. Mas destes, como Gregório deixa claro quando diz que ela tinha "usado anteriormente o unguento para perfumar sua carne em atos proibidos", seu maior pecado era a luxúria.

Contudo, não há nada de sexual no sofrimento de Maria Madalena como mencionado no acréscimo posterior a Marcos e que foi tomado de Lucas 8:2. A palavra usada no original grego de Marcos e Lucas é *daimonia*, geralmente traduzida como "diabos" ou "demônios". Ao longo dos evangelhos um diabo ou um demônio se refere a alguma doença grave ou condição, como cegueira ou surdez, como neste exemplo de Mateus 12:22: "Então, foi-lhe apresentado um endemoniado, cego e mudo; e ele o curou, de modo que o cego e mudo falou e viu." Ou pode se referir a uma doença psicológica, como em Lucas 7:33, onde Jesus descreve como a abstinência de João Batista leva as pessoas a pensar que ele seja louco: "Pois João Batista não comia pão nem bebia vinho; e dizem: 'Ele tem um demônio.'" Em nenhum lugar do Novo Testamento "diabos" significa que uma pessoa era possuída por luxúria ou outro pecado.

Mas Gregório continua. Para resgatar a si própria, Maria Madalena faz penitência por seus pecados; seus unguentos, uma vez utilizados para a luxúria, "ela agora estava oferecendo a Deus"; uma vez ela tinha "falado coisas orgulhosas com a boca", mas "agora ela plantou a boca nos pés do Redentor". A Maria Madalena de Gregório rebaixa-se completamente.

Houve certa confusão e questionamento prévios sobre a relação entre as várias mulheres nos evangelhos. Já no final do século II, Tertuliano, em sua obra *Contra Marcião*, descreveu a cena no Evangelho de João, do encontro no jardim, onde Maria Madalena, "a mulher que era uma pecadora", estende a mão para tocar em Jesus. Ambrósio, em seu comentário no século IV, sobre Lucas 10, achava possível que Maria Madalena e Maria de Betânia fossem a mesma mulher, mas ele também se perguntava: "Havia Maria, irmã de Lázaro, e Maria Madalena, ou mais pessoas?" Também no século IV, Efrém, o Sírio, escreveu comentários e hinos em que regularmente colocava Maria, mãe de Jesus, apropriando-se do papel de Maria Madalena, como na cena do jardim após a ressurreição. E Agostinho, em *A harmonia dos evangelhos*, considerou a ideia de Maria de Betânia poder ser a mulher pecadora, embora ele nunca tivesse enunciado a possibilidade de que a mulher pecadora fosse Maria Madalena.

Em um momento ou outro um comentador pode identificar uma Maria dos evangelhos com outra, e por vezes com a mulher pecadora, mas nunca houve nada parecido com uma visão estabelecida, e quase sempre Maria Madalena, Maria de Betânia e a mulher pecadora foram consideradas pessoas distintas. Certamente isso era verdade no Oriente,

Após a homilia de Gregório identificando Maria Madalena como prostituta, ela passou a ser retratada geralmente numa atitude de submissão abjeta e arrependimento, como neste relevo do século XII na frente oeste da igreja da abadia de St. Gilles-en-Gard, em Languedoc-Roussillon.

onde continua a ser verdade na Igreja ortodoxa até hoje. Mas em Roma no século VI Gregório Magno reuniu essas três mulheres numa figura composta e através de sua autoridade impôs sua criação à imaginação ocidental.

Esperando os bárbaros

Durante grande parte do século VI e no século anterior, a Itália tinha sofrido invasões bárbaras, peste, fome e guerra. A população tinha diminuído em um terço. O Império Romano, dividido ao meio em 395 d.C., havia entrado em colapso no Ocidente; ele sobreviveu no Oriente com um imperador entronizado em Constantinopla, mas nas condições caóticas da Itália a tarefa de trazer ordem à sociedade foi tomada pelo papado, que estabeleceu então o início de um poder temporal sufocante e ascético.

A resposta da Igreja ao gnosticismo contribuiu muito para moldar a teologia católica e o papel que deu a Maria Madalena. Os gnósticos identificaram Maria Madalena com a Sabedoria, chamada Sofia. Mas, enquanto os gnósticos viam Sofia como um elo entre si e o Deus primordial, era também verdade que, em sua paixão para criar independentemente do seu pai divino, Sofia deu à luz um aborto, o mundo defeituoso do mal e da dor em que vivemos. Na história de sua calamidade cósmica Sofia permaneceu em contraste com Maria, mãe de Jesus, a mulher humilde escolhida por Deus para conceber seu filho e trazer a salvação para o mundo.

Para Gregório, seu reinado como papa e a salvação de Roma da praga começavam com a Virgem Maria, a antítese de Maria Madalena. No início de 590, o rio Tibre transbordou e destruiu muitas casas na cidade; de acordo com os relatos antigos a enchente também teria feito surgir serpentes e um dragão enorme que foram deixados apodrecendo e teriam dado origem a uma grande praga. Papa Pelágio, o antecessor de Gregório, foi o primeiro a ser atingido e morreu em horas; milhares mais pereceram à medida que a praga varreu a cidade, deixando muitas casas vazias e silenciosas. Gregório era um monge conhecido por sua santidade, que

Em 590 o papa Gregório, o Grande, carregando uma pintura da Virgem, guiou uma procissão por Roma implorando-lhe para conter a praga. Um ano depois de seu sucesso, Gregório se voltou contra Maria Madalena e a identificou com Maria de Betânia e a mulher pecadora em Lucas, que, aos olhos da Igreja, se tornaram uma única mulher, uma prostituta. A pintura foi encomendada para um retábulo na Espanha, por volta de 1500; o artista é desconhecido.

preferia a vida nos claustros, mas o povo insistiu que ele os liderasse e o elegeu papa por aclamação. Ele imediatamente realizou uma procissão por Roma, oferecendo orações e pedindo a Deus por misericórdia, mas mesmo enquanto caminhavam, noventa homens morreram. Ainda assim, Gregório os instava a prosseguir; a praga era um castigo de Deus e as pessoas deviam se arrepender dos pecados e orar por sua salvação; e, andando à frente da procissão, ele segurou no alto uma imagem da Bem-aventurada Sempre Virgem Maria, supostamente pintada por são Lucas. Então, à medida que a procissão avançava, vozes de anjos foram ouvidas ao redor da imagem, cantando "Rainha do Céu, exulte, aleluia, porque ele que tu geraste, aleluia, ressuscitou como disse, aleluia", e o ar venenoso se dissipava diante da imagem da Virgem e serenidade e pureza maravilhosas encheram a cidade. "Rogai por nós, pedimos a Deus", gritou Gregório à Virgem, "aleluia!", e, quando o papa viu um anjo embainhar a espada acima da cidade ele soube que a praga tinha acabado.

Essa foi a circunstância imediata que precedeu a 33ª Homilia de Gregório, proclamada no ano seguinte, em que ele denunciou Maria Madalena como uma prostituta. A outra Maria, que de acordo com Celso tinha concebido Jesus após um caso de adultério, agora era a sempre virgem, cujos poderes limparam a própria atmosfera de morte e de mal em Roma. Para os gnósticos a alma possui a centelha divina e pode aprender o segredo de retornar à sua origem divina. Mas a teologia ocidental em desenvolvimento dizia que tínhamos caído por causa do pecado original e deveríamos confiar em Jesus nascido de uma virgem e sua Igreja apostólica para obtermos a salvação.

Ordem e salvação dependem da virgindade perpétua de Maria Santíssima e da penitência perpétua de Maria Madalena, a prostituta.

11. A noiva de Cristo: Madalena dos cátaros

A *Legenda aurea* – a *Lenda dourada* – foi o manuscrito de maior circulação no final da Idade Média. Escrita em 1275 por Jacobus de Voragine, dominicano e bispo de Gênova, a obra reúne as tradições sobre todos os santos venerados naquela época, suas vidas, seus milagres e martírios e o culto das suas relíquias. Juntamente com as histórias bem conhecidas nos evangelhos, da natividade e do massacre dos inocentes à crucificação e ascensão, a *Lenda dourada* também fala sobre Anastasia sendo queimado na fogueira, João Evangelista na panela de óleo fervente, Hipólito puxado entre dois cavalos, Margarida saindo das costas do dragão, Úrsula e as 11 mil virgens decapitadas, e assim por diante. Fácil de ler em latim simples e acompanhada por iluminuras coloridas que retratam um horror após outro, a *Lenda dourada* era muito popular e serve hoje para nos dar uma impressão suficientemente clara das crenças que habitavam a mente medieval.

Maria Madalena na Lenda dourada

O verbete de Voragine sobre Maria Madalena é extenso, maior que o de Pedro e quase tão grande quanto o de Paulo, embora nenhum seja tão longo como o de Maria, "a Mãe de Deus", cuja morte e ascensão, desconhecida no Novo Testamento, é aqui um grande evento, com todos os apóstolos assistindo, inclusive Pedro, o "mais nobre e soberano dos teólogos", e também "Tiago, irmão de Deus". Por sua vez, Maria Madalena está em conformidade com a identidade estabelecida para ela pelo papa

Gregório, o Grande: ela é a pecadora da casa de Simão, o fariseu, como descrito em Lucas, e sua vida é de culpa e arrependimento.

No entanto, Voragine baseia-se numa outra tradição, ainda viva na Europa da Idade Média e sugerida nos evangelhos canônicos do Novo Testamento e celebrada pelos gnósticos, quando ele se entrega à maneira medieval de usar a analogia e a associação para interpretar o significado do nome de Madalena. Jogando com os sons das palavras, em vez de traçar sua origem, ele decide que "Maria" pode ser interpretado como *amarum mare*, latim para o "mar amargo", a amargura sendo as penitências que Maria Madalena enfrentou. Mas também, jogando com o som de *amarum mare*, ele interpreta isto como significando "iluminador" ou "iluminada". E assim suas penitências a tinham levado à contemplação interior: "Ela é chamada iluminadora porque na contemplação ela produziu esboços de luz tão profundos que, por sua vez, ela derramou luz em abundância; na contemplação, ela recebeu a luz com a qual ela depois iluminou os outros." E ela é iluminada porque "ela agora está esclarecida pela luz do conhecimento perfeito em sua mente e será iluminada pela luz da glória em seu corpo". E assim, por meio de Ísis e de Faros em Alexandria, viajamos de volta para esses faróis esquecidos que uma vez lançaram seus raios aos pescadores no mar da Galileia à noite.

Maria Madalena, diz Voragine, era de origem nobre e seus pais, descendentes de reis. Com seu irmão Lázaro e sua irmã Marta, ela tinha herdado uma parte considerável de Jerusalém, bem como terras em Betânia e na Galileia que os três haviam dividido entre si. Lázaro possuía a propriedade em Jerusalém, Marta mantinha a propriedade em Betânia e Maria Madalena a propriedade da cidade murada de Magdala, mas, como Lázaro se dedicara aos militares e Maria Madalena se entregara "totalmente aos prazeres da carne", as propriedades eram geridas pela prudente Marta. Rica e famosa por sua beleza, Maria Madalena tão completamente "submeteu seu corpo ao deleite" que seu nome foi esquecido e ela foi simplesmente chamada de "a pecadora".

Voragine menciona a tradição de que João Evangelista tinha tomado Maria Madalena como sua esposa quando Jesus o tirou da festa de casa-

A noiva de Cristo: Madalena dos cátaros   253

mento e que, para se consolar, ela tinha se jogado "a todos os prazeres". A história continua a explicar que, por terem perdido os prazeres carnais do seu leito conjugal, Jesus os teria compensado, honrando João com carinho especial e preenchendo Maria Madalena, depois de seu pedido de perdão, com intensa alegria espiritual. Mas Voragine descarta estes contos como "falsos e fúteis".

O que Voragine diz é que depois que Maria Madalena se jogou aos pés de Jesus na casa de Simão, o fariseu, e depois que perdoou seus pecados e expulsou dela os sete demônios, Jesus a inflamou de amor por ele. Ela viajou ao seu lado e cuidou de suas necessidades em todos os momentos. Parou junto dele ao pé da cruz, e na sua ressurreição ele apareceu a ela e fez dela o "apóstolo dos apóstolos".

Maria Madalena na França

O relato de Voragine diz que, catorze anos após a crucificação, e muito depois de Estevão ter sido apedrejado e os discípulos terem sido expulsos da Judeia pelas autoridades judaicas e começado a difundir a palavra de Jesus em todas as nações, os incrédulos colocaram Maria Madalena e muitos outros cristãos – entre eles Lázaro, Marta e Maximino, que nos é dito ter sido um dos primeiros seguidores de Jesus na Galileia – num barco sem leme, vela ou provisões e os enviaram para o mar a fim de que se afogassem ou perecessem por exposição e inanição, mas pela vontade de Deus eles desembarcaram em segurança em Marselha.

Há uma outra versão da lenda, não mencionada por Voragine mas ainda viva até hoje na aldeia de pescadores de Saintes-Maries-de-la-Mer, na Camargue, cerca de 110 quilômetros a oeste de Marselha. Lá, dizem, Maria Madalena desembarcou com Maria, mãe de Tiago, o Menor, e de José, e Salomé, que era a esposa de Zebedeu e mãe de seus filhos, os discípulos Tiago e João. Estas são as três Marias, todas elas testemunhas da crucificação, por quem a aldeia é nomeada. Com elas estavam o irmão e a irmã de Maria Madalena, Marta e Lázaro, seu companheiro Maximino,

Esculpida em madeira em 1536, esta decoração de altar na igreja de São Maximino, na Provença, mostra Maria Madalena e seus companheiros sendo expulsos da Palestina pelos seus perseguidores. Eles são forçados a entrar num barco sem vela, leme, remos ou provisões, e deixados para perecer. Mas milagrosamente são levados de forma segura através do Mediterrâneo para Marselha, no sul da França.

bem como Sara, que era uma serva das mulheres, e vários outros. O evento é comemorado por uma peregrinação cigana anual, nos dias 24 e 25 de maio; os ciganos se identificam com Sara, de quem se diz ter sido etíope e de pele escura como a deles.

A Igreja ortodoxa grega conta uma história completamente diferente: a de que Maria Madalena se retirou para Éfeso com Maria, mãe de Jesus, e ali morreu. Suas relíquias foram transferidas para Constantinopla em 886 e são ali preservadas.

A noiva de Cristo: Madalena dos cátaros

Mas a tradição católica francesa é aquela registrada na *Lenda dourada* por Jacobus de Voragine: a de que Maria Madalena navegou para o sul da França e chegou a Marselha (o povo de Saintes-Maries-de-la-Mer diria que passando por sua aldeia), onde ela pessoalmente converteu o governador da província e sua esposa, convenceu-os a destruir seus templos pagãos e construir igrejas em seu lugar e depois – com Lázaro, que se tornou o primeiro bispo de Marselha, e Maximino, que foi feito o primeiro bispo de Aix – converteu toda a Provença.

Quando estas coisas tinham sido realizadas, e desejando dedicar-se à contemplação espiritual, Maria Madalena se retirou para o deserto remoto, onde não havia riachos nem grama nem árvores, onde viveu desconhecida durante trinta anos – mas onde todos os dias, às sete horas canônicas,* anjos a levavam para o alto, para ouvir os cânticos celestiais, de maneira que ela se alimentava no paraíso. E então, quando sentiu que seu tempo havia chegado, ela foi levada pelos anjos para Maximino em Aix-en-Provence, onde, pairando na leveza espiritual um metro ou 1,5 metro acima do chão, ela pediu a santa comunhão e os últimos ritos. "E Maria Madalena recebeu o corpo e o sangue de nosso Senhor das mãos do bispo com grande abundância de lágrimas, e depois ela estendeu seu corpo diante do altar, e sua alma correta e abençoada afastou-se do corpo e foi para o nosso Senhor." Maximino ungiu seu corpo com unguentos preciosos e enterrou-o, ordenando que, após sua morte, seu próprio corpo fosse enterrado ao lado dela.

As relíquias ambulantes de Maria Madalena

A *Lenda dourada* diz que Maria Madalena foi enterrada na sé de Maximino, na Provença, mas também diz que no tempo de Carlos Magno, em 769,

---

* As horas canônicas, que regiam as preces comunitárias – hábito que o cristianismo primitivo manteve da religião hebraica –, eram contadas a partir das seis horas da manhã, a primeira hora canônica. (N.T.)

Gerard, duque da Borgonha, construiu uma grande igreja na abadia de Vézelay e enviou um monge para Aix – que tinha sido destruída pelos árabes – com instruções para retornar com o corpo de Maria Madalena.

E assim se dizia que os ossos de Maria Madalena estavam em Vézelay, quando Jacobus de Voragine escreveu a *Lenda dourada* em 1275. Mas apenas quatro anos mais tarde, em 1279, o corpo de Maria Madalena foi encontrado enterrado de novo na Provença; parece que houve algum engano, que o monge de Vézelay nunca tinha removido o corpo, ou havia levado outro, pois fora agora acordado pela Igreja que Maria Madalena não estava em Vézelay, mas na cripta de uma igreja dedicada a são Maximino, quarenta quilômetros a leste de Aix-en-Provence. E a igreja não tinha sido dedicada a Maximino, o companheiro de Maria Madalena, mas sim ao bispo do século IV, Maximino de Trier, cidade hoje na Alemanha, um problema que o pendor medieval para a associação livre facilmente superou, tornando um Maximino tão bom quanto o outro.

O mistério do que aconteceu entre 1275, quando os ossos de Maria Madalena estavam em Vézelay, na Borgonha, e 1279, quando apareceram na igreja de São Maximino, na aldeia de Saint-Maximin-la-Sainte-Baume (Sainte-Baume é uma cadeia de montanhas nas proximidades), 560 quilômetros ao sul, na Provença, é explicado pela forma como a Igreja, as ordens religiosas e os reis usavam relíquias dos santos para ganho financeiro e para implementar seus objetivos políticos.

Esta história começa com os árabes, que em nome do Islã tinham invadido e ocupado em todo o Oriente Médio e o norte da África, durante o século VII, áreas que tinham sido cristãs, e cruzaram o Mediterrâneo para a Espanha, o sul da França e a Itália no século VIII. Devido à hostilidade muçulmana e aos períodos de instabilidade e desordem no Oriente, peregrinações à Terra Santa, como aquela realizada por Helena, mãe do imperador Constantino, no século IV, tornaram-se cada vez mais difíceis, muitas vezes perigosas e às vezes impossíveis, fatores que favoreceram o desenvolvimento de locais de peregrinação dentro da própria Europa.

Várias figuras bem conhecidas do Novo Testamento foram súbita e convenientemente descobertas como tendo viajado para o Ocidente e

A noiva de Cristo: Madalena dos cátaros

Fotografia de 1927 de um acampamento cigano perto da igreja de Saintes-Maries-de-la-Mer, em Camargue, onde, de acordo com uma variante da tradição sobre Maria Madalena, ela desembarcou vinda de sua viagem da Palestina. Entre seus companheiros estava Sara, uma etíope com quem os ciganos se identificavam, fazendo uma peregrinação a esta vila de pescadores a cada mês de maio.

ali morrido, seus ossos desenterrados por igrejas empreendedoras. Glastonbury já havia reivindicado José de Arimateia desta forma; em Paris, eles anunciaram a descoberta dos ossos de são Dioniso, um convertido e estudante de são Paulo; enquanto são Tiago, o filho de Zebedeu, tinha aparecido no extremo norte da Espanha, em Compostela; e os restos de são Marcos haviam sido contrabandeados para fora de Alexandria num barril de carne de porco e trazidos para a segurança de Veneza. Além de proporcionar novos destinos de peregrinação na Europa, longe do hostil Oriente Médio, o entusiasmo por relíquias também reforçou o cristianismo apostólico; os ossos mais favorecidos foram os dos próprios apóstolos ou de pessoas íntimas de Jesus e seu círculo íntimo de seguidores.

Originalmente, no entanto, a grande igreja românica do século IX em Vézelay havia sido dedicada à Virgem Maria, mas como ela tinha subido corporalmente para o céu em sua ascensão, infelizmente não havia como possuir suas relíquias. Mas Vézelay estava na rota da lucrativa peregrinação da Alemanha para Compostela, e os lucros a serem auferidos pelo comércio de passagem, para não mencionar o prestígio e a proteção a serem obtidos, tornaram a feliz descoberta de algum resto adequado praticamente inevitável. E ninguém melhor para isso do que Maria Madalena, a própria essência do poder redentor da Igreja, tanto como testemunha da crucificação e ressurreição quanto como uma mulher pecadora salva pela sua submissão a Jesus.

Com as relíquias de Maria Madalena em sua posse, a abadia beneditina em Vézelay, agora rebatizada em nome de Madalena, tornou-se imensamente popular, mas os fiéis se perguntavam: como tinham seus ossos vindo para a Borgonha? A resposta dos monges – "Tudo é possível para Deus, que faz o que lhe agrada" – possuía força teológica, mas à medida que o tráfego peregrino cresceu, e sua curiosidade se tornou insistente, eles ofereceram várias explicações. Um conto inicial dizia que os ossos de Maria Madalena foram trazidos de volta da Terra Santa por são Badilo, abade de Vézelay do século IX. Mais tarde, os monges se estabeleceram na ficção de que suas relíquias haviam sido enterradas na Provença, mas foram ameaçadas por invasores árabes, e assim removidas e levadas a Vézelay para serem ali custodiadas. Esta nova versão de sua história empurrou a data de aquisição das relíquias de Vézelay de volta para o século VIII, para o tempo de Carlos Magno, e foi repetida num relato escrito por Sigebert de Gembloux na década de 1050, prazerosamente endossado por um oportuno documento papal de 27 de abril de 1058. Mas mesmo então os monges raramente exibiam os restos de Maria Madalena (não que Vézelay tivesse muito a mostrar; apenas alguns fragmentos de costelas em relicários que pareciam mais uma coleção de insetos secos), dizendo aos peregrinos que sua fé por si só deveria ser suficiente.

Ainda assim os peregrinos não estavam satisfeitos. Mesmo que as relíquias em Vézelay fossem reais e tivessem sido trazidas da Provença,

Esta gravura de 1493 mostra Maria Madalena sendo levada pelos anjos para o céu. Abaixo está o maciço onde ela morou numa caverna durante trinta anos e onde os dominicanos mais tarde construíram um convento, declarando que Maria Madalena era sua mãe, sua irmã e sua filha. Os dominicanos foram os inquisidores que ajudaram a destruir os cátaros, e esta foi sua resposta deliberada a eles, que tinham reivindicado Maria Madalena para eles como a noiva de Cristo.

eles queriam saber como, em primeiro lugar, seus ossos tinham chegado a tal lugar. Outra lenda foi inventada para explicar convenientemente que Maria Madalena e seus companheiros haviam escapado da Terra Santa por mar e desembarcado em Marselha ou, numa versão alternativa, em Saintes-Maries-de-la-Mer, de onde ela fez seu caminho para o interior para viver uma vida solitária de arrependimento e contemplação espiritual. À sua morte, acabou enterrada por Maximino na Provença, e foi a partir daí que um monge de Vézelay tinha desenterrado seus ossos e os levado para custódia na Borgonha.

A atividade dos monges em Vézelay também assegurou que os ossos de Maria Madalena começassem a realizar milagres; ela foi associada com a libertação dos prisioneiros, assistência à fertilidade e ao parto, curas espetaculares e até mesmo a ressurreição dos mortos.

Tais contos maravilhosos exigiam ainda mais ampla circulação, e eles a receberam de Jacobus de Voragine em sua *Lenda dourada*. À narrativa de Maria Madalena em seu compêndio de vidas de santos ele acrescentou a pletora de novos milagres anunciados por Vézelay e produziu o que muito rapidamente se tornou um best-seller medieval. E aqui a data do trabalho de Voragine – 1275 – é importante, pois sua imediata e imensa popularidade atraiu a atenção do rei Carlos de Anjou, que estava precisando associar-se a uma lenda poderosa. Após quatro anos da narrativa de Voragine sobre Maria Madalena, Carlos apropriou-se tanto das relíquias como da lenda para seus próprios fins.

Nos anos 1270 Carlos de Anjou estava estabelecendo um império no Mediterrâneo com base em Nápoles, Sicília, e seu território recém-adquirido da Provença. Sabendo pela *Lenda dourada* que os ossos de Maria Madalena tinham sido inicialmente associados a são Maximino, ele foi olhar pessoalmente. E o que encontrou? Os ossos de Maria Madalena. A exatamente 12 de dezembro de 1279 – como Carlos foi rápido em informar todo o mundo –, na igreja de alguém chamado são Maximino. Claramente, os monges em Vézelay tinham estado enganados. Carlos e o Vaticano concordaram em instalar a Ordem Dominicana como cuidadora do santuário de Maria, e eles, por sua vez, audaciosamente anunciaram a

A noiva de Cristo: Madalena dos cátaros

Uma festa de casamento na basílica de São Maximino, em Sainte-Baume, que contém o crânio de Maria Madalena. Segundo o padre Henri Lacordaire, que restabeleceu a Ordem Dominicana na França após a Revolução Francesa, "a tumba de Maria Madalena na (basílica de) São Maximino é a terceira tumba mais importante no mundo, imediatamente após a de nosso Salvador em Jerusalém e a de são Pedro em Roma".

importância de sua missão fabricando o *Livro dos milagres de santa Maria Madalena*, documentando e tornando mais antigas todas as intercessões e curas milagrosas que a santa tinha forjado em seu santuário provençal – uma publicação cujo sucesso se mediu pelo fato de Vézelay, como um centro miraculoso, logo ter entrado em declínio.

O novo santuário, no entanto, sobreviveu. Na verdade, peregrinos ainda vão a Saintes-Maries-de-la-Mer para ver onde Maria Madalena desembarcou e visitar Saint-Maximin-la-Sainte-Baume para se ajoelharem diante de seus ossos.

A noiva de Cristo

Mas a manipulação das relíquias de Maria Madalena e a invenção de seu culto serviram a um propósito muito mais importante do que ganhar dinheiro para Vézelay ou conferir legitimidade e prestígio à Casa de Anjou. Acima de tudo, Maria Madalena foi trazida para o cenário pela Igreja e por seus defensores da Ordem Dominicana para combater o adversário mais antigo e mais perigoso do cristianismo apostólico: os gnósticos, que floresceram especialmente no Languedoc, no sul da França, durante os séculos XII e XIII com o nome de cátaros.

Os cátaros foram influenciados por ideias provenientes do Oriente que primeiro se enraizaram na Europa entre os bogomils da Trácia e da Bulgária. Os bogomils eram dualistas que alguns fazem retroceder aos gnósticos do Egito, com sua crença de que uma parte de si mesmos vinha de Deus, enquanto o mundo material e todos os seus atos eram maus, incluindo a Igreja e seus sermões sobre a cruz, que os bogomils rejeitavam porque viam a cruz apenas como o instrumento de suplício de Jesus.

Bogomil significa "queridos" ou "amigos" de Deus; eles encontraram refúgio e liberdade nas montanhas, mas apenas por um tempo. Sua rejeição à Igreja provocou uma reação violenta das autoridades búlgaras e bizantinas, que expediram milhares de soldados e padres para as regiões montanhosas, onde saquearam, queimaram e mataram tudo em seu caminho. Mas, mesmo enquanto os bogomils estavam sendo exterminados, sua heresia propagou-se para o Ocidente.

Embora os cátaros tivessem sido influenciados pelos bogomils, eles também eram um movimento nativo, descontente com a Igreja, no qual faltava qualquer coisa que se assemelhasse à real santidade, ao ascetismo e

A *noiva de Cristo: Madalena dos cátaros* 263

à humildade; e talvez eles também fossem descendentes daqueles hereges antigos mencionados pelo Pai da Igreja Irineu de Lyon no final do século II, em seu livro *Contra as heresias*, onde denunciava que os gnósticos estavam ativos em seu próprio distrito do vale do Ródano. Sendo assim, Maria Madalena – retratada como a líder dos apóstolos em *Pistis Sofia*, no *Evangelho de Maria Madalena* e em outras obras gnósticas – poderia então ter se feito ouvir na França muito antes das lendas de Vézelay.

Os cátaros insistiam na pureza espiritual num mundo que consideravam totalmente mau, e como os bogomils eles se sentiam especialmente próximos de Deus. Mas seja qual for a sua origem, os cátaros exibiam a conhecida perspectiva espiritual dos gnósticos de mil anos antes, no Egito. Não podiam aceitar que, se havia um só Deus, e se Deus era o criador, e se Deus era bom, devesse haver sofrimento, doença e morte em seu mundo. Como no Egito, a solução dos cátaros "para este problema do mal no mundo era dizer que havia realmente dois criadores e dois mundos". Os cátaros eram dualistas pelo fato de acreditarem em um princípio bom e um mau, o primeiro sendo o Supremo Criador do universo, invisível e espiritual, e o segundo o demiurgo, que criou nosso mundo material defeituoso de sofrimento e dor, que é o Jeová, o Deus da Igreja apostólica, o Deus punitivo do Antigo Testamento. Eles chamavam a si próprios Bons Homens; eles eram os bons cristãos que adoravam o Deus bom.

Mas o que o catarismo certamente não recebeu dos bogomils foi a crença dos cátaros de que, assim como existem dois deuses, um bom e um mau, também há dois Cristos, um celeste e outro terrestre, um bom e outro mau. O Cristo nascido na terrena Belém e crucificado em Jerusalém era o Cristo mau e Maria Madalena dos evangelhos era sua concubina. O Cristo bom nasceu na Jerusalém celestial e Maria Madalena era sua esposa. Estas ideias não parecem ter vindo dos bogomils; elas vieram ou dos gnósticos no Egito ou foram uma tradição original cátara, iniciada e desenvolvida por eles mesmos.

Mas, apesar de toda a matéria ser má, o ideal de renunciar ao mundo era impraticável para todos – e, por isso, enquanto a maioria dos cátaros vivia vidas aparentemente normais, comprometendo-se a renunciar ao mundo mau só em seus leitos de morte, alguns viviam a vida rigorosa dos *perfecti*. Os *perfecti* cátaros viajavam pelo Languedoc, pregando aos crentes comuns, por meio da cura e de cuidados com os doentes, e distribuindo dinheiro aos pobres. Uma de suas principais tarefas era administrar o consolamento aos moribundos, a consolação que purificava a alma, garantindo a sua libertação do ciclo de renascimento e reencarnação e permitindo-lhe subir ao Cristo no céu. Suas atividades conquistaram-lhes o apoio de todas as classes de pessoas no Languedoc, de camponeses e aldeões a comerciantes e aristocratas. Como fez Jesus nos evangelhos, eles também andavam de um lugar a outro, pregando, alojando-se nas casas dos crentes. Acreditava-se que os *perfecti* tinham transcendido o material, tanto quanto qualquer ser humano poderia, e eram vistos quase como divinos.

Mulheres entre os cátaros

A crença de que Jesus e Maria Madalena foram unidos em casamento era uma afirmação da maneira de ver dos cátaros, em que o mundo divino, o céu do Deus criador último, trouxe as polaridades do masculino e feminino juntos, como um só. E, no céu assim como na terra, não só homens, mas muitas mulheres foram *perfecti*. Isso estava em contraste com a Igreja católica, onde as mulheres não podiam ter nenhum cargo e serviam apenas como freiras, e foi provavelmente uma das razões para a popularidade do catarismo, no qual uma mulher poderia alcançar a condição prestigiosa e espiritualizada dos *perfecti*.

Mas é incerto até que ponto os cátaros, em suas vidas diárias, eram a favor da igualdade de gênero; declarados hereges pela Igreja, que iniciou uma série de inquisições contra eles, muito do que os cátaros acreditavam foi destruído junto com seus corpos nas fogueiras, o que torna difícil conhecer suas vidas com certeza. No entanto, e apesar do papel desempenhado em sua cosmologia por Maria Madalena, é provavelmente apenas um desejo ver os cátaros como uma forma primitiva de sociedade feminista.

A melhor evidência vem do inquisidor Jacques Fournier, à época bispo local da área em volta da aldeia de Montaillou, nos Pirineus; mais tarde,

Esta iluminura do século XIII mostra dois *perfecti* cátaros administrando o consolamento a um crente moribundo. O ritual purificará sua alma, garantindo que ele vai escapar da reencarnação neste mundo e que vai subir ao Cristo no céu.

ele se tornou o papa Bento XII. Seus registros meticulosos foram mantidos no Vaticano, onde significaram um recurso valioso para o historiador contemporâneo Emmanuel Le Roy Ladurie, cuja obra *Montaillou* constrói uma imagem de todos os aspectos da vida diária dos moradores do vilarejo ao longo de trinta anos, 1294-1324. Na verdade, graças aos registros feitos por Jacques Fournier, sabe-se mais sobre esta pequena aldeia nos Pirineus do que sobre Paris ou Londres no século XIII.

Ladurie sugere que o catarismo foi limitado pelo peso da tradição na influência que poderia exercer sobre a vida das pessoas. "A posição de uma jovem noiva em Montaillou e nas outras aldeias da região não era particularmente atraente", escreve Ladurie sobre os cátaros e as mulheres católicas igualmente. "Toda mulher casada poderia esperar uma boa dose de espancamento em um momento ou outro." Nem eram melhores as condições para as mulheres da aristocracia ou da classe média e as que viviam nas cidades; seus maridos também tinham "mãos pesadas". Certos cátaros esclarecidos defendiam um tratamento mais humano para as mulheres, mas um *perfectus*, Guillaume Bélibaste, conhecido do povo de Montaillou, que mantinha uma amante, apesar de seu voto de castidade, declarou que uma mulher jamais poderia ser admitida no paraíso; ela primeiro teria de ser reencarnada como um homem. "Um homem não vale nada, a menos que seja o senhor de sua esposa", disse Bélibaste, enquanto seu amigo Pierre Maury, um dos cátaros da aldeia, observou: "As mulheres são demônios."

Havia poucas circunstâncias em que as mulheres da região poderiam conseguir algum tipo de independência; uma era se a família já não fosse dirigida por um homem, geralmente porque o homem tinha morrido ou deixado a família; outra era pelo viés de algumas ocupações permitidas às mulheres, como a gestão de uma venda que comerciasse vinho ou queijo, por exemplo, ou agindo como locandeira numa pousada à beira da estrada. Isso se parece com as vidas restritas das mulheres judias de famílias tradicionais na Palestina do século I; nada semelhante à liberdade de que gozavam as mulheres totalmente helenizadas, como provavelmente era Maria Madalena.

Já aquelas mulheres que eram *perfecti*, ao contrário dos homens, raramente viajavam e quase nunca deixavam suas casas; sua condição não era permanente, sendo normalmente posta de lado e retomada segundo as necessidades da gravidez. As meninas poderiam tornar-se *perfecti* alguns anos antes da puberdade, casando-se em seguida e tornando-se *perfecti* novamente, uma vez mães de família ou viúvas e após seus anos de fertilidade terem se acabado. "Em outras palavras", escreve o historiador R.I. Moore, em sua obra *A guerra contra a heresia*, "sejam quais forem as crenças religiosas que estão por trás ou a sustentam, esta foi uma instituição cuja função era proteger a castidade das mulheres solteiras."

O crânio de Maria Madalena

Ao contrário de Vézelay, onde o máximo que poderiam reunir eram alguns fragmentos de costelas de Maria Madalena, a Maria Madalena na cripta de Saint-Maximin-la-Sainte-Baume é um crânio radiante no interior de um manto – com coroa de ouro, além de peito, ombros e os longos cabelos também de ouro.

Embora nada se saiba sobre quem encontrou o crânio de Maria Madalena, o fato de que Carlos, rei de Anjou, e o Vaticano tenham colocado imediatamente as relíquias sob a supervisão dos dominicanos sugere que eles fizeram parte da descoberta desde o início. Os dominicanos podem até ter iniciado a descoberta, pois Maria Madalena era exatamente o tipo de mulher de que precisavam para destruir os cátaros.

O fundador da Ordem Dominicana foi Domingos de Guzmán, um padre espanhol que no início de sua carreira, por volta de 1205, visitou o sul da França, onde participou de uma missão para converter os cátaros, várias vezes envolvendo-os em debates públicos, mas com pouco resultado. Em sua opinião, os cátaros haviam sido alienados pela demonstração de riqueza e falta de humildade e espiritualidade da Igreja. Decidindo que havia uma necessidade de combinar as qualidades espirituais da vida monástica, incluindo uma formação profunda em estudos religiosos, com uma vida ativa de pregação, ele obteve permissão do papado, em 1216, para fundar a Ordem dos Pregadores, conhecida popularmente como

O crânio que se diz ser o de Maria Madalena na cripta da basílica de São Maximino, em Sainte-Baume, na Provença. A ideia por trás de relíquias era chegar o mais próximo possível do próprio Jesus; dado o apoio de sua presença durante seu ministério e do seu testemunho na crucificação e na ressurreição, estar perto de Maria Madalena dessa maneira é o mais perto de Jesus que se pode chegar.

Ordem Dominicana. "O zelo deve ser combatido pelo zelo; humildade, pela humildade; falsa santidade, pela santidade real; pregação de mentiras, pela pregação da verdade", disse Domingos aos seus frades, mas mesmo assim eles conseguiram poucas conversões.

Enquanto isso, já em 1184, a inquisição episcopal contra os cátaros havia começado. Ordenada pelo papado, mas conduzida pelos bispos locais, ela foi intermitente e casual. Mas essas persuasões eram até então apenas ensaios, em comparação com a guerra brutal empreendida em nome da Igreja contra os cátaros.

Por volta de 1200 o catarismo tornou-se tão generalizado que o papado ficou alarmado. O papa Inocêncio III disse que os cátaros eram

Uma reconstrução facial digital baseada no crânio e na mandíbula de Maria Madalena, na basílica de São Maximino, feita por especialistas brasileiros em 2015. O crânio pertencia a uma mulher que morreu com 51 anos, mas o rosto foi reconstruído para mostrar como ela parecia aos 21 – em outras palavras, como entenderam eles, no momento da crucificação de Jesus. Além de ser usado para recriar o rosto de Tutancâmon e Ivan, o Terrível, a reconstrução facial digital forense também tem sido usada por forças policiais e do FBI, que procuram ajuda do público para identificar vítimas de assassinato. Mas a precisão não é boa o suficiente para ser aceita como prova nos tribunais. O que levanta a questão de quem seria este crânio. A reconstrução pode ser precisa, mas quem é ela? Não teria sido fora das práticas dominicanas que eles tivessem desenterrado uma morta cátara para os seus fins.

"piores do que os sarracenos". Em 1209 uma cruzada foi lançada contra eles – a Cruzada dos Albigenses, pois muitos cátaros viviam ao redor de Albi –, iniciada pela Igreja e entusiasticamente apoiada pelo rei da França e pela nobreza do norte. Naquela época o Languedoc não fazia parte do reino francês, e assim o rei da França e os nobres do norte viram ricos ganhos territoriais a serem obtidos com uma cruzada contra a aristocracia, as pessoas comuns e a crescente classe média do sul. Nem todos estes eram cátaros, mas muitos no sul nutriam profunda simpatia pelos cátaros. Como um senhor do Languedoc respondeu quando perguntado por um legado papal por que não exibir mais zelo na perseguição aos hereges: "Nós não podemos. Nós fomos criados em seu meio. Temos parentes entre eles e nós os vemos vivendo uma vida de perfeição."

A cruzada começou indo contra Béziers em julho de 1209. A população recebeu a oferta de entregar os cátaros existentes entre ela, mas se recusou, e os católicos de Béziers também se recusaram a partir livremente. Em vez disso, as pessoas confiavam em suas muralhas e estavam determinadas a desgastar o exército cruzado no decorrer de um longo cerco. Mas, quando alguns dos habitantes da cidade estavam fazendo uma investida contra o inimigo que os circundava, os portões foram violados. Quando os cruzados perguntaram ao legado papal como distinguir os católicos dos hereges, ele respondeu: "Mate todos eles. Deus saberá quem é dele." Em poucas horas, toda a população, cerca de 20 mil homens, mulheres e crianças, cátaros e católicos, foi massacrada, e a cidade foi arrasada. O dia era 22 de julho, o dia da festa de Maria Madalena.

Naquele mesmo primeiro ano da cruzada o núcleo da resistência dos cátaros retirou-se para o castelo de Montségur, no topo de um monte abobadado nos Pirineus orientais, onde resistiu a agressões e assédios até capitular, em 1244. Cerca de duzentos ainda se recusavam a renegar suas crenças; estavam amarrados todos juntos dentro de uma paliçada abaixo do castelo e, no que Lawrence Durrell chamou de "as Termópilas da alma gnóstica", foram queimados numa enorme fogueira.

Entre a destruição de Béziers em 1209 e a queda de Montségur em 1244, a cruzada varreu o sul da França como uma praga recorrente, ma-

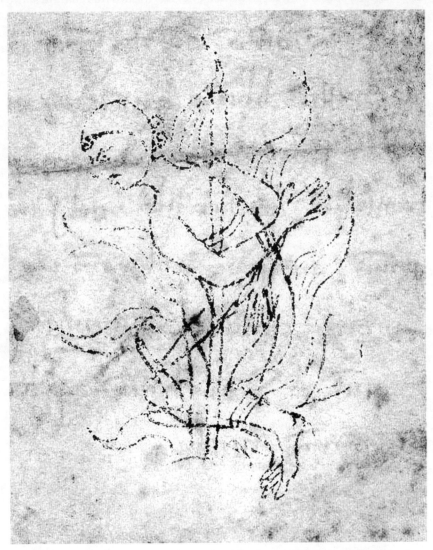
Um cátaro preso numa estaca e sendo queimado vivo no que parece ser um esboço de testemunha ocular. Ele foi encontrado na parte de trás de um documento mandado por Alfonse, conde de Toulouse, ao papa Inocêncio IV, recomendando que o papa emitisse o que ficou conhecido como a bula *Ad Extirpanda*, de 1252, em que Inocêncio autorizou os dominicanos a utilizar tortura contra os cátaros.

tando milhares de cátaros, destruindo casas e vilarejos. Pouco mais de uma semana após a destruição de Béziers, os cruzados marcharam sobre a grande cidade murada de Carcassonne, que se rendeu em meados de agosto. Neste caso, os habitantes foram autorizados a ir embora livres, católicos, cátaros e judeus, mas apenas um de cada vez através de um portão secundário, onde eram despidos e expulsos com os pés descalços na paisagem árida, suas propriedades, seus meios de subsistência, seus bens pessoais deixados para trás na cidade vazia. Mais cidades caíram ao longo de todo o outono e no ano seguinte; em julho de 1210 a cidade de Minerve resistiu, mas se rendeu quando seu fornecimento de água foi cortado; 140 cátaros foram queimados na fogueira. Da mesma forma, quando Montréal se rendeu em 1211, várias centenas de cátaros foram queimados vivos. E assim continuou por anos. Em 1219, quando a cidade de Marmande se rendeu, os cruzados, no entanto, exigiram um preço de sangue de toda a população por ter abrigado os cátaros. Uma narrativa da época, escrita pelo autor desconhecido da segunda parte da *Canção da cruzada albigense*, descreve o que aconteceu em seguida.

> Clamor e gritos surgiram, cruzados invadiam a cidade com aço afiado; terror e massacre começaram. Senhores, senhoras e suas crianças pequenas, mulheres e homens despidos, todos eles foram golpeados e cortados em pedaços com espadas bem afiadas. Carne, sangue e cérebros, torsos, pernas e rostos cortados em dois; pulmões, fígados e intestinos arrancados e jogados de lado jaziam no chão como se tivessem chovido do céu. Pântano e terra firme, tudo estava vermelho de sangue. Nenhum homem ou mulher foi deixado vivo, nem velhos nem jovens, nenhuma criatura viva, a menos que alguma tenha conseguido se esconder. Marmande foi arrasada e incendiada.

As inquisições eram um complemento a essa violência; elas entravam profundamente na vida das pessoas, atormentando suas mentes e corpos e aterrorizando seus corações e almas, destruindo todos os desvios da autoridade da hierarquia apostólica. Em 1234, sob o papa Gregório IX, o papado assumiu a Inquisição retirando-a dos bispos e colocando os do-

A noiva de Cristo: Madalena dos cátaros

minicanos no comando. Domingos havia morrido em 1222, mas não o zelo que ele tinha instilado nos dominicanos. A tortura era costumeira, embora ainda não oficial, mas em 1252 sua utilização foi explicitamente sancionada pelo papa Inocêncio IV, e inquisidores e seus assistentes foram autorizados a se absolverem mutuamente pelas torturas que cometiam. Não havia nenhuma maneira possível de provar a própria inocência, mas havia toda a motivação para decidir sobre a culpa, pois as propriedades das vítimas eram confiscadas e, após a dedução de despesas – incluindo o custo de interrogatório, tortura, julgamento, prisão e execução –, metade ia para os inquisidores, metade para o papado. Tão lucrativa foi a Inquisição que os dominicanos começaram a desenterrar os mortos, processando-os e condenando-os à revelia por assim dizer, e em seguida desapropriando suas famílias de suas heranças.

O inquisidor mais eficaz, no entanto, foi Jacques Fournier, bispo de Pamier desde 1317, que examinou o povo de Montaillou e de outros lugares na região, baseando-se num severo questionamento em vez de tortura, e em apenas cinco casos condenou às chamas pessoas julgadas hereges, entre elas o *perfectus* Guillaume Bélibaste, queimado vivo em 1321. Por volta de 1326 Fournier acreditava ter erradicado por completo a heresia dos cátaros. Em 1334 ele foi eleito papa Bento XII.

Somando as Cruzadas e a Inquisição, mortes selvagens e grotescas tinham sido infligidas a um incontável número de pessoas e causado danos terríveis para a sociedade e a cultura do sul da França. Heresia era a desculpa, mas independência de pensamento era o crime. O terror desencadeado pela Igreja era contra um povo inteiro; os cátaros tinham sido parte de uma civilização variada e tolerante que incluía todos os tipos de cristãos, bem como judeus; Languedoc havia sido a casa dos trovadores, da sua poesia e suas canções de cavalaria, romance e amor cortês. Tudo isso foi destruído.

Embora fossem executores para a Igreja, a autoimagem dos dominicanos era de submissão, obediência, pobreza e humildade, e em vez de se identificarem com o poder e a riqueza da Igreja, em cuja direção estava são Pedro, foram atraídos por Maria Madalena. Foram atraídos para a

Montségur, onde os cátaros resistiram contra a cruzada papal durante 35 anos. Quando finalmente se renderam em 1244, cerca de duzentos deles foram retirados da fortaleza, no topo da montanha, levados para onde está hoje a aldeia e queimados vivos.

mulher a quem os cátaros também estavam dedicados, mas enquanto os cátaros viam Maria Madalena como a companheira visionária de Jesus em oposição à Igreja institucionalizada, cujo aparato era constituído de uma ilusão e um mal, os dominicanos viam Maria Madalena como aquela do rosto amável e feminino da Igreja, e ela também ainda era o apóstolo dos apóstolos, e portanto defensora da autoridade apostólica. Eles também a viam como uma isca, uma forma de chamar cátaros de volta ao rebanho católico e mantê-los ali.

Maria Madalena – nas palavras do dominicano Giovanni de São Gimignano, do final do século XIII, que a identificou com a mulher pecadora de Lucas na casa de Simão, o fariseu – "exibiu obediência a Cristo, porque ela beijou seus pés. Assim, seus beijos eram beijos de devoção e

A noiva de Cristo: Madalena dos cátaros

santidade. Da mesma forma o beijo no pé é um sinal de veneração. Assim, uma pessoa beija o pé do papa. E assim fez a Madalena, por reverência e humildade, não beijando sua boca como uma esposa, ou sua mão como uma filha, mas seus pés como uma serva".

E assim, hoje, o crânio de Maria Madalena brilha em seu relicário dourado na cripta em São Maximino. No entanto, um mistério permanece. Por que Maria Madalena?

Em relação aos cátaros, como tinha acontecido com os gnósticos no Egito, Maria Madalena era a personificação da sua visão espiritual e sua rejeição à estrutura da Igreja. E para a Igreja, especialmente para os dominicanos, Maria Madalena era sua maneira de lidar com os dissidentes e neutralizá-los.

Mas o fato de que Maria Madalena esteja lá – que ela exista independentemente de ser ignorada por Paulo, a quem encontrou em seu caminho da Palestina para o Egito e para a França – sugere que tinha tomado vida própria, que sua história vive e ela não pode ser ignorada. Pela sua presença na cruz e na tumba vazia, ela está sempre ligada ao mistério mais antigo e mais fundamental da humanidade, o mistério da morte e da vida nova e a ligação erótica entre as duas.

12. A fuga da caverna: Madalena renascentista

EM 1337, dezesseis anos após Guillaume Bélibaste, o último *perfectus* dos cátaros, ter sido condenado como herege pelo inquisidor Jacques Fournier e queimado na fogueira, e três anos depois de Fournier ter sido eleito papa como Bento XII, o poeta italiano Francesco Petrarca escalou o íngreme e rochoso caminho até Sainte-Baume, a remota caverna com cerca de mil metros de altura, na face de um maciço calcário com vista para a Provença. Baume significa "caverna" em provençal; no francês culto utilizado por eclesiásticos, significa "bálsamo". Esta foi a caverna sagrada, o santo bálsamo, onde se disse que uma arrependida Maria Madalena teria vivido os últimos trinta anos de sua vida na contemplação do divino.

Peregrinação de amor de Petrarca

Mal o papado e o rei Carlos de Anjou colocaram a Ordem Dominicana como encarregada das relíquias de Maria Madalena na basílica de São Maximino, os frades também passaram a comandar a caverna atribuída a Maria Madalena na face da crista da montanha nas proximidades. Os dominicanos, que tanto fizeram para destruir os cátaros que tinham venerado Maria Madalena como a noiva de Cristo, usurparam-na para si próprios, promovendo e elaborando sua tradição na Provença. Os dominicanos, aliás, eram da Ordem dos Pregadores, e Maria Madalena era o apóstolo dos apóstolos, que havia pregado a ressurreição aos apóstolos que duvidavam e também teria pregado a fé cristã aos pagãos da Provença.

A fuga da caverna: Madalena renascentista

Os dominicanos não perderam tempo, garantindo que São Maximino e Sainte-Baume fossem comemorados por toda a Europa, tornando-se famosos centros de peregrinação. A cripta de Maria Madalena na basílica de São Maximino tornou-se o terceiro local mais sagrado do cristianismo – após a tumba de Jesus na igreja do Santo Sepulcro em Jerusalém e o lugar do enterro de Pedro na basílica de São Pedro em Roma – e a caverna de Maria Madalena em Sainte-Baume foi reconhecida como um dos mais antigos santuários cristãos no mundo. Um convento e uma igreja ficavam na face da borda do penhasco, fora da caverna, para atender ao tráfego de peregrinação, e havia vários altares dentro. E os peregrinos vieram. Entre eles estava Petrarca, muitas vezes descrito como o primeiro humanista, um dos criadores da Renascença e o fundador da tradição da poesia de amor do Renascimento; também era um homem religioso e veio como um peregrino devoto a Sainte-Baume.

A família de Petrarca era de Florença, mas distúrbios políticos a obrigaram ao exílio em 1302, o mesmo ano em que Dante foi expulso da cidade, de modo que Petrarca nasceu em Arezzo, na Toscana, em 1304. Quando tinha oito anos sua família mudou-se para Avignon, na Provença, que era então a sede do papado; lá Petrarca estudou literatura latina e tomou ordens sacras, em 1330, tornando-se o capelão particular do cardeal Giovanni Colonna, cuja amizade e patrocínio permitiram a Petrarca viajar amplamente e perseguir seus interesses como um erudito clássico. Apaixonado por recuperar o conhecimento do mundo clássico, Petrarca procurava antigos manuscritos latinos e gregos durante suas viagens e descobriu uma coleção até então desconhecida de cartas de Cícero.

A carreira eclesiástica de Petrarca, no entanto, não o impediu de ser pai de um filho em 1337, pouco antes de sua subida a Sainte-Baume, nem de uma filha alguns anos depois, ambas as crianças nascidas fora do casamento com uma mulher desconhecida. Mas seu maior amor estava em outro lugar; onze anos antes de sua escalada à caverna, conhecera uma jovem mulher em Avignon, que se pensa ter sido Laura de Noves, que despertou nele uma paixão eterna. Mas Laura estava casada com o conde

Hugues de Sade, um ancestral do Marquês de Sade, e não responderia às suas atenções; em vez disso ela viveu para sempre em Petrarca como a mulher idealizada de sua poesia.

Um ano antes de sua peregrinação à gruta de Maria Madalena, Petrarca havia escalado os 2 mil metros do monte Ventoux, a montanha mais alta da Provença, onde ficou atordoado com o espetáculo de nuvens que passavam sob seus pés, o Ródano fluindo quase sob seus olhos, os Alpes distantes cobertos de neve parecendo levantar-se ao alcance de seu braço e a extensão azul do Mediterrâneo enchendo o horizonte para além de Aigues-Mortes e Marselha, distante vários dias de viagem.

Mas, em seguida, mudando o olhar do espaço ao tempo, e olhando dentro de sua própria vida, ele refletiu sobre os dez anos desde que tinha visto Laura pela primeira vez. As palavras de santo Agostinho vieram à sua mente: "Desejo recordar meu passado sujo e a corrupção carnal da minha alma, não porque eu os ame, mas para que eu vos ame mais, ó meu Deus." Petrarca viveu num estado de fluxo perpétuo entre o mundo da carne e o mundo do espírito. "Estes dois adversários", disse ele, "se juntaram em combate pela supremacia, e por um longo tempo uma guerra tem sido travada no campo da minha mente, o seu resultado ainda desconhecido." Naquela noite, depois de descer do monte, ele escreveu a um amigo:

> Muito do que é duvidoso e mau ainda se agarra a mim, mas o que amei um dia, eu já não amo. E assim mesmo o que estou dizendo? Eu ainda amo, mas com vergonha, mas com peso no coração. Agora, finalmente, confessei a verdade. Assim seja. Eu amo, mas eu amo o que não desejo amar, o que eu gostaria de odiar. Embora abominando, embora constrangido, embora triste e lamentando, ainda assim eu amo.

O conflito interno de Petrarca entre o espírito e a carne era a força motriz de seu trabalho e dá movimento à sua obra *Canzoniere*, suas canções de amor à inalcançável Laura. Laura é para sempre perfeita e imutável, enquanto Petrarca como amante oscila, seus humores se

A fuga da caverna: Madalena renascentista

O interior da caverna em Sainte-Baume, onde, segundo a lenda provençal, Maria Madalena viveu durante os últimos trinta anos de sua vida. Os peregrinos têm subido até a caverna desde a Idade Média. Santuários e altares foram criados dentro, e há espaço suficiente para culto e orações de 750 pessoas.

alteram da paixão ao arrependimento à medida que ele viaja através de uma gama de emoções. Todo o tempo ela é sua inspiração constante, sua musa, enquanto que, por amor a Laura, ele se abre e questiona e se revela, apresentando uma constante mudança do retrato interior de si mesmo.

Petrarca desfrutou de grande fama em sua vida, e seus poemas foram amplamente divulgados em toda a Europa na forma de manuscrito antes de sua primeira impressão em 1470. O *Canzoniere* influenciou Boccaccio, amigo de Petrarca, na Itália, e partes dele foram adaptadas por Chaucer em seu *Tróilo e Créssida* por volta de 1385. Em retrospecto, diz-se que a narrativa de Petrarca de sua subida ao monte Ventoux marca o momento em que a Idade Média se aproximava do fim e um novo mundo se abria. Ele próprio foi o primeiro a usar a expressão "Idade das Trevas" para descrever aqueles séculos após a queda do Império Romano; uma era sombria de crenças fechadas. Do cume do monte Ventoux Petrarca olhava para uma vasta paisagem, o esplendor do mundo natural, mas sua maior descoberta era o mundo dentro de si mesmo. Em sua busca ele se tornou um comovente espírito do Renascimento.

Mas, embora Petrarca datasse sua carta de 26 de abril de 1336 e desse a impressão de que a tivesse escrito na mesma noite em que desceu do monte Ventoux, ele não a escreveu até, pelo menos, sete anos mais tarde. Possivelmente ele nem sequer subiu ao monte Ventoux. Na verdade, longe de ser algo apressado feito naquela noite, a carta é um ensaio em latim elaborado e as circunstâncias nela descritas podem muito bem ser ficção. A tensão na mente de Petrarca entre o carnal e o divino, no entanto, era real, uma tensão que ele experimentou de forma intensificada no ano seguinte, quando subiu para Sainte-Baume, para a caverna de Maria Madalena – e que poderia ser o momento real em que a "Idade das Trevas" deu lugar à luz.

As lágrimas de Maria Madalena

Petrarca permaneceu três dias e três noites em Sainte-Baume e ficou profundamente comovido com suas imaginações da existência remota e solitária, ali, de Maria Madalena. Sobre seu pecado ele escreveu:

> Ela não escolheu ser visível aos homens nem viver em palácios, mas fugindo de sua terra natal ela entrou nestas regiões, como se para um outro mundo; ela perseverou em se esconder aqui até o fim e teve por sua casa aquela rocha nua e oca. ... É um lugar sagrado, terrível e venerável, e não indigno de uma visita, mesmo vindo-se de um lugar distante. ... Lá a doce e abençoada anfitriã de Cristo viveu e morreu, recebendo não os serviços de meninas finamente vestidas, mas o ministério de anjos obedientes.

Petrarca e Laura servem para ilustrar esta página de manuscrito do terceiro soneto do *Canzoniere*, de Petrarca. Ela está segurando a coroa de louros; Petrarca foi reconhecido como o poeta supremo do amor. Lágrimas, geralmente lágrimas de Laura, são um motivo frequente nos poemas de Petrarca, mas nesta canção as lágrimas são dele mesmo.

> O Amor me encontrou de tudo desarmado
> E achou aberta a via que conduz ao coração pelos olhos
> Que agora são passagem para lágrimas:
> A meu ver não foi algo honroso
> Golpear-me enquanto eu estava indefeso
> E a vós (Laura) armada não mostrar (o Amor) nem mesmo o arco.

282 *Maria Madalena*

Enquanto esteve no santuário-caverna, Petrarca compôs um pequeno poema em latim para seu amigo Philippe de Cabassoles, bispo e mais tarde reitor do reino Anjou em Nápoles. Nesse poema, chamado "Dulcis Amica Dei", isto é, "Doce amiga de Deus", Petrarca começa invocando Maria Madalena para que se vejam com doçura as lágrimas em seus olhos, que refletem as lágrimas com as quais ela banhou os pés de Jesus. A memória de Jesus daquelas lágrimas, de Madalena apegando-se ao pé da cruz e de suas "lágrimas banhando suas feridas" são a razão pela qual Jesus fez a sua aparição a ela depois de sua ressurreição. As linhas finais do poema de Petrarca voltam-se para a vida de Maria Madalena como uma eremita contemplativa em sua caverna, onde sua "fome, frio e cama de pedra dura eram adoçados com seu amor e sua esperança", e de onde ela era "às sete horas [canônicas] do dia levada aos céus para ouvir os hinos de coros celestiais".

De certa maneira sugerindo ao mesmo tempo o espiritual e o carnal, Petrarca está pedindo a Maria Madalena, que embebeu as feridas de Jesus com suas lágrimas, que banhe também suas próprias feridas com suas lágrimas.

Não que Petrarca seja conhecido por este poema nem por sua poesia latina; ao contrário, ele é famoso por seu *Canzoniere*, suas 366 cartas de amor que têm a sua paixão por Laura como tema. Esses escritos são pessoais, privados e intensos, e todos são escritos em vernáculo, em italiano, considerada uma língua vulgar e, supostamente, não adequada para os sentimentos mais elevados expressos em latim. Mas as lágrimas que ele dividiu com Maria Madalena em Sainte-Baume escoaram do poema latino de Petrarca e saturaram o *Canzoniere*, onde Laura é ainda mais desejável por suas lágrimas – "Quando minha senhora chora, o desejo me enche até a borda" (Canção 155).

A Laura do *Canzoniere* de Petrarca era um novo ideal de mulher, ao mesmo tempo sedutoramente bela e a personificação da sabedoria, que excitou as paixões e iluminou a vida e a arte do poeta. Ela se tornou o meio para sua introspecção e autodescoberta, e ele combinou nela os atributos de Vênus, Perséfone, Atena e Maria Madalena – a última por-

A fuga da caverna: Madalena renascentista

que, em sua poderosa relação emocional com Maria Madalena, Petrarca encontrou o contato mais próximo e mais íntimo possível com Deus.

A influência de Laura e do *Canzoniere* também se estendeu muito além da literatura; a obra teve um impacto significativo sobre as artes visuais do Renascimento, em tapeçarias, na escultura e, sobretudo, na pintura.

Pintando Laura

A pintura na Idade Média era religiosa. Mesmo no início do Renascimento só raramente os artistas pintavam retratos de pessoas seculares, e nesse caso poderiam ser de um benfeitor para uma instituição religiosa, a ser incluído dentro de uma cena religiosa, como por exemplo a mulher de joelhos, provavelmente uma doadora, no afresco de Fra Angelico *Comunhão dos apóstolos*, de cerca de 1440, feito no convento de São Marcos, em Florença, reproduzida na p.109.

Em vez disso a Igreja seguiu santo Agostinho, que no século V havia argumentado contra imagens em seus *Solilóquios*. Agostinho era um neoplatônico, ou seja, acreditava em um ideal, numa perfeição final que não poderia ser reproduzida. A arte poderia oferecer apenas imagens falsas, disse ele. Não importa quão excelente fosse a semelhança, ela era no entanto uma semelhança degradada do ideal, e portanto era falsa. Na verdade, a ideia de arte e de artistas quase não existia na Idade Média; pintores e escultores eram em grande parte artesãos anônimos que dedicavam seus talentos a imagens destinadas a excitar a devoção; seu trabalho não incluía revelar nada de si mesmos, nem tentar trazer seus sujeitos à vida.

Petrarca, que estava profundamente imerso nas obras de santo Agostinho, concordava com este ponto de vista. Ele condenava imagens. Às vezes até reproduzia as palavras de Agostinho para atacar a falsidade e o prazer vazio de representações visuais.

E, no entanto, Petrarca contratou seu amigo Simone Martini, um aluno de Giotto e o mais famoso artista de Siena à época, para pintar um retrato de Laura. A pintura está perdida, mas sabemos dela porque

Petrarca se refere a ela nas canções 77 e 78 de seu *Canzoniere* e porque Giorgio Vasari, ele próprio pintor e autor da obra *Vidas dos artistas*, o menciona em sua vida de Simone.

Petrarca encontrou seu caminho para contornar o problema de imagens. A tentativa de representar Laura, sentiu Petrarca, não resultou em falsidade, mas sim em demonstrar um desejo de capturar a verdade do amor e da beleza, embora fosse um anseio que nunca poderia ser atingido. Mesmo assim, de acordo com Vasari, Petrarca achou a pintura de Laura, de Simone, "tão bonita como ele havia desejado", e o próprio Petrarca escreveu em seu *Canzoniere* que Simone "deve ter estado no Paraíso, de onde esta senhora veio, e retratou-a em pintura".

Mas, ao contrário da intocável Beatriz de Dante, na *Divina comédia*, uma criatura etérea que se reúne com a Virgem Maria no Paraíso, Petrarca escreve uma geração depois e enumera as atrações palpáveis de Laura, seu belo corpo, sua pele como o marfim e as rosas, seus dedos suaves e longos, suas lágrimas como cristais, seus suspiros como chamas, seu cabelo dourado balançando livre na brisa.

Palpável quanto pudesse ser, a beleza terrena de Laura é derivada por natureza de um ideal celeste.

> De qual parte dos céus, em qual Ideia estava o exemplo de onde a Natureza tirou o modelo para aquele lindo rosto gracioso pelo qual ela escolheu mostrar aqui embaixo o seu poder lá de cima? (Canção 159)

Para Petrarca a beleza é o elo entre o homem e o divino. Ao escrever sobre as lágrimas em seus olhos, seu cabelo dourado balançando livre na brisa, ele estava pensando tanto em Maria Madalena como em Laura.

Emergindo da caverna

A lenda de Sainte-Baume devolveu Maria Madalena à tumba vazia, mas não àquela tumba em Jerusalém, onde ela experimentou o mistério do

A *fuga da caverna: Madalena renascentista*

divino, mas a uma caverna na face de um remoto penhasco onde foi enterrada por seus supostos pecados. A lenda substitui maravilhamento por tristeza e arrependimento – sensações mais fáceis para a Igreja manipular e controlar.

A saída de Maria Madalena daquela prisão começou com a visita de Petrarca a Sainte-Baume e seus poemas de amor para Laura. Onde a beleza das mulheres era condenada na Idade Média por sua associação com o pecado, Petrarca comemorou por sua ligação com o divino. Em toda a Europa Maria Madalena ainda era muito popular como uma eremita penitente, vestida em trapos ou recoberta de cabelos, como uma criatura da natureza e dificilmente humana; mas, ao longo dos próximos dois séculos, ela seria transformada de uma enlutada, penitente, pecadora autopunitiva para uma mulher sedutora, bela e conhecedora – até mesmo uma deusa.

O exemplo mais dramático e extremo de Maria Madalena penitente foi a estátua de madeira esculpida por volta de 1454 por Donatello, que estava no Batistério de Florença. Uma criação do início do Renascimento, o seu gênio e poder residem em seu realismo emocional. Ela é mostrada como uma mulher velha, magra e sem dentes, as mãos aparentemente trêmulas de paralisia, seguras juntas em oração, a sua nudez inteiramente coberta por seu longo cabelo. Esta é uma mulher desgastada por anos de dura solidão em sua caverna, sua alma destruída pela penitência, seus olhos desfocados buscando salvação. A estátua em si veio sendo desgastada pelo tempo e por inundações, mas uma restauração recente mostra que ela havia sido originalmente pintada e que o cabelo de Maria Madalena era vermelho e entremeado de ouro. Antes de seu sofrimento ela tinha sido uma linda mulher.

Mas a imagem de Donatello de Maria Madalena como uma mulher ferozmente devotada e determinada (ou como uma autoabusiva psicótica religiosa, como outros quiseram vê-la) foi uma das últimas a representá-la como uma penitente sofredora.

Reconhecido como o supremo poeta do amor, Petrarca tinha encontrado uma maneira de combinar sua fé cristã com sua paixão pela cultura clássica pré-cristã e tinha desenvolvido uma nova sensibilidade através

Maria Madalena, esculpida em madeira de álamo por Donatello, por volta de 1454, é apresentada como extremamente alta, 1,88 metro, mas devastada por uma vida de penitência, dilacerando a si mesma. Seu corpo nu é inteiramente coberto por seu longo cabelo, estriado de ouro; sua pele é marrom e semelhante ao couro por suportar os elementos por trinta anos.

A fuga da caverna: Madalena renascentista

de sua poesia, que lentamente começou a se espalhar por toda a Europa. Tal sensibilidade encontrou uma resposta e foi ainda mais desenvolvida em Florença, onde a beleza como o elo entre o homem e o divino era a ideia central de Marsilio Ficino, que em 1459 – alguns anos depois da devastada e assombrada Maria Madalena de Donatello – foi escolhido pelo governante florentino Cosimo de Medici para estabelecer a Academia Platônica, com o objetivo de emular a original Academia de Platão na Atenas do século V a.C. Mas a inspiração mais próxima para a Academia de Florença veio do filósofo neoplatônico bizantino Gemisto Pletão.

No verão de 1439 os líderes das igrejas ortodoxa grega e católica se encontraram no Conselho de Florença, num esforço desesperado para unir a cristandade, a leste e a oeste, contra a renovada agressão pelos exércitos do Islã. O imperador bizantino João VIII Paleólogo veio em pessoa a Florença, à frente de uma delegação de mais de sete centenas de gregos, tanto leigos quanto eclesiásticos, de toda a Ásia Menor e dos Bálcãs. A necessidade do imperador era obter ajuda ocidental para salvar dos turcos otomanos – que ameaçavam a sua capital, Constantinopla, por todos os lados – o que restava de seu império. Sua tarefa imediata era negociar com os seus equivalentes católicos, encabeçados pelo papa, e superar as várias diferenças e enigmas teológicos que haviam crescido entre as igrejas oriental e ocidental e que, no decorrer de centenas de anos, contribuíram para a sua separação.

Em última análise, o Conselho de Florença revelou-se um fracasso, mas seu legado histórico no entanto foi profundo, graças à presença na delegação grega de Gemisto Pletão, para com quem se tem uma dívida incalculável pelos progressos alcançados pelo humanismo na Itália – o movimento para recuperar e assimilar a língua, a literatura, conhecimentos e valores do antigo mundo greco-romano. Em sua paixão pela investigação e aprendizagem, em sua afirmação da dignidade e do gênio do homem, colegas humanistas de Bizâncio e da Itália fizeram florescer plenamente o Renascimento.

A contribuição de Pletão nasceu de seu desespero, quando ele testemunhou os últimos dias do Império Bizantino, que era o Império Romano do Oriente, a metade que tinha sobrevivido às invasões bárbaras e outrora se estendia desde a Ásia Menor, Oriente Médio, Bálcãs, o norte da África e até o norte da Itália (a mais antiga estrutura de pé em Florença nos tempos da Renascença era uma torre bizantina; ela está lá até hoje). Durante séculos, a sua capital, Constantinopla, foi a maior e mais rica, mais cultivada e mais culta cidade no mundo. Mas, com seu fim, Pletão temia que os gregos perdessem sua civilização, o seu próprio mundo.

No entanto, em seus últimos anos e até a sua conquista pelos otomanos em 1453, Constantinopla experimentara um renascimento brilhante. Esse avivamento na aprendizagem tinha começado muito antes do nascimento de Petrarca no Ocidente e equivalia a uma intensificação, maior do que nunca, do estudo do grego antigo, literatura, filosofia e ciência, enquanto na arte se expressava um novo realismo em mosaicos e pinturas.

Bizâncio poderia morrer, mas a civilização grega não deveria. Pletão havia muito tinha chegado à conclusão de que o cristianismo não oferecia soluções, não com a sua ênfase no pecado e arrependimento; em palestras que deu durante sua estada em Florença, ele propôs em vez disso a salvação da sociedade com um retorno aos ideais da Grécia antiga, apoiados por uma religião helenística revivida e um sistema ético baseado na filosofia neoplatônica.

Em 1453 Constantinopla foi tomada pelos turcos, e uma civilização inteira que podia rastrear suas raízes de volta ao mundo helenístico da Grécia e de Roma se perdeu, exceto pelo que poderia ser preservado de seus ensinamentos no Ocidente. Seis anos mais tarde, em 1459, Cosimo de Medici, que havia sido inspirado por palestras de Pletão, fundou a Academia Platônica de Florença e nomeou Marsilio Ficino seu responsável. Com notável energia e urgência, Ficino traduziu todo o corpo da obra de Platão para o latim e, ao mesmo tempo, tentou uma síntese do pensamento helenístico com a crença cristã, uma tarefa que o levou para muito perto de ser condenado por heresia e queimado na fogueira.

Embora Agostinho tivesse dito que o ideal nunca poderia ser reproduzido, Ficino disse que o ideal era o amor. A relação entre o homem e Deus baseava-se no amor, e o homem poderia perceber este amor através

O humanismo desempenhou um papel poderoso na formação de percepções de Maria Madalena. Os humanistas italianos nesta pintura de 1544, de Giorgio Vasari (1511-1574) – *Seis poetas toscanos* –, não estavam todos vivos ao mesmo tempo, mas todos foram motores primários da Renascença. As duas figuras centrais no primeiro plano são Petrarca (1304-1374), que está tentando atrair a atenção de Dante (1265-1321), que segura um exemplar de sua *Divina comédia* para seu amigo e colega, o poeta Guido Cavalcanti (c.1255-1300). Atrás de Petrarca e Dante está Boccaccio (1313-1375), o autor do *Decameron*, biógrafo de Dante e amigo de Petrarca. Atrás de Petrarca estão dois homens que pertencem a uma geração posterior, Marsilio Ficino (1433-1499) à direita, que era o dirigente desde a fundação da Academia Platônica em Florença, e à esquerda o seu sucessor Cristoforo Landino (1424-1498). Petrarca e Ficino, em particular, associavam a beleza feminina ao amor divino e elevavam o amor sobre o pecado.

de sua contemplação do divino. Mas assim como o homem encontrava completude espiritual amando Deus, também se amando uns aos outros os homens estavam expressando amor divino.

Ficino chamava este amor de platônico, um termo que hoje em dia é esvaziado de qualquer conteúdo sensual, mas Ficino não descartara uma dimensão carnal, erótica ou sexual. A beleza era a expressão da harmonia espiritual. Celebrar a beleza e amar eram divinos. Os mosteiros de Florença foram cobertos por imagens devocionais de Maria Madalena, pecadora, enlutada e penitente. Mas o humanismo enfatizou a contemplação de Deus e a beleza do sexo feminino.

Maria Madalena nua

Com a recuperação dos valores culturais greco-romanos, pintores e escultores voltaram-se para o nu feminino. Os mais famosos exemplos são a *Primavera* e o *Nascimento de Vênus*, pintados por Botticelli respectivamente em 1482 e 1484. No entanto, no espaço de uma década, Botticelli havia se tornado um seguidor fervoroso do fanático religioso dominicano Girolamo Savonarola, que fez de Florença uma teocracia tendo a ele mesmo como governante.

Savonarola protestou contra os florentinos por seus caminhos de pecado, sua paixão pelo jogo, seus perfumes e roupas extravagantes, seus carnavais dissolutos e seus prazeres sensuais. Todos esses pecados estariam destruindo suas almas e tornando impossível para eles a entrada no reino de Deus. Prostitutas deveriam ser surradas para se tornarem virtuosas, trovejou ele; os homossexuais deveriam ser queimados vivos; os livros de Platão e Aristóteles, chutados para o esgoto; e todas aquelas pinturas de mulheres voluptuosas, destruídas. Os florentinos deveriam guerrear contra o pecado e viver a vida austera e simples da Igreja primitiva. E os florentinos deveriam se arrepender.

Para purificar a cidade e impor seu regime ascético, Savonarola organizou exércitos de crianças para marchar pelas ruas, até mesmo indo às casas,

Se Maria Madalena deve ser uma penitente numa caverna, então ela é uma penitente voluptuosa nesta pintura de 1522, de Antonio Correggio, e busca se aprimorar, os seios delicadamente tocando as páginas abertas de um livro. A lenda provençal sobre Sainte-Baume permite que esta figura seja identificada como Maria Madalena; caso contrário, ela é uma ninfa clássica, uma filha da natureza, uma das muitas delícias de Júpiter. Esse tipo de pintura adornava quartos de dormir e de estudos, onde poderia agradar tanto aos religiosos quanto aos seculares.

fiscalizando e confiscando pertences. Frascos de perfume, espelhos, ventiladores, colares, baralhos, livros profanos, como as histórias de Boccaccio, instrumentos musicais, retratos de mulheres bonitas, móveis muito luxuosos, esculturas por demais desnudas – todas essas coisas foram apreendidas e queimadas. A imolação mais famosa ocorreu em fevereiro de 1497, quando dezenas de milhares de objetos foram empilhados na Piazza della Signoria e incendiados, no que se tornou a legendária "Fogueira das Vaidades".

As classes pobre e média estavam entre os mais fervorosos apoiadores do pregador, mas também muitos artistas, escritores e estudiosos ficaram profundamente impressionados com os sermões de Savonarola, sua sinceridade, sua visão de uma Cidade de Deus. Entre os objetos pretejando nas chamas estavam pinturas consideradas sensuais pelos próprios artistas, inclusive, dizia-se, obras de Botticelli, que se tornara um verdadeiro crente.

Por fim, a cidade voltou-se contra Savonarola; ele foi acusado de heresia e, em 1498, pendurado pelo pescoço sobre uma grande pilha de madeira na Piazza della Signoria e queimado até a morte.

Mas a explosão do fundamentalismo de Savonarola foi um aviso, e onde um homem teria encomendado uma pintura de Vênus ele poderia agora ter uma pintura de Maria Madalena. Pinturas de Maria Madalena despida foram populares no século XVI, já que permitiram que os artistas e seus patronos seculares combinassem erotismo e religião sem se expor à ameaça ou ao escândalo. Produzida para exibição privada em estúdios e alcovas, Maria Madalena era representada como vivendo em sua caverna em Sainte-Baume – ainda uma Madalena supostamente penitente; ela chora, ela levanta os olhos para o céu, ela mostra sua seriedade abrindo um livro e prova sua consciência do final das coisas temporais encostando-se a um crânio. Permite-se, no entanto, que seu cabelo caia de tal forma a revelar e enfatizar a beleza de seu corpo, a chamar a atenção para sua feminilidade. Ou seu cabelo nada cobre. Ela também não parece realmente penitente; em vez disso, viceja no seu apelo calorosamente sedutor.

Maria Madalena de Leonardo da Vinci

Até recentemente não se pensava que Leonardo da Vinci tivesse feito uma pintura de Maria Madalena (deixando-se de lado aqueles que acham que a figura bastante feminina, à direita de Jesus na *Última Ceia* de Leonardo, seja Maria Madalena, ver p.111-12). Entre as cerca de quarenta pinturas conhecidas de Leonardo, muito poucas são nus, sendo uma delas *Leda e o cisne*. Esse entendimento mudou em 2005, quando Carlo Pedretti, principal autoridade do mundo em Leonardo da Vinci,

Esta Maria Madalena de seios nus foi recentemente identificada como uma pintura de Leonardo da Vinci, feita por volta de 1515. Os seios expostos associam-na com a deusa Vênus e também sugerem que ela está se preparando para consumar seu casamento. Ela é totalmente franca sobre sua sensualidade; seu sorriso é uma promessa, e logo os dedos vão deixar o seu manto cair completamente. Não há um pingo de pecado ou arrependimento nesta Maria Madalena.

identificou uma pintura de Maria Madalena com os seios desnudos, que se pensava ter sido produzida por Giampietrino, como um autêntico original de Leonardo. Giampietrino, um pupilo de Leonardo e prolífico pintor de Madalenas, foi acusado de fazer não mais do que compor nus com "uma aparência de santidade", os cabelos cuidadosamente envoltos para expor seus seios enquanto elas levantam os olhos para o céu. Não que ele não tivesse valor; suas obras estão presentes em grandes museus ao redor do mundo, incluindo o Hermitage, em São Petersburgo; o Louvre, em Paris; o Metropolitan Museum of Art, em Nova York; e a National Gallery de Londres.

Esta pintura recém-identificada de Leonardo, feita em 1515, quatro anos antes de sua morte, e que retrata Maria Madalena de seios despidos, vestindo um manto vermelho e segurando um véu transparente sobre sua barriga, esteve durante muito tempo em mãos privadas e foi exposta ao público apenas duas vezes nos últimos cem anos ou mais – em 1949 em Nova York e em 2005 em Ancona, Itália. Sua recente aparição numa exposição na Itália foi, portanto, a primeira chance que Pedretti teve de ver pessoalmente a pintura. "Não sou eu quem diz que a pintura é de Leonardo; a pintura em si obriga-me a dizê-lo", disse ele, acrescentando: "Uma coisa extraordinária é que ela é pintada num painel de madeira intacto, exatamente como a *Mona Lisa*."

Embora haja semelhanças entre a *Mona Lisa* e esta Maria Madalena, elas são fundamentalmente diferentes. A *Mona Lisa* é distante e senhora de si, mas com uma sensação de mistério e sensualidade em seu leve sorriso. O cabelo de Maria Madalena cai solto sobre os ombros, ela abre seu manto para expor os seios, sua mão direita puxa o véu diáfano sobre a parte inferior de seu abdômen. Ela também sorri, mas não com mistério; ela está prometendo-se à figura invisível à sua esquerda. A qualquer momento os dedos de sua mão esquerda vão se abrir e deixar seu manto cair completamente.

Não havia nenhum segredo sobre o significado da Maria Madalena de Leonardo. Retratos de mulheres revelando os seios não eram incomuns em Florença na época. Foram inspirados por estátuas antigas da grega

A fuga da caverna: Madalena renascentista 295

Afrodite, da Vênus romana, na qual Botticelli foi sabidamente inspirado; elas falavam de castidade, beleza e amor. Expor os seios também era associado a um casamento, a uma noiva virginal prestes a consumar seu matrimônio.

A Maria Madalena de Leonardo é uma mulher que não se arrepende de nada, que não sente vergonha ou culpa. Ela não sente nenhuma contradição entre o espiritual e o erótico quando se prepara para consumar seu relacionamento. Ela é a criação do maior humanista e artista do Renascimento, e ela escapou de um mundo de pecado.

13. Maria Madalena moderna

Em 1517, cerca de dois anos depois de Leonardo da Vinci ter pintado sua Maria Madalena de seios nus, Jacques Lefèvre d'Étaples, teólogo e filósofo francês e erudito dominicano que havia estudado crítica humanista em Florença, publicou seu argumento de que não havia base histórica para afirmar que Maria Madalena foi a mulher pecadora em Lucas nem foi Maria de Betânia. Ao argumentar contra o compósito Maria Madalena, baseou-se nas obras de Orígenes, Jerônimo e outros Pais da Igreja, e ao rejeitar categoricamente a homilia de são Gregório Magno declarou que a autoridade dos evangelhos é maior do que a do papa. Lefèvre d'Etaples foi censurado pela Sorbonne e acusado de heresia, e por um tempo teve de ir para o exílio, mas nunca desistiu de sua fé católica. Tivesse a Igreja sido receptiva ao que ele tinha a dizer, a história poderia ter sido muito diferente, não porque se teria evitado a Reforma, mas poderia ter havido algum efeito sobre a evolução do pensamento católico, particularmente em relação às mulheres.

Em vez disso, e também em 1517, Martinho Lutero pregou suas *Noventa e cinco teses* na porta da igreja de Todos os Santos, em Wittenberg, o ato que iniciou a Reforma Protestante. Influenciado pelo pensamento crítico humanista que tinha escoado da Itália renascentista para a Alemanha, Lutero argumentou – como Lefèvre d'Étaples tinha feito – que os evangelhos possuíam mais autoridade do que qualquer opinião do papa. Ele começou por criticar a venda de indulgências, dizendo que o papa não tinha autoridade sobre o purgatório, e ele foi mordaz acerca do culto aos santos, dizendo que sua eficácia não tinha fundamento no Novo Testamento. Quanto aos meios de salvação, Lutero rejeitou a confirmação, as ordens sagradas, a extrema-unção, o matrimônio e a penitência, cinco

Martinho Lutero sustenta suas *Noventa e cinco teses* para afastar um animal monstruoso representando o papa.

dos sete sacramentos da Igreja católica; a Eucaristia, disse ele, era meramente simbólica, uma comemoração da Última Ceia. A salvação estava apenas no batismo. Nem a confissão nem a penitência eram necessárias; o batismo removia a mancha do pecado original.

A persistência da penitente

No entanto, apesar do assalto à penitência e ao culto dos santos, Maria Madalena permaneceu uma santa reverenciada por luteranos, anglicanos e muitos outros protestantes, assim como ela o tinha sido nas igrejas católicas e ortodoxas. Além disso, o próprio Lutero manteve sua crença na Maria Madalena compósita – de que ela também era Maria de Betânia, bem como a mulher pecadora de Lucas –, e muita literatura protestante continuou a enfatizar a penitente cujos pecados foram perdoados por causa do seu amor por Jesus.

Em resposta à Reforma Protestante, a Igreja católica lançou sua Contrarreforma com o Concílio de Trento, realizado de 1545 a 1563, que reafirmava a eficácia dos santos, mas aparando os muitos atributos que tinham aderido a eles ao longo dos tempos, preferindo enfatizar apenas um e baseando-o tanto quanto possível na história, e não em lendas. No caso de Maria Madalena, seu papel como o "apóstolo dos apóstolos" foi descartado, uma vez que considerado lendário, e todo o foco acabou colocado em sua penitência – especificamente em Sainte-Baume, apesar de a história de Maria Madalena na caverna não possuir qualquer pista de comprovação histórica.

Para ambos, protestantes e católicos, Maria Madalena como uma penitente era muito importante e útil para ser abandonada. Pinturas de Maria Madalena proliferaram, sua inocência a desculpa para a sua nudez, sua sensualidade por demais sedutora para se descartar. Tanto a Reforma quanto a Contrarreforma confirmaram a Maria Madalena penitente, nua e em êxtase, deleitando-se em sua caverna em Sainte-Baume, como uma popular e aceitável *pin-up* religiosa – uma imagem que permanece na mente ocidental até hoje.

O grande mal social

Com o crescimento das cidades do final da Idade Média e nos séculos XVII, XVIII e XIX, a prostituição se tornou mais frequente e visível. Cidades significavam oportunidades, mas eram também lugares para os quais as pessoas se viam atraídas quando a velha ordem social e econômica se rompia – e, no caso das mulheres, as cidades poderiam ser um lugar de anonimato e refúgio quando suas vidas tivessem sido arruinadas por

Maria Madalena pelo pintor francês Jules Joseph Lefebvre em 1876. A Maria Madalena nua, em êxtase e penitente, deleitando-se em sua caverna, tornou-se uma popular e aceitável *pin-up* religiosa.

amor descuidado, por persuasões ou pela insistência de um camponês ou do empregador.

A prostituição na Idade Média era uma questão para as autoridades seculares, mas a Igreja também se envolveu. A Igreja via a prostituição como um pecado grave, mas também como um mal necessário para dirigir os desejos, particularmente de homens jovens que ainda não podiam se dar ao luxo de se casar. Como santo Agostinho tinha dito em seu escrito *De Ordine*: "Se você eliminar prostitutas da sociedade, você vai perturbar tudo pela concupiscência." Em vez disso a Igreja olhou para a colheita: a mulher caída era uma alma para salvar. Maria Madalena foi colocada para trabalhar como a santa que tinha sido uma vez ela própria uma pecadora, e seu nome foi dado às casas de acolhimento para prostitutas.

Em Londres, a primeira dessas instituições foi fundada em Whitechapel, em 1758, por uma comissão de comerciantes. As mulheres deviam ter menos de trinta anos de idade e um sincero desejo de desistir da prostituição; preferência para a admissão era dada às mais jovens e menos experientes. A comissão propôs que o lugar fosse chamado de Casa de Madalena para a Recepção de Prostitutas Arrependidas.

Um dos promotores, James Hanway, opôs-se ao nome. "Não me parece", disse ele, dirigindo-se à comissão, "que Maria Madalena fosse deficiente na questão da castidade, como é vulgarmente entendido. Pelo contrário, eu imagino que ela não o era. Ela certamente foi uma senhora de distinção e de um grande e nobre espírito. Sua gratidão pela cura milagrosa realizada sobre ela era tão notável que sua história está relacionada à maior honra, e ela ficará sempre bem nos registros da história." No evento, Hanway aceitou que seu patrono fosse Maria Madalena, argumentando que o Hospital de São Lucas tinha sido fundado para abrigar loucos, "mas isso não seria motivo para considerarmos hoje esse evangelista um louco". De qualquer forma, ele observou, "a dedicação de sua instituição à sua memória é inteiramente consistente com a honra devida ao seu caráter".

A simpatia de Hanway para as prostitutas expressa-se no livro de regras que escreveu para a Magdalene House:

Não pode haver maiores Objetos de Compaixão do que jovens pobres do sexo feminino, despreocupadas, mergulhadas na ruína por essas Tentações a que sua própria juventude e vantagens pessoais as expõem ... O que a virtude pode conseguir contra tais Sedutores formidáveis, que comumente oferecem muito, e profusamente em demasia prometem, transferir as Meninas impensadas da Necessidade, Confinamento e Restrição das Paixões ao Luxo, Liberdade, Alegria, Felicidade? E, uma vez seduzida, quão rapidamente seus sonhos dourados desaparecem! Abandonadas pelo Sedutor, abandonadas pelos amigos, desprezadas pelo mundo, elas são deixadas a lutar com Carência, Desespero e Desdém, e até mesmo em sua própria defesa mergulham cada vez mais fundo no pecado, até que a doença e a morte concluem um ser humano.

Maria Madalena moderna 301

No entanto, chega o século XIX e essa abordagem de compaixão mudaria; a ideia de que as mulheres jovens foram vítimas de circunstâncias ou de sua própria inocência ou de sedutores predadores foi abandonada, e em vez disso elas foram acusadas de ser elas próprias as predadoras, deliberadamente tentando destruir a sociedade. Uma passagem em *A mulher do tenente francês*, de John Fowles, diz como a prostituição extensiva ocorria em Londres e a hipocrisia com a qual era tratada:

> O que temos no século XIX? Um período em que a mulher era sagrada; e onde você poderia comprar uma menina de treze anos de idade por algumas libras – alguns xelins, se você a quisesse por apenas uma ou duas horas. Onde mais igrejas foram construídas do que em toda a história anterior do país; e onde uma em sessenta casas em Londres era um bordel (a proporção moderna seria de aproximadamente uma a cada 6 mil). Onde a santidade do casamento (e a castidade antes dele) era proclamada de cada púlpito, em cada editorial de jornal e expressão vocal pública; e onde nunca – ou quase nunca – tantas grandes figuras públicas, a partir do futuro rei para baixo, levavam vidas privadas escandalosas.

Fowles tirou a informação do livro contemporâneo de William Acton, *Prostituição, considerada em seus aspectos moral, social e sanitário, em Londres e outras grandes cidades e cidades com campos militares, com propostas para a mitigação e prevenção de seus males derivados*, publicado em Londres em 1857. Acton, contudo, não expressa nenhuma compaixão como a de Hanway cem anos antes. Em vez disso, ele alerta para os perigos representados por prostitutas:

> Essas mulheres, mediadoras de paixões más, não só satisfazem o desejo, mas também o despertam. Compelidas pela necessidade de buscar clientes, elas lotam nossas ruas e lugares públicos, e sugerem pensamentos e desejos que poderiam de outro modo não se desenvolver. Dissolutos confirmados vão procurar os meios de satisfazer seus desejos; os jovens desejosos de descobrir mistérios desconhecidos podem abordar as assombrações do pecado,

mas milhares permaneceriam não contaminados se a tentação não os buscasse. As prostitutas têm o poder de solicitar e tentar. A pólvora permanece inofensiva até a faísca cair sobre ela; o fósforo, até ser friccionado, mantém o fogo oculto, por isso o desejo permanece dormente até ser despertado por um apelo emocionante.

Na Grã-Bretanha vitoriana a prostituição era vista, sozinha, como a maior ameaça para a sociedade. Contemporâneos a chamavam o Grande Mal Social. Certamente o país estava passando por uma grande mudança; reformas agrícolas e a Revolução Industrial 'viram um aumento maciço da população, que duplicou de 1812 a 1851, e em 1900 tinha dobrado novamente, uma explosão que foi acompanhada por uma grande migração da população do campo para as fábricas dos vilarejos e para as cidades. Os jovens em particular, homens e mulheres, foram atraídos para a vida urbana, onde em vez de encontrar oportunidades eles frequentemente encontravam o desemprego e a pobreza, passando a viver em condições insalubres e de superlotação. O efeito sobre as mulheres poderia ser devastador. Em 1885, o jornalista investigativo W.T. Stead publicou uma série de artigos chamados *The Maiden Tribute to Modern Babylon*, em que comparou Londres ao labirinto do Minotauro, repleto de mulheres sacrificadas ao monstro da sociedade moderna.

Pobreza e degradação foram um problema que não podia ser escondido; urbanização significava que os ricos e pobres viviam próximos uns dos outros. Mas, em vez de ver uma ameaça geralmente vindo das classes mais baixas, o Grande Mal Social vinha das mulheres na forma de prostituição. Em 1864 a Lei das Doenças Contagiosas submetia prostitutas a um exame interno quinzenal. Mesmo assim prosperou a noção de que as prostitutas estavam prestes a acabar com a população. Um médico calculou que quinhentas mulheres poderiam infectar anualmente 3.304 homens cada uma, o que levaria a um total de 1.652.000 homens e mulheres infectados por ano. Um militante declarou que três quartos de todos os homens britânicos tinha uma doença venérea, enquanto se espalhava a conversa de que as prostitutas não eram melhores do que assassinos

Oferecendo ostensivamente flores, mas vendendo algo mais, esta *madeline*, como meninas de rua eram chamadas, por causa de Maria Madalena, foi uma das 80 mil prostitutas em Londres na década de 1850. O Grande Mal Social era visto como a maior ameaça à sociedade britânica no século XIX.

pagos, cometendo seus crimes com impunidade. O colapso de toda uma geração era esperado, e com ele a queda do Império Britânico.

Mas o que parece ter sido o grande medo no coração do Grande Mal Social não era doença, efetivamente controlada pela Lei das Doenças Contagiosas que se seguiria na década de 1860, nem sequer imoralidade, mas sim a aparente liberdade do controle masculino desfrutado por prostitutas. Em vez de preencher os papéis de esposa obediente e mãe em casa, financeiramente dependentes de seus maridos, havia a queixa de que as prostitutas corajosamente andavam em público, angariando serviços e vendendo sexo – e, embora isso não fosse mencionado, conseguindo sua independência financeira. Se prostitutas viviam tão livres e confortavelmente daquela maneira não era o ponto; a questão é que elas desafiavam as regras e a estrutura da sociedade: sua capacidade de sobreviver sem os homens era uma ameaça.

Esperava-se que mulheres vitorianas cumprissem os ideais de castidade e submissão. No entanto, as prostitutas levavam uma vida independente, violando ambos os preceitos, e além disso o faziam da maneira mais pública e provocante. A sociedade vitoriana dependia de cada um saber o seu lugar, mas prostitutas marcavam de maneira altamente visível estarem moral, social e financeiramente fora do lugar. Ao desafiar as regras de um mundo regulado por homens, prostitutas demonstraram a possibilidade de transformar a sociedade em seu ponto de comando.

Maria Madalena acessível

A preocupação dos vitorianos com prostitutas foi expressa por artistas e escritores, que durante a segunda metade do século XIX se voltaram para Maria Madalena à medida que questionavam a relação entre homens e mulheres e a sociedade. Isso ocorreu num contexto de afirmação renovada de sua própria autoridade pelo Vaticano. A Grã-Bretanha era um país protestante, e não havia escassez de pessoas que desprezavam a declaração do papa, em 1854, sobre o dogma da Imaculada Conceição, finalmente decidindo uma questão em que Orígenes havia argumentado contra Celso há mais de 1,6 mil anos, a de que a Virgem Maria, longe de ter sido uma mulher promíscua, fora a única entre todas as pessoas a ter nascido livre do pecado original. Convenientemente, a própria Virgem Maria apareceu em Lourdes em 1858, dizendo a Bernadete que "eu sou a Imaculada Conceição". Bernadete foi feita santa 75 anos depois e, entretanto, Maria, mãe de Jesus, cordata, maleável e pura, estava sendo usada pela Igreja católica em sua reafirmação de dogma

Maria Madalena moderna

sobre a razão humanista e iluminista. Como se fosse para sublinhar o ponto, em 1870 o dogma da infalibilidade papal foi declarado – uma direta, embora tardia, rejeição da acusação feita por Jacques Lefèvre d'Étaples e Martinho Lutero sobre a autoridade não residir no papa, mas nos evangelhos.

Esta nova proeminência dada a Maria, mãe de Jesus – em contraste com a imagem de Maria Madalena, imperfeita, talvez, mas uma mulher ativa e forte, e fiel entre os infiéis, quando ela seguiu Jesus até a cruz –, tenta criar um modelo de mulher que esta cada vez mais perfeita Virgem Maria nunca poderia ser.

Assim como Hanway tinha feito, muitos protestantes, incluindo aqueles que estavam tentando aliviar o problema da prostituição, diziam que Maria Madalena não era a mesma mulher que a pecadora em Lucas. Mas muitos artistas e escritores a adotaram especialmente nesse papel. Sob o disfarce de penitente ela servia para explorar a posição das mulheres caídas, as mulheres oprimidas, dependentes ou marginalizadas.

Inúmeros romances populares do século XIX, de uma forma ou de outra, usaram sua história ou seu nome; eles estão agora em sua maioria esquecidos, mas há dois de autoria do incomparável Wilkie Collins, autor do primeiro suspense, *A Pedra da Lua*, e também de *A mulher de branco*, e que também escreveu *Nova Madalena*, sobre uma mulher caída que, convencionalmente, é resgatada por um clérigo e, em seguida, não convencionalmente, se casa com ele, e o livro *No name*, que lida com uma questão de ilegitimidade e no qual a heroína é uma corajosa, alegre jovem de mente independente chamada Madalena.

As imagens mais famosas de Maria Madalena, caída mas definitivamente uma nova mulher, são aquelas dos pré-rafaelitas, em particular de Dante Gabriel Rossetti. Em sua *Maria Madalena na casa de Simão, o fariseu*, de 1858, vemos algo extraordinário, o repentino reconhecimento emocional e espiritual que Maria Madalena tem por Jesus. Ela estava se deleitando pelas ruas, mas quando passa na casa do fariseu, tem um vislumbre de Jesus e torna-se como que paralisada; libertando-se de seu

Maria Madalena na casa de Simão, o fariseu, de Dante Gabriel Rossetti. Ela está rompendo com seu amante, arrancando as rosas de seu cabelo, e está prestes a se lançar aos pés do homem que instantaneamente reconheceu como seu noivo.

amante e arrancando as rosas de seu cabelo, ela se esforça por entrar, dizendo a seu amante para a deixar livre, que ela é atraída, como Rossetti diz em seu soneto que acompanha o quadro, para "face de seu noivo". É uma mulher bonita, confiante, sensual e poderosamente apessoada; e ela sabe o que quer.

Oh, deixa-me! Não vês tu o rosto do meu noivo
O que me atrai a ele? Para seus pés meu beijo,
Meu cabelo, minhas lágrimas ele implora hoje: – e oh!
Que as palavras podem dizer, o que outro dia e lugar
Me verão abraçar aqueles seus pés manchados de sangue?
Ele precisa de mim, chama-me, ama-me: deixa-me ir!

A ressurreição de Maria Madalena

Maria Madalena move-se com o tempo, ou melhor, às vezes os tempos invocam Maria Madalena. O Grande Mal Social no século XIX tinha menos a ver com as prostitutas do que com a posição das mulheres na sociedade em geral. Na medida em que o seu desafio se refletiu por escrito e nas artes, Maria Madalena foi a escolha de expressão quase inconsciente. Sua força de caráter existe nos evangelhos e, talvez, uma corrente de sensualidade também – e, embora ela ainda não tenha se livrado de sua falsa reputação como uma pecadora, isso é um acréscimo à sua humanidade.

Em contraste, Maria, mãe de Jesus, uma figura menor nos evangelhos, foi reinventada pela Igreja fora das páginas da Bíblia e despojada das qualidades humanas mais básicas. Ela é uma virgem perpétua concebida imaculadamente, nada menos do que a Mãe de Deus, em todos os sentidos perfeita – totalmente desumana e completamente irreal. Sua irrealidade idealizada permite à Igreja manter o seu culto da virgindade e a sua proibição de contracepção; e também a noção de que as mulheres são subordinadas aos homens e nunca podem ser parte do sacerdócio. Desenvolvimentos sociais foram além da Virgem Maria; ela tem sido uma inspiração de um modo abstrato, mas não pode ser um modelo para as mulheres de hoje. Em *Alone of All Her Sex: The Myth and the Cult of the Virgin Mary* (1976), sua biógrafa Marina Warner acredita que a Virgem Maria está aquém de se envolver com o mundo moderno e vai restringir-se em lenda, uma relíquia vazia de outra era.

Mas isso não é verdade sobre Maria Madalena, que está surgindo novamente em local de destaque na mente das pessoas quando pensam no mistério e no significado dos ensinamentos de Jesus.

O Código Da Vinci

É quase certo que Dan Brown não tivesse ideia de que seu livro *O Código Da Vinci*, publicado em 2003, provocaria tamanha reação em todo o mundo. Afinal, a trama de seu livro anterior, *Anjos e demônios*, publicado três anos antes, incluía o assassinato de um papa que tinha tido um filho ilegítimo, o assassinato de seus quatro sucessores designados e uma bomba colocada na sepultura de são Pedro, programada para explodir todo o Vaticano e provavelmente a maior parte de Roma também. Mas esse livro tivera apenas vendas modestas até o extraordinário sucesso de *O Código Da Vinci* – que, em comparação, tem um enredo bastante calmo; há um assassinato intrigante no Museu do Louvre e muito chão percorrido de carro por Paris, mas em sua maioria ele é conversa.

A conversa, no entanto, é extraordinária, e mais ainda na medida em que se concentra principalmente em teologia. Trata-se de todas as coisas escritas desde os evangelhos, e sobre a redação dos evangelhos eles próprios e o quanto neles podemos confiar; e é sobre as duas figuras que estão no centro da história cristã, Jesus e Maria Madalena, e o que aconteceu com eles. O romance toca em algo que se revela muito importante para as pessoas, que é a natureza do cristianismo, situado no coração da civilização ocidental e influenciando a todos, independentemente de nossas crenças individuais.

Acadêmicos diligentes têm escrito milhares de monografias sobre tais assuntos; na verdade as pessoas têm escrito sobre essas coisas nos últimos 2 mil anos. Mas quando expressas dentro das páginas de um romance parece que se tornam imediatas, tangíveis, pessoais. Os leitores de *O Código Da Vinci* encontraram-se falando acerca da natureza de Cristo, da ressurreição, de Constantino, dos evangelhos gnósticos. Isso faz lembrar

Maria Madalena moderna

a observação de Gregório de Nissa sobre a intensidade do interesse teológico a respeito da natureza de Cristo na Constantinopla do século IV:

> A cidade está cheia de artífices e escravos que são todos eles profundos teólogos, e eles pregam nas lojas e nas ruas. Se você deseja um homem para trocar uma peça de prata, ele informa em que o Filho difere do Pai; se você perguntar o preço de um pão, você recebe por resposta que o Filho é inferior ao Pai; se você perguntar se o banho está pronto, a resposta é que o Filho foi gerado a partir do nada.

O sagrado feminino

Possivelmente as discussões mais interessantes em *O Código Da Vinci* se referem ao "sagrado feminino". Como personagens do romance salientam, ver Deus em termos exclusivamente masculinos deturpa e limita o divino – que é precisamente o que acontece no cristianismo com seu vocabulário de Jesus, o Filho de Deus Pai. Este é o ponto de partida para aqueles que defendem o reconhecimento do feminino sagrado e que eles veem como a restauração do equilíbrio espiritual do mundo. É verdade que a Virgem Maria como Mãe de Deus traz algo do feminino para a divindade cristã, mas não é uma parceria plena, e falta-lhe inteiramente esse elemento de Eros em que o feminino e o masculino se encontram mais intimamente.

O argumento para a recuperação do sagrado feminino encontra uma tradição de união sagrada em culturas antigas em que o feminino e o masculino foram celebrados como parceiros íntimos e iguais; exemplos incluem Ísis e Osíris, Astarte e Tamuz, Cibele e Átis, Afrodite e Adônis. Nesses pares sagrados, há o tema da morte e da nova vida, com a parte feminina representando um papel ativo e de restauração, ressuscitando seu amante morto ou trazendo nova vida ao gerar seu filho. No entanto, esse papel do sagrado feminino está faltando no cristianismo, e há aqueles que, em busca da "noiva perdida" do cristianismo, a encontram na figura de Maria Madalena, dizendo que chegou a hora de ouvir a sua história.

Pseudo-histórias

Dan Brown não tira suas ideias de uma cartola. Tudo o que tem a dizer sobre Leonardo da Vinci vem do livro *A revelação dos Templários*, de autoria dos escritores residentes em Londres Lynn Picknett e Clive Prince. É nesse livro, na realidade um *thriller*, que ficamos sabendo do "código secreto de Leonardo da Vinci", encontrado em todas as suas obras, e particularmente na *Última Ceia*, e que o liga aos Templários, aos maçons e ao Priorado do Sião. Então, quando Dan Brown escreve sobre a *Última Ceia* e afirma que a figura de João é realmente a de Maria Madalena, que esta figura e Jesus estão "juntos pelo quadril", que juntos descrevem a forma da letra M, que há uma mão sem corpo segurando um punhal – tudo isso e muito mais vem de *A revelação dos Templários*.

Em *O Santo Graal e a linhagem sagrada*, obra do trio britânico Michael Baigent, Richard Leigh e Henry Lincoln, Dan Brown leu sobre o grande segredo, escondido supostamente em código, de que Jesus era casado com Maria Madalena e que após sua crucificação escapou para o sul da França, onde ela deu à luz seu filho e propagou sua linhagem – a dinastia de reis merovíngia. Este é o segredo explosivo que Sophie Neveu, uma das personagens principais de *O Código Da Vinci*, reivindica e que faria "desmoronar a Igreja".

Uma obra de pseudo-história, e aliás descuidada, *O Santo Graal e a linhagem sagrada* introduziu o Priorado do Sião, uma sociedade secreta sombria proclamando a linhagem santa e o mistério de Rennes-le-Château, uma igreja no Languedoc. Rennes-le-Château, reivindica o livro, foi ricamente decorada por um padre do século XIX com receitas provenientes de suborno do Vaticano para esconder sua evidência do casamento de Jesus e Maria Madalena. A realidade mundana é que o sacerdote, Bérenger Saunière, tinha vendido missas em escala industrial. O direito canônico permite que sejam rezadas três por dia e doações para elas são aceitas, mas Saunière aceitou dinheiro para milhares de missas que nunca foram rezadas.

Quanto ao Priorado do Sião, em 1993, Pierre Plantard, desenhista e fabulador com uma formação de extrema direita, admitiu ter inventado os elementos que comprovavam sua existência e de os ter plantado na Biblioteca Nacional de Paris, como parte de uma farsa para lançar sua reivindicação como o rei da França. Mas o verdadeiro sucesso da brincadeira foi que ela funcionou em Baigent, Leigh e Lincoln, e através deles em Dan Brown e em milhões de pessoas que leram o livro e acreditaram no que ele escreveu na página de abertura de *O Código Da Vinci*, que o Priorado do Sião era um "fato".

A esposa de Jesus

Se toda essa insensatez faz você se lembrar de alguma coisa, podem ser as histórias montadas pelos monges em Vézelay e os dominicanos em Sainte-Baume. No entanto, mais mentiras existem por trás de *O Código Da Vinci*, *A revelação dos Templários*, *O Santo Graal e a linhagem sagrada* e várias outras obras "alternativas" que Dan Brown citou, mesmo que o material tenha atingido indiretamente escritores populares, quase que por osmose, pode-se dizer.

Uma fonte fundamental das ideias por trás da reavaliação de Maria Madalena está nos departamentos de estudos religiosos de várias das universidades mais prestigiadas do mundo, onde um círculo de estudiosos – entre eles Elaine Pagels, Jane Schaberg, Richard Bauckham, Bruce Chilton, Karen King e Ann Graham Brock – trouxe nova luz à discussão do feminino no Novo Testamento. Seus escritos desaguaram, provavelmente para seu desgosto, nos escritos do movimento da Nova Era, de pessoas como Margaret Starbird e finalmente em narrativas populares.

Um estímulo para o novo interesse acadêmico por Maria Madalena e o feminino foi a descoberta dos códices de Nag Hammadi em 1945, que apresentaram uma tradição cristã alternativa, oposta à proto-ortodoxia que, afinal, se tornou dominante e formou a hierarquia institucional da Igreja – uma hierarquia que foi e se manteve predominantemente masculina. Para alguns autores, especialmente aqueles com uma perspectiva feminista, cenas de raiva ou ciúme de Pedro para com Maria Madalena nesses evangelhos gnósticos são tomadas como prova de uma precoce guerra de sexo. Pedro pode ser a rocha sobre a qual está construída a Igreja, mas Maria Madalena é aquela a quem Jesus beija. Jesus foi traído pela Igreja cristã.

Mas há outras maneiras de olhar para isso. O argumento apresentado entre Pedro e Maria Madalena pelos evangelhos gnósticos era sobre como atingir o conhecimento do espírito autêntico. Pedro parece estar argumentando que a autoridade é transmitida através de uma hierarquia, como na sucessão apostólica, enquanto que Maria Madalena foi inspirada diretamente por Jesus. Isso está claro a partir do fato de que Jesus aparece para ela numa visão, e não para os apóstolos, e também é evidente a partir dos beijos que ele lhe daria, os beijos de inspiração, de sopro divino, antes de sua crucificação. Se o argumento era principalmente sobre como alcançar o autêntico espírito ou como construir a Igreja para ser uma instituição durável, o sexo dos apóstolos de Jesus poderia ter sido secundário.

Dizer que a depreciação de Maria Madalena tenha sido causada por uma conspiração de homens contra as mulheres pode dificultar a compreensão do problema. Mais possivelmente, Maria Madalena caiu em desgraça pelo profundo argumento sobre a apreensão do divino. Sobre esse assunto a Igreja estabelecida, ritualizada e hierárquica, exige para si própria a intermediação com Deus, enquanto tudo sobre Maria Madalena sugere uma experiência do divino mais imediata e pessoal. A alternativa é passar sem a hierarquia; não havia uma hierarquia quando Maria Madalena estava sozinha na tumba vazia.

Mas a sugestão de que Jesus, junto com Maria Madalena, tinha outras ideias sobre a vida e o espírito além daquelas apresentadas pelas igrejas cristãs não se dissipa.

"Jesus disse-lhes: 'Minha esposa ... .'" Essas são as palavras escritas em copta, a língua do Egito antigo e cristão, num pequeno pedaço de papiro colocado nas mãos da professora Karen King, da Universidade Harvard. King nomeou o fragmento de papiro como *Evangelho da esposa de Jesus*, e

Maria Madalena moderna

quando ela anunciou a sua descoberta, em setembro de 2012, houve um sensacional impacto ao redor do mundo. O fragmento levantou a possibilidade de que Jesus fosse casado, o que levaria a uma reconsideração radical do Novo Testamento e dos estudos bíblicos.

Havia algumas vozes céticas, e assim muitos testes foram executados em 2014 e publicados pela Universidade Harvard em seu website *Evangelho da esposa de Jesus*, aparentemente autenticando a tinta e o próprio papiro. No entanto, as informações publicadas no site levantaram novas perguntas, e em questão de dias numerosas autoridades em copta e do cristianismo primitivo foram dizendo que o papiro de King era uma falsificação, que ele provinha da mesma mão, usando a mesma tinta e o mesmo instrumento de escrita de um suposto fragmento do Evangelho de João que é amplamente considerado como tendo sido copiado de um fragmento de papiro publicado pelo University College de Londres, em 1924.

A professora Karen King, de Harvard, segura um fragmento do papiro do século VI ao IX que traz em copta as palavras "Jesus disse-lhes: 'Minha esposa ...'". Isso não é prova, como a professora aponta, de que Jesus fosse casado, mas apenas de que quem escreveu o texto, aparentemente, achava que ele o fosse.

Confrontados com a acusação de que o *Evangelho da esposa de Jesus* é uma falsificação, ambos – King e Harvard – emudeceram. A professora King não conseguiu apresentar tudo o que sabe sobre o *Evangelho da esposa de Jesus*, incluindo todas as circunstâncias em que ele foi comprado e vendido várias vezes antes de ter chegado a sua posse e sua história sombria na Alemanha Oriental comunista. É bem possível que a professora King não saiba nada, pois o fragmento de papiro foi aparentemente colocado em suas mãos, sem qualquer prova de sua proveniência, e ela nunca pareceu pensar que isso importasse.

Mas, se o fragmento de papiro e a escrita sobre ele são genuínos, então pareceria que havia pessoas no Egito em meados do século IX que pensavam que Jesus tinha uma esposa.

No entanto o fragmento não nos diria nada mais.

O futuro de Maria Madalena

O que vai ser de Maria Madalena? Em 1969, a Igreja católica romana deixou de reconhecer uma Maria Madalena compósita; o Vaticano decidiu que ela, Maria de Betânia e a mulher pecadora eram pessoas separadas nos evangelhos. Mas, ao mesmo tempo, decretou que Maria Madalena seria venerada apenas como um discípulo. A Igreja corrigiu um erro ao deixar de associá-la à mulher pecadora, e possivelmente cometeu outro erro dissociando-a de uma identificação plausível com Maria de Betânia, além de confirmar a decisão do Concílio de Trento sobre ela não ser o apóstolo dos apóstolos. Não que a separar da mulher pecadora tenha cancelado a associação zelosamente cultivada pela Igreja há mais de 1,5 mil anos; há um considerável prazer popular em se referir a Maria Madalena como uma penitente.

Também persistente na mente popular é a noção de que Jesus e Maria Madalena foram casados. Esqueça *O Código Da Vinci*. Está no fragmento de papiro da professora Karen King, no poema de Rossetti sobre Maria Madalena à porta de Simão, o fariseu, e está lá entre os

Maria Madalena moderna 315

cátaros; e tem havido sugestões de que a questão retrocede aos próprios evangelhos.

Seja o que for que a Igreja católica ou qualquer outra igreja decidir, o futuro de Maria Madalena parece seguro na imaginação pública, mais seguro do que Maria, mãe de Jesus. Era assim nos evangelhos e é assim agora; no início havia Jesus e Maria Madalena.

E, se e quando a Igreja acabar, quando o próprio cristianismo formalizado terminar, o que será de Maria Madalena? Prefiro acreditar que realmente havia uma Maria Madalena. A realidade parece mais forte do que tudo o que foi escrito por Paulo. Ela é a figura autêntica. Jesus termina nela e naqueles que têm escutado no silêncio da tumba vazia.

Leituras complementares

Bíblias

Bíblia do Rei Jaime, King James Bible (www.kingjamesbibleonline.org). A versão do rei Jaime da Bíblia é usada em todo este livro. Ela pode ser acessada e pesquisada on-line no website específico *King James Bible Online*.*

Bible Hub (biblehub.com/). Pode-se procurar e ler diferentes traduções inglesas da *Bíblia do Rei Jaime, Nova Versão Internacional*, Douay-Reims etc., neste website.

Nele também existem bíblias em várias línguas, e oferece versões em grego e em hebraico com tradução interlinear em inglês, podendo-se assim ler versos do Velho e do Novo Testamento em suas línguas originais.

Scripture 4 All (www.scripture4all.org/). Um website específico para traduções interlineares para bíblias em inglês, alemão e holandês.

Maria Madalena

BROCK, Ann Graham. *Mary Magdalene, The First Apostle: The Struggle for Authority*. Cambridge, Massachusetts, Harvard University Press, 2003. Sucessão apostólica e a marginalização de Maria Madalena.

CHILTON, Bruce. *Mary Magdalene: A Biography*. Nova York, Doubleday, 2005. Chilton, professor de religião e padre no estado de Nova York, vê Maria Madalena como quem unge e cura; ele a identifica com Maria de Betânia.

EHRMAN, Bart D. *Peter, Paul and Mary Magdalene: The Followers of Jesus in History and Legend*. Nova York, Oxford University Press, 2006. Um livro geral, de fácil leitura, escrito por um estudioso do Novo Testamento.

ERHARDT, Michelle A. e MORRIS, Amy M. (orgs.). *Mary Magdalene: Iconograpic Studies from the Middle Ages to the Baroque*. Leiden e Boston, Brill, 2012. A contínua reinvenção da imagem de Maria Madalena na arte para responder às necessidades da Igreja e de patronos privados.

---

* Para esta edição, traduzimos as citações da Bíblia diretamente do original em inglês, mas utilizamos os nomes de profetas, santos e demais personagens conforme consolidados nos países de língua latina.

HASKINS, Susan. *Mary Magdalen: Myth and Metaphor.* Londres, Harper Collins, 1993. Apenas o primeiro capítulo, menos de trinta páginas, trata de Maria Madalena dos evangelhos; o resto é uma narrativa bastante completa de sua vida legendária até os tempos modernos.

JANSEN, Katherine Ludwig. *The Making of the Magdalen: Preaching and Popular Devotion in the Later Middle Ages.* Princeton, Princeton University Press, 2000. O desenvolvimento de Maria Madalena como pecadora e penitente levando a seu culto em Sainte-Baume.

LAHR, Jane. *Searching for Mary Magdalene: A Journey through Art and Literature.* Nova York e San Francisco, Welcome Books, 2006. Um livro de divulgação de muita beleza.

SCHABERG, Jane e DEBAUFRE, Melanie Johnson. *Mary Magdalene Understood.* Nova York e Londres, Continuum, 2006. Uma versão mais curta e de mais fácil leitura da obra *The Resurrection of Mary Magdalene.*

SCHABERG, Jane. *The Resurrection of Mary Magdalene: Legends, Apocrypha, and the Christian Testament.* Nova York e Londres, Continuum, 2002. Considerado um marco nos estudos feministas, Schaberg tenta ressuscitar teologicamente Maria Madalena, entrelaçando sua história com aquela de Virginia Woolf.

VORAGINE, Jacobus de. *The Golden Legend* (trad. William Granger Ryan). Princeton, Princeton University Press, 2012. O best-seller medieval sobre a vida dos santos, incluindo Maria Madalena.

YOURCENAR, Marguerite. *Mary Magdalene, or Salvation in Fires* (trad. Dori Katz). Londres, Aidan Ellis, 1982. Yourcenar conta a história atribuída a Jerônimo, no século IV, de Maria Madalena sendo abandonada por João Evangelista no casamento de Caná, caindo na prostituição e, finalmente, dedicando-se a Jesus.

Jesus

GRANT, Michael. *Jesus: An Historian's Review of the Gospels.* Londres, Macmillan, 1977. Grant, um importante historiador clássico, admite a extrema dificuldade de tecer narrativas históricas a partir dos evangelhos, mas consegue apresentar uma narrativa bem pensada e legível.

VERMES, Geza. *Jesus: Nativity, Passion, Resurrection.* Londres, Penguin Books, 2010. Os evangelhos cuidadosamente descritos, discutidos e analisados pelo mais influente estudioso de Jesus da atualidade.

WILSON, A.N. *Jesus.* Londres, Sinclair Stevenson, 1992. Uma biografia algo iconoclástica de Jesus, que desconsidera seu nascimento em Belém, sua vida como carpinteiro, sua traição por Judas, e atribui a Paulo a invenção de um culto a Jesus. Este livro foi escrito quando Wilson, hoje católico, era ateu.

Leituras complementares 319

Wilson, Barrie. *How Jesus Became Christian*. Londres, Weidenfeld & Nicolson, 2008. Barrie Wilson, professor de estudos religiosos no Canadá, mostra, pelo exame dos evangelhos, que Jesus nunca foi outra coisa senão um judeu que seguia a religião judaica, mas que foi transformado num deus por Paulo. Isso explica também muito sobre Maria Madalena.

Maria, mãe de Jesus

Pelikan, Jaroslav. *Mary Through the Centuries: Her Place in the History of Culture*. New Haven e Londres, Yale University Press, 1996. Outra consideração importante sobre Maria, a mãe de Jesus. Pelikan descreve as tradições desenvolvidas e, em seguida, traça-as de volta às suas fontes bíblicas e doutrinárias, buscando o que ele chama de "eterno feminino" no coração de tudo o que é santo. Ele também se aventura em madonas negras e Maria, a mãe de Jesus, no Islã.

Warner, Marina. *Alone of All Her Sex: The Myth and the Cult of the Virgin Mary*. Londres, Weidenfeld & Nicolson, 1976. O excelente livro de Warner traça a evolução histórica de Maria como virgem, noiva, mãe, Rainha do Céu e intercessora, e como estes aspectos afetaram e foram representados na literatura e na arte, bem como a sua influência sobre a vida de homens e mulheres. A autora também dá amplo tratamento a Maria Madalena e à "confusão de Marias" nos evangelhos.

Os evangelhos

Bauckham, Richard. *Jesus and the Eyewitnesses*. Grand Rapids, Michigan, e Cambridge, Inglaterra, William B. Eerdmans, 2006. Bauckham defende que os evangelhos são grandemente baseados em narrativas de testemunhas oculares confiáveis.

_____. *Gospel Women: Studies of the Named Women in the Gospels*. Grand Rapids, Michigan, e Cambridge, Inglaterra, William B. Eerdmans, 2002. Um exame da vida das mulheres na Palestina, a credibilidade de suas histórias nos evangelhos, em particular uma consideração valiosa sobre Joana, mulher de Cuza, e também uma consideração do *Evangelho secreto de Marcos*.

Smith, Morton. *Clement of Alexandria and a Secret Gospel of Mark*. Cambridge, Massachusetts, Harvard University Press, 1973. O estudo acadêmico completo do *Evangelho secreto de Marcos*.

_____. *The Secret Gospel: The Discovery and Interpretation of the Secret Gospel According to Mark*. Londres, Victor Gollancz, 1974. A versão popular de Smith para o *Evangelho secreto de Marcos*.

A Palestina na época de Jesus

LEVY, Thomas E. (org.). *The Archaeology of Society in the Holy Land*. Londres, Leicester University Press, 1998. Bom para a helenização e a romanização da Palestina, e as torres de campo, como a que está em Migdal Eder.

O mundo da cristandade antiga

CELSO. *On the True Doctrine: A Discourse against the Christians* (trad. R. Joseph Hoffmann). Oxford e Nova York, Oxford University Press, 1987. O famoso ataque ao cristianismo pelo filósofo grego do século II.

EHRMAN, Bart D. *Lost Christianities: The Battles for Scripture and the Faiths We Never Knew*. Nova York, Oxford University Press, 2003. Uma grande variedade de cristianismos floresceu quando a nova religião começou; eventualmente essa diversidade foi substituída por ortodoxia, e a discordância foi perseguida como herética.

_____. *Lost Scriptures: Books that Did Not Make It into the New Testament*. Nova York, Oxford University Press, 2003. Oferece ao leitor todos os relevantes evangelhos apócrifos e gnósticos dos cristianismos perdidos.

GRIGGS, C. Wilfred. *Early Egyptian Christianity: From its Origins to 451 CE*. Leiden, Brill, 1990. Este trabalho acadêmico é uma das poucas obras sobre o pobremente documentado e esquivo assunto do cristianismo primitivo no Egito.

JOHNSON, Luke Timothy. *Contested Issues in Christian Origins and the New Testament*. Leiden, Brill, 2013. Johnson, um historiador da religião e um católico que discute vários ensinamentos da Igreja, examina nestes ensaios os contextos judaico e greco-romanos do início do cristianismo, gnosticismo, Marcião, Paulo e a busca pelo Jesus histórico.

KOESTER, Helmut. *Introduction to the New Testament*, vols.1 e 2. Nova York e Berlim, Walter de Gruyter, 1987. Este é considerado o trabalho de referência padrão sobre o Novo Testamento. Koester sugere que, na versão mais antiga da história, só Maria Madalena descobriu o túmulo vazio; a narrativa, depois, foi diluída pelos evangelistas, que acrescentaram os nomes de outras mulheres.

VERMES, Geza. *Christian Beginnings: From Nazareth to Nicaea, AD 30-325*. Londres, Penguin Books, 2013. Este livro relata como houve muitas correntes do cristianismo nos primeiros séculos, e elas só começaram a ser canalizadas para um grande instrumento de fé e Estado sob o imperador romano Constantino, no Concílio de Niceia.

VINZENT, Markus. *Christ's Resurrection in Early Christianity and the Making of the New Testament*. Farnham, Surrey, Ashgate, 2011. Vinzent, professor no King's College

Leituras complementares 321

de Londres, argumenta que a ressurreição era desconhecida ou de nenhum interesse para os primeiros cristãos, e só se tornou assim quando Marcião retomou as cartas de Paulo nos anos 130; ele também diz que os evangelhos foram escritos mais ou menos nessa mesma época.

WHITTAKER, Molly. *Jews and Christians: Graeco-Roman Views*. Cambridge, Cambridge University Press, 1984. Judaísmo e religiões de mistério; o ambiente em que o cristianismo se moldou.

WITT, R.E. *Isis in the Ancient World*. Baltimore e Londres, The Johns Hopkins University Press, 1997. Witt enfatiza a influência do culto a Ísis sobre o pensamento, prática e iconografia cristãos.

Gnosticismo, cátaros e dualismo

KING, Karen. *The Gospel of Mary of Magdala: Jesus and the First Woman Apostle*. Salem, Oregon, Polebridge Press, 2003. Traduzido e elucidado pela professora Karen King, o *Evangelho de Maria* rejeita o sofrimento e a morte de Jesus como um caminho para a vida eterna e os substitui pelo conhecimento espiritual interior possuído por Maria Madalena.

LADURIE, Emmanuel Le Roy. *Montaillou: Cathars and Catholics in a French Village 1294-1324*. Harmondsworth, Penguin Books, 1980. A clássica narrativa dos cátaros em suas próprias palavras, retiradas de seus testemunhos diante da Inquisição.

LECARRIÈRE, Jacques. *The Gnostics*. Londres, Peter Owen, 1977. Um belo e poético livro sobre os gnósticos, com introdução de Lawrence Durrell.

MARJANEN, Antti. *The Woman Jesus Loved: Mary Magdalene in the Nag Hammadi Library and Related Documents*. Leiden, Brill, 1996. Entre outras coisas, esta obra trata da forma como os episódios de unção nos evangelhos foram executados em conjunto pela Igreja primitiva como os atos de uma mulher, com o efeito de que Maria Madalena se tornou uma e a mesma que a mulher pecadora na casa de Simão, o fariseu, e assim foi identificada como uma prostituta, e depois se tornou uma penitente, em vez de o "apóstolo dos apóstolos" – e como essa narrativa foi desmentida pela descoberta dos evangelhos gnósticos.

MOORE, R.I. *The War on Heresy: Faith and Power in Medieval Europe*. Londres, Profile Books, 2012. Os cátaros foram perseguidos e destruídos, diz Moore, não por causa de suas crenças, mas por causa das necessidades e ambições de seus perseguidores.

O'SHEA, Stephen. *The Perfect Heresy: The Life and the Death of the Cathars*. Londres, Profile Books, 2000. Uma boa história popular, incluindo o lugar de Maria Madalena nas crenças dos cátaros.

PAGELS, Elaine. *The Gnostic Gospels*. Londres, Weidenfeld & Nicolson, 1980. A primeira e ainda uma das melhores apresentações populares, mas acadêmica, dos evangelhos gnósticos de Nag Hammadi.

STOYANOV, Yuri. *The Other God: Dualist Religions from Antiquity to the Cathar Heresy*. New Haven e Londres, Yale University Press, 2000. Uma completa narrativa da luta recorrente entre um deus e o outro deus, que periodicamente morre e ressuscita.

Créditos das imagens

p.13 *Noli me tangere*, de Fra Angelico, convento de São Marcos, Florença, 1442. Wikimedia Commons.

p.15 Maria Madalena falando com os discípulos, do Saltério Albani, cerca de 1100. Wikimedia Commons.

p.19 Vista do mar da Galileia em direção sul, de Safed, século XIX. Em: *Picturesque Palestine, Sinai and Egypt*, de Sir Charles William Wilson e Stanley Lane-Poole. Londres, 1881-84.

p.20 Magdala por volta de 1900. Coleção Michael Haag.

p.21 Magdala vista do norte, escavações recentes na sinagoga. Fundação Franciscana para a Terra Santa.

p.24 Torre de vigia, Palestina, 1890. Biblioteca do Congresso.

p.27 Torre Samaria. Fotografia de Konstantin Hoshana.

p.31 O Templo de Jerusalém. Wikimedia Commons.

p.33 Moeda do reino de Herodes Antipas. Jensen, Morten Hørning, "Antipas – The Herod Jesus Knew", *Biblical Archaeology Review*, 2012.

p.36 *O batismo de Cristo*, de Giotto. Fotografia de Michael Haag.

p.39 *Dança de Salomé*, de Gustave Moreau. Wikimedia Commons.

p.41 Josefo. Wikimedia Commons.

p.45 *Casamento em Caná*, Jesus transformando água em vinho. Wikimedia Commons.

p.46 *Casamento de João Batista e Maria Madalena em Caná*. Karlsruhe Badische Landesbibliothek.

p.49 *Maria Madalena e João Batista*, de Puccinelli, século XIV. Wikimedia Commons.

p.50 *Jesus exorcizando os possuídos por demônios*. Wellcome Library, Londres.

p.55 *Mulher com perda de sangue*. Wikimedia Commons.

p.57 *Siga-me. Art & Bible* (www.artbible.net/).

p.59 Vista aérea de Cafarnaum. Custodia Terrae Sanctae, Jerusalém.

p.62 *Maria Madalena*, de Sebastiano del Piombo. Wikimedia Commons.

p.65 Inscrição em grego no templo. Wikimedia Commons.

p.66 Farol de Alexandria. New York Public Library.

p.72 Vista aérea de Tiberíades. Biblioteca do Congresso.

p.73 Anfiteatro em Tiberíades. Wikimedia Commons.

p.75 *Jesus cura os doentes e alimenta a multidão*. Wellcome Library.

p.79 *Maria Madalena exorcizada por Jesus*. Glorian Publishing.

p.83 Mona Lisa da Galileia. Wikimedia Commons.

p.87 *O bom pastor.* Wikimedia Commons.

p.94 Betânia em 1875. Coleção Michael Haag.

p.95 *Entrada de Jesus em Jerusalém*, de Giotto. Wikimedia Commons.

p.98 Jesus ataca os cambistas. *Illustrations of the Life of Christ*, de Alexandre Bida, Nova York, 1874.

p.101 A unção de Jesus em Betânia. *The Engravings*, de Eric Gill, organizado por Christopher Skelton, Londres, 1990.

p.103 *A ressurreição de Lázaro*, de Giotto. Fotografia de Michael Haag.

p.105 O reservatório de Siloé. *Picturesque Palestine, Sinai and Egypt*, de Sir Charles William Wilson e Stanley Lane-Poole. Londres, 1881-84.

p.109 *Comunhão dos apóstolos*, de Fra Angelico. Wikimedia Commons.

p.111-12 *A Última Ceia*, de Leonardo da Vinci. Wikimedia Commons.

p.113 *A Última Ceia*, de William Blake. Wikimedia Commons.

p.117 *Julgamento de Jesus.* Wikimedia Commons.

p.121 *Ecce homo*, de Antonio Ciseri. Wikimedia Commons.

p.123 A Via Dolorosa. *Picturesque Palestine, Sinai and Egypt*, de Sir Charles William Wilson e Stanley Lane-Poole. Londres, 1881-84.

p.126 *Jesus despido. The Engravings*, de Eric Gill, organizado por Christopher Skelton. Londres, 1990.

p.129 *A crucificação*, de Gustave Doré. Wikimedia Commons.

p.133 *A deposição*, de Sebastiano del Piombo. Fotografia de Michael Haag.

p.137 *A ressurreição. The Engravings*, de Eric Gill, organizado por Christopher Skelton. Londres, 1990.

p.138 *A ressurreição*, detalhe, de Meister Francke. Wikimedia Commons.

p.141 As mulheres vão para a tumba. *Illustrations of the Life of Christ*, de Alexandre Bida. Nova York, 1874.

p.143 *Núpcias de Deus. The Engravings*, de Eric Gill, organizado por Christopher Skelton. Londres, 1990.

p.147 *Nicodemos com Jesus*, atribuído a Rembrandt. Wikimedia Commons.

p.155 Mar Saba. *Picturesque Palestine, Sinai and Egypt*, de Sir Charles William Wilson e Stanley Lane-Poole. Londres, 1881-84.

p.159 *Jovem fugindo*, de Correggio. Wikimedia Commons.

p.161 Igreja de Lázaro em Betânia. Biblioteca do Congresso.

p.165 A tumba de Lázaro. Biblioteca do Congresso.

p.167 *Noli me tangere*, de Giotto. Fotografia de Michael Haag.

p.173 *O apedrejamento de Estevão*, de Gustave Doré. Wikimedia Commons.

p.175 A conversão de Paulo, na *Crônica de Nuremberg*. Wikimedia Commons.

p.177 O Arco de Tito. Wikimedia.

Créditos das imagens

p.179 Pedro e Paulo numa catacumba romana. Wikimedia Commons.

p.182 Tetradracma representando Ísis Faria. Biblioteca Alexandrina.

p.185 Ísis Capitolina. Fotografia de Carole Raddato.

p.186 Pé de mármore. Fotografia de Carole Raddato.

p.189 Ísis copulando com Osíris. Wikimedia Commons.

p.193 *Anastasis*, afresco na igreja de Chora, Istambul. Fotografia de Michael Haag.

p.197 Mosaico de são Marcos chegando em Alexandria. Tour Egypt.

p.201 Cabeça de bronze de Adriano. Wikimedia Commons.

p.203 Muhammad al-Samman. *Le Gnosticisme Universal*.

p.205 Códice Nag Hammadi. *Le Gnosticisme Universal*.

p.209 Nut, deusa do céu. Wikimedia Commons.

p.211 *Anima mundi*. The Wellcome Library, Londres.

p.213 Festa ágape. Wikimedia Commons.

p.217 Escavações em Oxirrinco. Imaging Papyri Project, Universidade de Oxford.

p.221 *Evangelho de Maria Madalena*. Wikimedia Commons.

p.228 Gema com representação de Chnoubis. Christie's.

p.235 Pantera. Wikimedia Commons.

p.237 Maria como a *Theotokos*. Wikimedia Commons.

p.239 Ísis amamenta Hórus. Fotografia de Michael Haag.

p.241 Lápide funerária de mãe com criança, do Fayum. Tran Tam Tinh, V. 1973. *Isis lactans. Corpus des monuments gréco-romains d'Isis allaitant Harpocrate*. Leiden, Brill.

p.242 *Acima: Ankhs* antropomórficos no templo funerário de Ramsés III, em Medinet Habu. *Abaixo:* Cristãos representados como *ankhs* antropomórficos. Fotografias de Michael Haag.

p.247 Relevo de Madalena em St. Gilles-en-Gard. Wikimedia Commons.

p.249 Papa Gregório, o Grande, com uma pintura da Virgem Maria. Wikimedia Commons.

p.254 Decoração do altar de Maria Madalena em São Maximino. Wikimedia Commons.

p.257 Ciganos em Saintes-Maries-de-la-Mer. Wikimedia Commons.

p.259 Maria Madalena sendo levada por anjos para o céu. Wikimedia Commons.

p.261 Casamento na Basílica de Maria Madalena, em São Maximino. Fotografia de Michael Haag.

p.264 O consolamento. Biblioteca Nacional da França.

p.268 Crânio de Maria Madalena. Fotografia de Michael Haag.

p.269 Reconstrução da face de Maria Madalena a partir de seu crânio. Cícero Moraes, Wikimedia Commons.

p.271 Desenho de um cátaro sendo queimado no poste. Wikimedia Commons.

p.274 Cartão-postal de Montségur. Coleção de Michael Haag.

p.278 A caverna de Sainte-Baume. Biblioteca do Congresso.

p.280 Petrarca e Laura. The York Project, Wikimedia Commons.

p.286 *Madalena penitente*, de Donatello. Wikimedia Commons.

p.289 *Seis poetas toscanos*, de Vasari. Wikimedia Commons.

p.291 *Maria Madalena lendo em sua caverna*, de Correggio. Wikimedia Commons.

p.293 *Maria Madalena*, de Leonardo da Vinci. Wikimedia Commons.

p.297 Lutero afasta um papa monstruoso. Wikimedia Commons.

p.299 *Maria Madalena*, de Jules Joseph Lefebvre. Wikimedia Commons.

p.303 Prostituta vitoriana. Mary Evans Picture Library.

p.306 *Maria Madalena na casa de Simão, o fariseu*. The Rossetti Archive.

p.313 Karen King com fragmento do *Evangelho da Esposa de Jesus*. Fotograma do filme da Universidade Harvard no YouTube.

Índice

As páginas em *itálico* indicam imagens.

abstinência sexual, 212
Acton, William, 301-2
Adônis, 188, 189
Adriano, 199, *201*, 229
Afrodite, 184, 188
ágape, festas, 211, 213
Agostinho, santo, 247, 278, 283, 288, 299
Aix-en-Provence, 255, 258, 260
Albani, Saltério, 15
Albi, 270
Albright, William F., 27, 28
Alexandre, o Grande, 30, 69, 184
Alexandria, 64, 65, 69
    carpocracianos, 212
    cristandade, 194, 196, 197, 199-200
    Escola Catequética, 230, 238, 240, 243
    evangelhos, 232
    farol, *67*, 182, *182*, 184
    fibionitas, 212
Alfonse, conde de Toulouse, 271
Alone of All Her Sex: The Myth and the Cult of the Virgin Mary (Marina Warner), 307
al-Samman, Muhammad, 203
Ambrósio, 246
Amônio Sacas, 240
Anás, 115, 163
André, 42, 56, 222
Andrônico, 82, 83
    ver também Cuza
Anfípolis, 184
Angelico, Fra, 13, 109, 110, 283
ankh(s), *242*, 243, *244*
Antioquia, 69, 81, 184
Apocalipse, 78, 112, 177, 178, 193, 195, 204
Apolo, 184
Apolônia, 184
Apolos, 196
Apostolikon, 192
apóstolos, 82-3, 138
    ver também discípulos

Apuleio, 188
Arábia, 195
aramaico, 22, 23, 26, 30, 64, 171
Arquelau, 88
Ártemis, 184
Ásia Menor, 43, 64, 69, 244
Askew, Anthony, 224
Astarte, 184
Astério, 188
Atanásio de Alexandria, 204
Atena, 184, 186, 282
Atenas, 184
Átis, 188, 189
Atos dos Apóstolos, 152, 170, 177, 178, 180, 196, 208
    Antioquia, 81
    Egito, 196
    Estevão, 172
    Maria, mãe de Jesus, 12, 14, 16, 236
    Maria Madalena, 124, 170, 176
    Paulo, 124, 172, 176, 180-1
    Pedro, 170, 180
    Seguidores de Jesus, 152
Augusto, 187, 198

Babilônia, 196-9
Badilo, são, 258
Baigent, Michael, 310-1
Bar Kokhba, revolta de, 191-2, *201*, 230, 232
Barnabé, 81
Barrabás, 122
Bartolomeu, 56
batismo, 35-7, 157, 190, 297
Bauckham, Richard, 311
Belém, 13-4, 26, 29, 30, 45
    Jerônimo, 44-5
    massacre dos inocentes, 29-30
    nascimento de Jesus, 13
    torres, 24-5, *24*
    visita de Helena, 23

Bélibaste, Guillaume, 266, 273, 276
Ben-Gurion, David, 151
Bento XII, papa, 266, 273, 276
Bento XVI, papa, 151
Bernadete, 304
Betânia, 93, 94, 102, 152-3, 160, 161, *161*, *165*
  ressurreição de Lázaro, 102, 103-4, *103*,
    161, 164-6
  ressurreição ritual, 156-8
  unção de Jesus, 99-103, *101*, 114, 124,
    125, 150, 165, 190, 245
Betsaida, 56, *57*, 74, *75*, 75, 86
Béziers, 270-2
Bíblia:
  linguagem, 564, 67
  ver também Novo Testamento; Velho
    Testamento
Bida, Alexandre, *141*
bios, 188-9
Blake, William, *113*
Boccaccio, Giovanni, 279, *289*, 291
bogomils, 262-3
Botticelli, Sandro, 292, 293, 295
Brock, Ann Graham, 311
Brown, Dan, 9, 111, 226, 308-11
bruxaria, 79

Cafarnaum, 34, 43, 56, *57*, *59*
  unção de Jesus, 100, 124, 245
Caifás, 104, 115, 118, 119, 120, 146, 163
Cairo, 197
Calígula, 187
Caná, 14, 43, 44-6, *46*, 85, 150
Canção da Cruzada Albigense, 272
Canzoniere (Petrarca), 278, 279, *281*, 282-3, 284
Carcassonne, 272
Carlos, rei de Anjou, 260, 267, 276
carpocracianos, 153, 154, 160, 212, *213*
carregador de água, 107-8
Castor, 181, 183-4
cátaros, 9, 228, *259*, 262-6, *265*, 267, 268, 270-5,
  271, 315
Cavalca, Domenico, 44
Cavalcanti, Guido, *289*
Celso, 229, 230-1, 232-3, 236, 250, 304
Cenáculo, 107-8
Cesareia, 31, 96, 183, 243
Chaucer, Geoffrey, 279
Chilton, Bruce, 311

Chnoubis, *228*
Chora, igreja de, Istambul, *193*
Cibele, 188
Cícero, 126, 128, 277
ciganos, 254, *257*
circuncisão, 37, 42, 171, 176
Ciseri, Antonio, *121*
Cláudio, 187
Clemente de Alexandria, 153, 154, 156-60,
  188, 199, 212, 230, 232, 240, 243
Cleópatra, 182, 187
códices, 200, 202
  Nag Hammadi, Biblioteca de, 200-4, *205*
Código Da Vinci, O (Brown), 9, 111, 226, 308-11
Collins, Wilkie, 305
Colonna, cardeal Giovanni, 277
Compostela, 257, 258
Comunhão dos apóstolos (Fra Angelico), 109,
  109, 283
Constantino, o Grande, 23
Constantinopla, 244, 248, 254, 287-8, 308-9
Contrarreforma, 298
coptas, 196, 198, 200, 202-4
Coríntios, 1, 180
  Jesus, 174, 179
  mulheres, 57, 178
  ressurreição, 83, 169, 181
  sabedoria escondida, 207
Coríntios, 2, 180
Corinto, 184, 187
Correggio, Antonio, *159*, 291
cristandade:
  ataques à, 229-32
  cátaros, 262-7, 268, 270-5
  e o judaísmo, 191-2
  e o mal, 208, 209
  Egito, 194, 196-206, *197*, 238-44
  expansão da, 23, 195, 196
  gnosticismo, 200-2, 204-15, 262-7
  Marcião, 191, 192
  relíquias, 256, 257
crucificação, 11, 14, 16, 53-4, 92, 122-4, 125-31,
  127, *129*, 132, 208, 210
Cruzada dos Albigense, 270-2
Cuza, 17, 39, 61, 62, 71, 80-1, 82

Dante, 227, 277, 284, *289*
Davi, rei, 25, 151
Débora, 60

Índice

Deméter, 184, 188, 191
Demétrio, 243
demônios, 77-80, 245-6
Diálogo do Salvador, 204, 214, 223
Dionísio, o Grande, 234, 243
Dionísio, são, 184
Dioniso, são, 257
Dióscuros, 181-2, 183-4
discípulos, 163
  depois da ascensão, 171
  Grande Comissão, 138, 214
  Jesus lavando os pés dos discípulos,
    112-3
  no *Evangelho de Tomé*, 216
  ressurreição, 181, 194
  Última Ceia, 107-14, *109, 111, 112, 113*
  ver também apóstolos; discípulos
Domiciano, 187, 229
Domingos, são *ver* Guzmán, Domingos de
dominicanos, 259, 262, 267, 268, 273-5, 276-7
Donatello, 285, *286*, 287
Doré, Gustave, *129, 173*
dualismo, 228, 262, 263
"Dulcis Amica Dei" (Petrarca), 282
Durrell, Lawrence, 270

Éfeso, 184, 254
Efrém, o Sírio, 247
Egito, 43
  ankh(s), *242, 243*, 244
  cristandade, 194, 196-206, *197*, 238-44
  fuga para o Egito, 30
  gnosticismo, 204-6, 208, 210-5, 244
  helenismo, 184
  Ísis, *239, 241*, 244-5
  judeus, 64-6, 69
  Nag Hammadi, Biblioteca de, 200-4, *205*
  Ramsés III, *242*
  Ramsés VI, *209*
  Sub Tuum Praesidium, 234
Ehrman, Bart, 226
Elliman, Yvonne, 8
Epifânio, 212
epístolas, 176, 178, 195, 204
Espanha, 195
Espírito Santo, 170
essênios, 32
Estevão, 171-2, *173*
"Eu não sei como amá-lo", 8
Eucaristia, 108, 109, *109*

Eusébio, 22, 196, 240
Evangelho da esposa de Jesus, 312-4
Evangelho de Filipe, 204, 214, 225-7
Evangelho de Maria Madalena, 202, 204, 215,
  218, 219-23, 221
Evangelho de Tomé, 203-4, 207, 214, 215-9
Evangelho dos Egípcios, 205, 212
Evangelho secreto de Marcos, 153-60, 212
evangelhos, 12, 177-8, 193-4, 204, 208, 227
  autoridade, 296, 305
  língua, 30
  Maria Madalena, 176, 179-80
  narrativas da infância, 13-4, 231-2, 236
  no Egito, 231
  ressurreição, 194
  ver também João; Lucas; Marcos;
    Mateus
Evangelikon, 192-4
Êxodo, 79
Ezequiel, 147

fariseus, 32-3, 34
  e demônios, 78
  e Herodes Antipas, 61, 88-9
  e Jesus, 42, 48, 89, 90, 104, 106
  e Sinédrio, 116
  ressurreição, 140, 147
  ver também José de Arimateia; Nicode-
    mos; Paulo; Simão
faróis, 26, 27, 67, 182-3, *182*, 184, *197*, 252
Fasaeles, 80
Febe, 178
fibionitas, 212, 213
Ficino, Marsilio, 287, 288, *289*, 290
Filemon, 180
Filipe, 56
Filipenses (epístola), 180
Filipos, 184
Filo, 69
Filosofia estoica, 171
Florença, 285, 287-8, 290-2
Fludd, Robert, *211*
Fogos (Marguerite Yourcenar), 45
Fournier, Jacques, 264, 266, 273, 276
  ver também Benedito XII
Fowles, John, 301
França, 253-5
  cátaros, 264-6, 267, 268, 269-75
  Maria Madalena, 253-6, 258, 260-2, 267,
    274-5, 276-8, 281-3

Francisco, Papa, 21
Francke, Meister, *138*
Fuga para o Egito, 30

Gálatas (epístola aos), 180
    Conversão de Paulo, 173-4
    Jesus, 179
    Paulo e discípulos, 178
    ressurreição, 207
    viagens missionárias de Paulo, 195
Galileia, 18-9, 42-3
    Herodes Antipas, 31-2
    Maria Madalena, 149
    ministério de Jesus, 11, 12, 14, 15, 16, 17-8,
        43, 47-51, 56-8, 73-5
    Nascimento de Jesus, 13-4
    Nicodemos, 118
    Revolta Judaica, 28
    Romanos, 33-4
    ver também Caná; Cafarnaum Magdala;
        mar da Galileia
Galileia, mar da, 18-9, *19*, 20, 22, 25, 27, 28,
    32, 40, 41, 42-3, *50*, 56, *72*, *73*, 74, 183
Gênesis:
    Adão e Eva, 219, 224-5
    circuncisão, 37
    criação, 78
    Migdal Eder, 23, 24
Getsêmani, 113-4, 115, 116, 123, 146, 157, 158,
    159, 160, 162
Giampietrino, 294
Gibson, Mel, 8
Gill, Eric, *101*, *127*, *137*, *143*
Giotto, *36*, *95*, *103*, *167*, 283
Giovanni de São Gimignano, 274
Glastonbury, 245
gnosticismo, 200-2, 206-7, 236, 238, 244, 250,
    312
    batalha por autoridade, 238-44, 312
    cátaros, 262-7, 270-5
    conhecimento, mistério e mal, 207-14
    Diálogo do Salvador, 223
    e Celso, 230-1
    Evangelho de Filipe, 225-7
    Evangelho de Maria Madalena, 219-23, 221
    Evangelho de Tomé, 215-9
    evangelhos, 202-6, 214-5, 244
    Maria Madalena, 9, 214-5, 217-28, 248
    Pistis Sofia, 223-4

Gólgota, 122, 126, 132
Grande Comissão, 138, 214
grandes questões de Maria, As, 213
Grato, Valério, 115
Grécia:
    gnosticismo, 244
    judeus, 69
Gregório I, o Grande, papa, 8, 245-8, *249*,
    250, 296
Gregório de Nissa, 309
gregos, 19, 43, 68, 69, 86
    ver também helenismo
guerra contra a heresia, A (R.I. Moore), 267
Guerra Judaico-Romana, 28, 35, 148
Gurion, família, 106-7, 148, 149, 163
Guzmán, Domingos de, 267, 268, 273

Hanway, James, 300
hasmoneus, 19-20, 43, 66, 68-9, 86
hebraico, 30, 64
Helena, 23, 256
helenismo, 30
    e mulheres, 54
    e Renascimento, 288
    Egito, 183, 184, 199
    Herodes Antipas, 31-2, 86, 88-9
    Herodes, o Grande, 30-2, 183
    judeus, 32-5, 47-8, 52, 64-6, 69-70, 86,
        88-9, 151
    Tarso, 171
Heliópolis, 197-8
Héraclas, 243
Herodes, o Grande, 29, 30, 31, 69
    Cesareia, 31, 183
    e judeus, 88
    Magdala, 20
    massacre dos inocentes, 29, 251
    templo, 31-2, *31*
Herodes Antipas, 29, 33, 34
    corte, 80-2
    e esposa do irmão, 38, 76, 80
    e Jesus, 51-2, 73-4, 89-90, 121-2
    e João Batista, 37-40, *39*, 51-2, 81, 88, 89
    e judeus, 88-9
    primeira esposa, 80
    Séforis, *83*, 86
    Tiberíades, 32, 43, 71-3, 75-6, 86, 88
herodianos, 33, 42, 43
Herodias, 38, 39

Índice 331

Heródoto, 184
hieros gamos, 188, *189*
Hórus, 183, 184, *239*, 240, 244
humanismo, 287, *289*, 290

Inácio de Antioquia, 156
Inocêncio III, papa, 268
Inocêncio IV, papa, 271, 273
Irineu, 192, 194, 199, 202, 263
Isaías, 110, 181
Ísis, 182-4, *182*, *185*, 186-7, *186*, 188, *189*, 214, *239*,
 241, 244-5, 309
  e Maria, mãe de Jesus, *239*, *241*, 244-5
Istambul, igreja de Chora, *193*

Jairo, 163-4
James, Henry, *63*
Jeremias, 119, 198
Jericó, 158
Jerônimo, são, 22, 44-5, 139, 296
Jerusalém:
 cerco e queda, 176, *177*
 como cidade pagã, 192, 201
 Davi, 25
 e Herodes Antipas, 86-8
 e Maria Madalena, 149
 entrada de Jesus em, 11, 16, 74, 90-1,
  92-6, *95*, 161-2
 movimento de Jesus, 171, 176
 população, 68
 Reservatório de Siloé, *105*, 108
 Suprimento de água, *105*, 107-8, 148
 Última Ceia, 107-13
 Via Dolorosa, *123*
 visitas de Helena, 23
 ver também templo
Jesus:
 bastardia de, 232-3
 batismo, 40-1
 batismo de, 35, *36*
 casamento em Caná, 14, 44-7, *45*, *46*,
  85, 150
 como Bom Pastor, 25, 26, *87*
 como carpinteiro, 84-5
 como rabino, 84-5
 conspiração contra, 42, 103-4, 114, 115
 crucificação, 11, 14, 16, 53-4, 92, 122-4,
  125-31, *127*, *129*, 132, 208, 210
 e discípulos, 26, 56, 57-8, 77, *137*, 214

e fariseus, 32-3, 89, 90, 104, 106
e gentios, 47-8
e Herodes Antipas, 89-90
e João Batista, 35, 40-1, 51-2, 92
e José de Arimateia, 85, 90, 106, 116, 150
e judeus, 47-8, 50
e Lázaro, 102, 103-4, *103*, 164-6
e mãe, 12, 13-4, 15-6, 134
e Maria Madalena, 8-9, 11-2, 45-7, 124-5,
 224, 225-7, 305, 312
e mulheres, 53-5, *55*
e Nicodemos, 86, 90, 106, 116-8, 146-7,
 147, 148, 150, 151
e o mar da Galileia, 43
e o Sinédrio, 115-6
e saduceus, 89
e templo, 85, 96-9, *98*
e Tiberíades, 75-6
em epístolas de Paulo, 179-80
em *Evangelho secreto de Marcos*, 153-4
em Getsêmani, 113, 162
em gnosticismo, 207
em Jericó, 158-60
enterro, 11, 12, 14, 85-6, 116, 124, 125,
 131-5, *133*, 150, 157
entrada em Jerusalém, 11, 16, 74, 90-1,
 92-6, *95*, 161-2
expulsando demônios, 77-80, *79*
família, 160-1, 225-6, 238
fuga para o Egito, 30
Grande Comissão, 138, 214
julgamento, 115, *117*, 118-20, 162-3
lavando os pés dos discípulos, 112-3
levantando-se dos mortos, 102, 103-4,
 103, 163-6
ministério na Galileia, 11, 12, 14, 15, 16,
 17-8, 43, 47-51, 56-8, 73-5
nascimento e infância, 13-4, 30, 85, 231
no *Evangelho de Tomé*, 215-8
nome, 66
Pães e peixes, 41-2, 73-4
parábola do filho pródigo, 48-50, 131
prisão, 114, 115, 157, *159*, 162
ressurreição, 11-2, *13*, 14, 16, 46, 54, 74-5,
 83, 92, 136-45, *137*, *138*, 141, 166-9, *167*,
 180-1, 190-1, *193*, 194, 208
seguidores, 152
sepultura em Jerusalém, 277
Sermão da Montanha, 50, 51, 131

status social, 84-5, 150-1
trazido diante de Pôncio Pilatos, 120, 121
unção do corpo, 102-3, 143, *143*, 144
unção em Betânia, 99-103, *101*, 114, 125-6, 150, 166, 190
unção em Cafarnaum, 100, 124, 245
Jesus Cristo Superstar, 8
Joana, mulher de Cuza, 17, 29, 61-2, 71, 77, 80-1, 150
   demônios, 78
   e João Batista, 40, 42
   ressurreição de Jesus, 143, 144
   vida subsequente, 82, 83
João, 56, *111*, 112-3, 183
   no jardim de Getsêmani, 162
   e Paulo, 178
   Última Ceia, 107
João (Evangelho de), 92, 177, 178, 204
   bastardia de Jesus, 232-3
   batismo de Jesus, 14
   casamento em Caná, 44-6, 85-6
   Conspiração contra Jesus, 103-4, 106
   crucificação, 14-6, 125, 126, 130-1, 132, 133, 134, 151
   discípulos, 163
   enterro de Jesus, 132, 134, 135
   entrada em Jerusalém, 161-2
   Jesus como rabino, 85
   Jesus lavando os pés dos discípulos, 112-3
   João Batista, 35, 42
   José de Arimateia, 85
   julgamento de Jesus, 118, 120, 162-3
   Lázaro, 160, 161-2, 164-5, 166
   Maria Madalena, 7, 16, 18, 124-5, 149
   Maria, mãe de Jesus, 12, 14-5, 236
   nascimento de Jesus, 14
   Nicodemos, 106, 116, 146
   no Egito, 231
   pescadores, 26
   Pôncio Pilatos, 122
   purificação do templo, 97
   ressurreição de Lázaro, 102, *103*
   ressurreição, 14, 16, 139, 144, 145, 166-8
   Tiberíades, 72
   Última Ceia, 108, 110
   unção em Betânia, 100-2, 103, 114, 124-5, 150, 245-6

João VIII, Paleólogo, 287
João Batista, são, 14, 29, 35, *36*, 86, 89-90
   e essênios, 32
   e Herodes Antipas, 76, 81
   e Jesus, 92, 99
   e Maria Madalena, *49*
   família, 84, 150-1
   missão, 56
   morte, 37-41, *39*, 51-2, 88, 89
João de Patmos, 112
João Evangelista, *111*, 112
   e Maria Madalena, 45, *46*, 252-3
   julgamento de Jesus, 118
   na *Lenda dourada*, 251, 253
   ver também João (Evangelho de)
José (pai de Jesus), 84, 85, 232-3, 238
José de Arimateia, 85, 90, 106, 116, 118, 145, 150
   enterro de Jesus, 90, 132, 134, 157
   relíquias, 257
Josefo, Flávio, 28, *41*
   crucificações, 126
   fariseus, 32, 140
   Galileia, 42-3
   Jerusalém, 176, *177*
   João Batista, 35, 37, 38, 40
   mulheres, 61
   Navigum Isidis, 187
   Pôncio Pilatos, 96-7
   Séforis, 86
   sumo sacerdote de Israel, 151
   Tariqueia, 28
   Tiberíades, 76
Josué, 23
judaísmo *ver* judeus
Judas/Juda, 56
Judas Iscariotes, 56, 100, 111, *113*
Judeia, 31, *33*, 34, *235*
   Guerra Judaico-Romana, 28, 35, 148
   revolta de Bar Kokhba, 191, 230
judeus, 69-70
   batismo, 35-7
   circuncisão, 37
   costumes funerários, 132, 135
   e Herodes Antipas, 86-8
   e Jesus, 47-8, 50
   e romanos, 33-4
   e Tiberíades, 76
   Egito, 64-6, 69, 198, 199
   Galileia, 43

Índice

Guerra Judaico-Romana, 28, 35, 148
helenismo, 32-5, 47-8, 52, 64-6, 69-70, 86, 88-9, 151
Jerusalém, 96
Jerusalém, seita de, 171-2
levante em 6 d.C., 34
messias, 190
mulheres, 53-4, 59-61, 62, 64, 218-9
Palestina, 32, 68-70
revolta de Bar Kokhba, 191, 230
visitando tumbas de família, 144
ver também herodianos; fariseus; saduceus; Sinédrio
Junia, 82, 83, 178
ver também Joana, mulher de Cuza
Justiniano, 244
Justino Mártir, 192, 194

King, Karen, 8, 219, 311, 312, 313, *313*, 314

Lacordaire, Henri, *261*
Ladurie, Emmanuel Le Roy, 266
Landino, Cristoforo, *289*
Languedoc, 262-4, 270-5
Laura de Noves, 277, 278-9, *281*, 282-4, 285
Lázaro, 100, 101, 102, *111*, 112, 114, 153, 160-3
levantando-se dos mortos, 102, 103-4, *103*, 161, 164-6
na França, 253, 255
na *Lenda dourada*, 252
no *Evangelho secreto de Marcos*, 153
no julgamento de Jesus, 118
tumba, *161*, *165*
Leda e o cisne (Leonardo da Vinci), 292
Lefebvre, Jules Joseph, *299*
Lefèvre d'Étaples, Jacques, 296, 305
Lei das Doenças Contagiosas, 302, 303
Leigh, Richard, 310-1
Lenda dourada (Voragine), 251-3, 255-6, 260
Leonardo da Vinci:
e Maria Madalena, 292-5, *293*
Última Ceia, 107-14, *109*, *111*, 292, 310
Levi *ver* Mateus (evangelista, são Mateus)
Levítico, 38
Líbano, 244
Lincoln, Henry, 310-1
língua grega, 18-9, 30, 64, 66
Londres, 300-3
Lourdes, 304

Lucas (Evangelho de), 92, 177, 204
bastardia de Jesus, 233
crucificação, 53-4, 125, 126
demônios, 77, 246
discípulos, 47, 171
enterro de Jesus, 133-4
entrada em Jerusalém, 91, 93
fariseus, 90
Getsêmani, 113-4
Herodes Antipas, 73-4, 82
infância de Jesus, 85, 93
Jesus, 47
Jesus como messias, 74
Jesus e mulheres, 53, 54-5
Jesus e o centurião, 34
Joana, 17, 29, 61-2
João Batista, 35, 84, 150-1
José de Arimateia, 85, 116
julgamento de Jesus, 119
Maria, mãe de Jesus, 13, 236
Maria Madalena, 16, 17-8, 29, 77, 92, 123-4, 149, 218
Marta e Maria, 102
ministério de Jesus na Galileia, 48-9
ministério na Galileia, 16, 17-8, 42, 48-9, 58
mulher pecadora, 7, 100, 123-4, 143, 246-7, 252, 274-5, 296
narrativa da infância, 13-4, 30, 231-2, 236
Negação de Jesus por Pedro, 118
no Egito, 231-2, 243
pães e peixes, 73-4
parábola do filho pródigo, 48-9, 131
Pôncio Pilatos, 120-1, 122
prisão de Jesus, 114
purificando o templo, 98-9
ressurreição, 16, 54, 139, 142-3
Última Ceia, 107, 108-9
unção em Cafarnaum, 100, 124, 143, 245, 246
Lucas (evangelista, são Lucas), 82, 300
Lutero, Martinho, 296, *297*, 298, 305

Madalena, Casa de, para a Recepção de Prostitutas Arrependidas, 299-300
madeline, *303*
Magadan, 22, 25, 66
Magdala, 18-23, *20*, *21*, 26, 27, 28, 43, 66, 86
mal, 208-210

Manaém, 81-2
Maneto, 184
Maqueronte, 40
Mar Saba, 153, *155*
Marcião, 191-2
Marco Antônio, 182, 187
Marcos (Evangelho de), 92, 136-9, 177-8, 204
    bastardia de Jesus, 232-3
    batismo de Jesus, 13-4
    conspiração contra Jesus, 156
    crucificação, 16, 125, 126, 128
    demônios, 78, 245-6
    discípulos, 26, 47
    enterro de Jesus, 16, 133, 157-8
    entrada em Jerusalém, 93
    Evangelho secreto de Marcos, 153-60
    família de Jesus, 225, 238
    fariseus, 42
    Getsêmani, 162
    Grande Comissão, 138, 214
    Jericó, 158-60
    Jesus como carpinteiro, 84
    Jesus levantando-se dos mortos, 163, 165-6
    João Batista, 35, 36, 38, 39, 40, 52, 81
    José de Arimateia, 85
    julgamento de Jesus, 119, 120
    Maria, mãe de Jesus, 14, 15, 236
    Maria Madalena, 16, 18, 124, 125
    ministério na Galileia, 15-6, 47-8, 51-2
    nascimento de Jesus, 14
    no Egito, 231
    Pôncio Pilatos, 120, 122
    prisão de Jesus, 114, 157, 162
    ressurreição, 16, 136-9, 142, 144, 168, 194
    Salomé, 160
    Última Ceia, 107, 108, 109-10
    unção em Betânia, 99, 100-3, 124
Marcos (evangelista, são Marcos):
    e Egito, 196, *197*, 198-9
    relíquias, 257
Maria, filha de Nicodemos, 149
Maria, irmã de Lázaro (Maria de Betânia), 152-3, 158-9, 246-7, 296
    Lázaro levantando-se dos mortos, 102, 103-4, 164-6
    unção em Betânia, 100-1, 114, 124-5, 150, 190, 245
Maria, mãe de Jesus, 12, 13-6, 134, 307
    a Mãe de Deus, 16, 234, 236, *237*, 238, *241*, 244

casamento em Caná, 44
como adúltera, 232-3, *235*
e Gregório, o Grande, 248, *249*, 250
e Maria Madalena, 247
e ministério na Galileia, 13-4, 134
e Sofia, 248
em Fra Angelico, 110
enterro de Jesus, 132, 134
Imaculada Conceição, 304, 307
na *Lenda dourada*, 251
nos evangelhos, 236, 238
passividade, 227
retirada para Éfeso, 254
virgindade perpétua, 160, 238, 250, 307
ver também Maria, mãe de Tiago
Maria, mãe de Tiago, 128, 136, 141, 143, 144, 160, 253
    ver também Maria, mãe de Jesus
Maria, mulher de Cléofas, 134
Maria Madalena, 11-2, *15*, *63*, 92, 170, 176-80
    como esposa de Jesus, 8-9, 45-7, 311-4
    como penitente, 285, *286*, *291*, 292, 297-8, 305, 313
    como prostituta, 8, 16, 244-8, 247, 250, 299-300, *303*
    como torre, 23-6
    crânio, 267, *268*, 275
    crucificação de Jesus, 11, 12, 16, 122-4, 128, 130, 131
    demônios, 77-8, *79*, 80, 124, 245-6
    dia da festa de, 7
    e a corte de Herodes Antipas, 149-50
    e Betânia, 152-3
    e cátaros, 9, 228, *259*, 262-6, *265*, 267, 268, 270-5, *271*, 315
    e dominicanos, *259*, 262, 267, 268, 273-5, 276-7
    e Egito, 196, *197*, 198-9
    e Galileia, 149
    e gnosticismo, 9, 214-5, 217-28, 248
    e Jerusalém, 150
    e João Batista, *49*
    e João Evangelista, 45-6, *46*
    e Lázaro, 153, 160-1
    e Leonardo da Vinci, 110-2, *112*, 292-5, *293*
    e Magdala, 18, 20-1, 22-3
    e Nicodemos, 90, 151
    e Paulo, 178-80
    e Petrarca, 278, 280, 282-3, 284, 285

e prostitutas, 299-300, 301
e Rossetti, 305-6, *306*, 314
em Celso, 230-1
em *Código Da Vinci, O*, 9, 226, 308-11, 314
em Éfeso, 254
em escritos e arte do século XIX,
   304-8, *306*
em filmes, 8-9
em Fra Angelico, *13*, 109-10
em *Jesus Cristo Superstar*, 8
em *Pistis Sofia*, 223-5
em Sainte-Baume, 276-7, *279*, 284-5, *291*,
   292, 298, *299*
enterro de Jesus, 11, 12, 16, 133-4, *133*, 135
entrada de Jesus em Jerusalém, 11, 16,
   92-3
grandes questões de Maria, As, 213
ministério de Jesus na Galileia, 11-2,
   16, 17-8
na França, 253-5, *254*, 257, 276
na *Lenda dourada*, 251-3, 255, 260
na Última Ceia, de Leonardo da
   Vinci, 110-2, *112*
no *Diálogo do Salvador*, 223
no *Evangelho de Filipe*, 225-7
no Evangelho de João, 124-5
no Evangelho de Lucas, 124
no *Evangelho de Tomé*, 216-9
no Renascimento, 280, 282-3, 284-5,
   288, 290-2, *291*, *293*, 294-5
nome, 18, 23-6, 252
Reforma e Contrarreforma, 297-8
relíquias, 254, 255-6, 258, 260-2, 267,
   268, 276
Ressurreição de Jesus, 7-8, 74-5, 136-8, *137*,
   139, 141-3, *141*, 144-5
ungindo Jesus, 102-3, 124, 125, 143, *143*,
   144, 296
*ver também Evangelho de Maria
   Madalena*
Maria Madalena (Eric Gill), *101*
Maria Madalena na casa de Simão, o fariseu
   (Dante Gabriel Rossetti), 305-6, *306*, 314
Marmande, 272
Marselha, 255, 260
Marta, irmã de Lázaro, 100, 102, 152, 164-5
   na França, 253
   na *Lenda dourada*, 252
massacre dos inocentes, 29-30

Mateus (Evangelho de), 90, 177, 204
   bastardia de Jesus, 232-3
   conspiração contra Jesus, 115
   crucificação, 16, 125, 126, 128
   demônios, 77, 246
   discípulos, 47, 56
   enterro de Jesus, 16, 132-3
   entrada em Jerusalém, 11, 93-4
   eunucos, 240
   família de Jesus, 238
   fuga para o Egito, 30
   Grande Comissão, 214
   Herodes Antipas, 90
   Jesus, 47
   Jesus como carpinteiro, 84
   Jesus e mulheres, 53
   Jesus e o centurião, 34
   Jesus levantando-se dos mortos, 163,
      165-6
   João Batista, 35, 38, 40, 92-3
   José de Arimateia, 85
   julgamento de Jesus, 115, 119
   Magdala, 22
   Maria, mãe de Jesus, 12, 13, 15, 236, 238
   Maria Madalena, 16, 18, 125
   massacre dos inocentes, 29-30
   ministério na Galileia, 16, 47, 50, 56
   narrativa da infância, 13-4, 231-2, 236
   no Egito, 231-2, 243
   purificando o templo, 97
   ressurreição, 16, 139, 140, 141-2, 144, 145
   Sermão da Montanha, 50-1, 131
   Última Ceia, 107, 108, 110
   unção em Betânia, 99, 100-1, 102-3, 124
Mateus (evangelista, são Mateus), 48, 56, 222
Maury, Pierre, 266
Maximino, 253, 255, 256, 260
Maximino de Trier, 256
Medici, Cosimo de, 287, 288
Mejdal *ver* Magdala
Mênfis, 197
migdal, 23-8, *24*
Migdal Eder, 23, 24, 150
Migdal El, 23-4
Migdal Gad, 23-4
Migdal Nunya, 26, 28
Migdal Tsebaya, 26-8
Minerve, 272
Miqueias, 23, 25, 95, 119, 150

mistérios, 188-90, *189*
Montaillou, 264-6, 273
Montaillou (Emmanuel Le Roy Ladurie), 266
Montréal, 272
Montségur, 270, *274*
Moore, R.I., 267
Moreau, Gustave, *39*
Morto, mar, 32, 40
Mozart, Wolfgang Amadeus, 234
mulher do tenente francês, A (John Fowles), 301
mulheres:
    bruxaria, 78-80
    cátaros, 264-7
    deusas, 188, 190
    e Jesus, 53-5, *54*, 57
    em Pentecostes, 170
    helenizadas, 64
    na sociedade judaica, 58-61, 64
    nos evangelhos, 246-7
    nos evangelhos gnósticos, *217*, 218-9,
       311-3
    Paulo, 178, 190-1
    prostituição, 299-304
    salvação, 37

Nabateia, 80
Nag Hammadi, Biblioteca de, 202-4, *203*,
   205, 225, 244, 311
    ver também Diálogo do Salvador; Evan-
    gelho de Filipe; Evangelho de Tomé
Naim, 163-4
nardo, 99, 100
Natanael *ver* Bartolomeu
Navigum Isidis, 187
Nazaré, 14, 86
Neápolis, 184
Nero, 229
Nicodemos, 86, 90, *105*, 106, 107, 108, 145,
   146, 151
    conspiração contra Jesus, 115-9
    e Betânia, 152
    e Jesus, 85-6, 106, 146, *147*, 148, 150-1
    e Maria Madalena, 151
    enterro de Jesus, 90, 125, 134-5, 150, 151
    Guerra Judaico-Romana, 148, 149
    Gurion, família, 106-7, 148
    nome, 151
No Name (Wilkie Collins), 305
Noli me tangere (Fra Angelico), *13*, 110
Noli me tangere (Giotto), *167*

Nova Madalena (Wilkie Collins), 305
Novo Testamento, 177-8, 180-1, 191, 193, 195,
   196, 204, 208
    língua, 30
    ver também evangelhos; livros indivi-
      duais
Nut, *209*

Oliveiras, monte das, 23, 93
Onias IV, 65
Orígenes, 230, 231, 233, 234, 238, 240, 243,
   296, 304
Osíris, 182, 183, 184, 188, 189, *189*, 190, 199, 309
Oxirrinco, 183, 215, *217*, 219
Oxirrinco, litania de, 183, 184

Pafos, 184
Pagels, Elaine, 311
Paixão de Cristo, A, 8
Palestina:
    cristandade, 23
    helenismo, 30, 34, 66, 68
    mulheres, 54, 59-60, 64
    população, 68-70
Panteno, 238, 240, 243
Pantera, 232, 233, *235*
Paris, 257
Páscoa, 96, 97, 104, 107
Paulo, 81, 82-3, 124, 170, 171, 179, 208
    apedrejamento de Estevão, 171, *173*
    Apostolikon, 192
    conversão, 172-6, *175*
    e gnosticismo, 207-8
    e Ísis, 182, 187
    e Jesus, 190-1, 207-8
    e Marcião, 191-2
    e Maria Madalena, 178-80, 275
    e ressurreição, 169, 180-1
    em Atos dos Apóstolos, 180
    epístolas, 176, 177, 180-1, 193, 204, 208
    jornadas missionárias, 81, 174, 176, 184,
      187, 195, 196
    martírio, 176
    na *Lenda dourada*, 251
    e mulheres, 190-1
Paulo VI, papa, 7
Pbow, 204, 244
Pedretti, Carlo, 292, 294
Pedro, 26, 42, 43, 47, 56, 58, *59*, 74, *179*
    e Paulo, 178-9
    e ressurreição, 143, 166-8, 169, 181

Índice

em Atos dos Apóstolos, 170, 180
em Getsêmani, 162
Jesus lavando os pés dos discípulos, 112-3
local do enterro, 277
na *Lenda dourada*, 251
na Última Ceia, 107
negação de Jesus, 108, *117*, 118
no Egito, 196, 227
nos evangelhos gnósticos, 218-9, 220, 222-3, 312
Pedro (epístola), 196, 198
Pelágio, papa, 248
Pentecostes, 12, 16, 152, 170
Maria, 16
Pereia, 17, 32
Perséfone, 184, 188, 191
Petra, 80, 195
Petrarca, Francesco, 276, 277-84, *281*, 285, *289*
Philippe de Cabassoles, 282
Picknett, Lynn, 310
Pilatos, Pôncio, 85, 88, 96-7
enterro de Jesus, 132, 134
Jesus apresentado a, *117*, 120-2, *121*
tumba de Jesus, 140-1
Pistis Sofia, 202, 204, 214, 215, 218, 223-5
Plantard, Pierre, 311
Platão, *217*
Pletão, Gemisto, 287, 288
Plínio, 28
Plotino, 240
Plutarco, 186
Policarpo, 199
Pólux, 181, 183-4
Prince, Clive, 310
Priorado do Sião, 310-1
Priscila, 178
prostituição, 298-304
Ptolomeu I Soter, 65, 184
Ptolomeu II Filadelfo, 65, *67*
ptolomeus, 65
Puccinelli, Angelo, *49*

Reforma, 296
relação sexual, 212-3
Rembrandt, *147*
Renascimento, 276-95
Rennes-le-Château, 310
Reservatório de Siloé, *105*, 108

ressurreição, 54, 74-5, 92, *138*, *193*, 194, 207, 208
dúvidas sobre, 139-43
Jesus levantando-se dos mortos, 163-6
e Maria Madalena, 11-2, *13*, 14, 16, 46, 54, 74-5, 83, 92, 136-45, *137*, *138*, 141, 166-9, 167, 180-1, 190-1, *193*, 194, 208
e Novo Testamento, 191-4
e Paulo, 180-1, 190-2
Roda, 198
Roma:
Arco de Tito, *177*
Catacumbas de São Calisto, *87*
como Babilônia, 196-8
cristandade, 194, 195
Ísis, *185*, 186-7, *186*
judeus, 69
Paulo, 195
praga, 248, *249*, 250
romanos:
crucificações, 125-8, *129*, 131-2
e cristandade, 229-30
Galileia, 34, 43
Guerra Judaico-Romana, 28, 35, 148
helenismo, 30
Jerusalém, 96-7, *201*
Judeia, 33, 34
Magdala, 19
revolta de 6 d.C., 34
revolta de Bar Kokhba, 191-2, 229-30
ver também Herodes, o Grande; Herodes Antipas; Pilatos, Pôncio
Romanos (epístola de Paulo aos), 82, 178, 179, 180, 190, 195, 227
Rossetti, Dante Gabriel, 305-6, *306*, 314

saduceus, 32, 33, 34, 115-6
e Herodes Antipas, 61, 88-9
e Jesus, 89, 165-6
Saelden Hort, Der, 46
sagrado feminino, 309
Sainte-Baume, 276-7, *278*, 280, 282, 284-5, *291*, 292, 298, *299*
Saintes-Maries-de-la-Mer, 253, 255, *257*, 260, 262
Saint-Maximin-la-Sainte-Baume, 256, 260, *261*, 262, 267, *268*, 275, 276-7
Salamina, 184
Salmo 22, 130
Salomé, filha de Herodias, 38, *39*

Salomé, mulher de Zebedeu, 128, 136, 144, 158, 160, 253
Santo Graal e a linhagem sagrada, O (Michael Baigent, Richard Leigh e Henry Lincoln), 310
são Marcos, convento de, Florença, *13*, 109, *109*
Sara, 254, *257*
Saulo *ver* Paulo
Saunière, Bérenger, 310
Savonarola, Girolamo, 290-2
Schaberg, Jane, *233*, 311
Scorsese, Martin, 8
Sebastiano de Piombo, *63*, *133*
Séforis, *83*, 86
Septuaginta, 64-5, *67*
Serápis, 199
Sermão da Montanha, 50, 51, 131
sete, 78
Sigebert de Gembloux, 258
Simão (discípulo), 56
Simão, fariseu, 100, 314
Simão, o leproso, 99, 102
Simão de Cirene, 126
Simão Pedro *ver* Pedro
Simone Martini, 283-4
Sinai, mosteiro de Santa Catarina, *237*
Sinédrio, 32, 96, 104, 106, 115-6, 148
    crucificação, 128
    e Estevão, 171-2
    e Herodes Antipas, 88
    enterros, 132
    Julgamento de Jesus, 115-20, 122
    tumba de Jesus, *138*, 140-1, 145
Síria, 43, 66, 69, 244
Smith, Morton, 153, 154, 156, 157
Sofia, 186, 206, 210, *211*, 214-5, 223-4, 226, 248
    ver também Pistis Sofia
Sófocles, *217*
St. Gilles-en-Gard, *247*
Starbird, Margaret, 311
Stead, W.T., 302
Sub tuum Praesidium, 234
Susana, 17, 58, 77

Tadeu, 56
Tariqueia, 27-8
Tarso, 171, 182, 184
Tel Rakat (ou Tel Raqqat), 26
Templários, A revelação dos (Lynn Picknett e Clive Prince), 310

templo, 96, 104
    destruído pelos romanos, 35, 148-9, 176
    Herodes, o Grande, 31-2, *31*, 84
    infância de Jesus, 85
    língua grega, 64, *65*, 66
    purificação de Jesus, 97-9, *98*, 104
    saduceus, 34, 61
    Santo dos Santos, 139
    sumo sacerdote, 115-6
    Zacarias, 84
Teodoro, 153, 154
Teodósio, 22
Tertuliano, 192, 194, 202, 231, 246
tessalônicos, 1, 180
Theotokos, 16, 234, *237*, 241, 244-5
Tiago, filho de Alfeu, 56
Tiago, filho de Zebedeu, 56, 181
    no jardim de Getsêmani, 162
    e Paulo, 178
    relíquias, 257
    ressurreição, 169
Tiago, irmão de Jesus, 171, 178, 179, 181
Tiberíades, 26, 28, 32, 40, 43, 66, 71-3, *72*, 75-6, 78, 80, *83*, 86, 88
Tibério, 32, 71
Tique, 184
Tissot, James, *31*
Tito, 148
Tomé, 56, 168, 194
    ressurreição, 168, 194
Tomé, o incrédulo *ver* Tomé, são
torres, 23-8, *24*, *27*
    ver também faróis
Trajano, 229
Trento, Concílio de, 298, 314
Troad, 184
Tucídides, *217*
Twain, Mark, 18

Última Ceia, 107-14, *109*, *111*, *112*, *113*
Última Ceia (Leonardo), 107-14, *109*, *111*, 292, 310
última tentação de Cristo, A, 8
unção:
    em Betânia, 99-103, *101*, 114, 124, 125, 150, 165, 190, 245
    em Cafarnaum, 100, 124, 245
    do corpo de Jesus, 102-3, 143, *143*, 144
Utriusque Cosmi (Robert Fludd), *211*

Índice

Valentino, 208, 210, *211*, 212, 224, 225
Vasari, Giorgio, 284, *289*
Velho Testamento:
    migdal, 23
    ver também livros individuais
Veneza, 257
Ventoux, monte, 278, 279-80
verdadeira palavra, A (Celso), 229, 230-3
Vermes, Geza, 14, 48, 141, 231-2, 236
Vézelay, 256, 258, 260, 261
Via Dolorosa, *123*

viagem dos inocentes, A (Twain), 18
Voragine, Jacobus de, 251, 252-3, 255, 256, 260

Warner, Marina, 307

Yourcenar, Marguerite, 45

Zacarias (pai de João Batista), 84
Zacarias (Velho Testamento), 11, 94
zelotas, 148, 151
zoe, 188-9, 191

1ª edição [2018] 2 reimpressões

ESTA OBRA FOI COMPOSTA POR MARI TABOADA EM DANTE PRO
E IMPRESSA EM OFSETE PELA GEOGRÁFICA SOBRE PAPEL PÓLEN SOFT
DA SUZANO S.A. PARA A EDITORA SCHWARCZ EM FEVEREIRO DE 2021

A marca FSC® é a garantia de que a madeira utilizada na fabricação do papel deste livro provém de florestas que foram gerenciadas de maneira ambientalmente correta, socialmente justa e economicamente viável, além de outras fontes de origem controlada.